天下文化

BELIEVE IN READING

美中對抗下的
台灣選擇

蘇起——著

出版者的話

「居安思危」的警覺？「居危思安」的錯覺？——蘇起新著：《美中對抗下的台灣選擇》

遠見．天下文化事業群創辦人　高希均

(一) 政府與學府之間的專家學者

二〇二三年十月，在第二十一屆遠見高峰會中，我們以最重要的「遠見終身成就獎」贈與蘇起博士，肯定他三十餘年來在國家政策推動及學術成就所做出的貢獻。

天下文化曾出版過他的兩本重要著作：《危險邊緣》（二〇〇三年十二月）與《兩岸波濤二十年紀實》（二〇一四年十月）。

時任台北市長的馬英九，在蘇教授的《危險邊緣》的序言中，寫下這樣評語：「蘇起兄是中壯派國際關係學者中的佼佼者。除陸委會外，他又擔任過新聞局長與總統府副祕書長，來自學界，又出入府院，兼有『圈內人』（insider）的深入及『局外人』（outsider）的客觀，在這本書中清楚地鋪陳他對兩岸關係深入敏銳的觀察，並提出細緻精闢的見解……。對於所有想了解過去六年兩岸關係發展脈絡的讀者，無論其政治立場如何，這本書都具有顯著的參考價值。」

在戰亂中出生，卻又在台灣經濟發展中成長的蘇起，憑著自己的毅力與理想，把國內外所學貢獻給國家與人民，這是何其幸運，又何其難得的機遇！

（二）四位總統的政績

時隔十年，蘇博士又有更重要的新著問世《美中對抗下的台灣選擇》。在當前兩岸美中台情勢高度危機之中，海內外讀者必須用心細讀。

蘇起畢業於政大外交系、約翰霍普金斯大學碩士、哥倫比亞大學政治學博士及蘇聯研究修業，擁有嚴格的專業訓練，中英文俱佳，只要聽過他的演講，就會感受到他的條理清晰與說理完整的學養。

蘇教授擅長策略思考，肯說可能得罪人的真話，也敢面對爭議，是難得一見有脊梁的政府高層首長與學者。

蘇起十一年的從政經歷不算很長，但都在關鍵時刻。一九九三年底，他進入李總統政府的陸委會擔任副主委和主委，見證兩岸從「民間交流」逆轉到「戒急用忍」。後在陳水扁總統主政時期，是國民黨不分區立委，以及負責智庫研究與大學教授。公職期間，他第一線看到了台灣在外交上的困難及處理上的轉折。馬英九總統期間，他是首任國安會祕書長，對台灣外交與內政人事受到美中的內外夾擊，深有所感。看到近八年來蔡總統的「親美反中」兩岸政策，更有失落感。

二〇一一年卸任公職之後，他接下前外交部長程建人發起設立的台北論壇基金會董事長，繼續貢獻他的國際外交與兩岸研究專業，並「希望藉此平台先結合『淺藍』與『淺綠』人士，透過共同研討與國內外活動，探討是否有藍綠立場重疊的灰色地帶，可做為第二步『台灣共識』的起點。」（引自本書第一〇八頁），在邀集各黨派及社會意見領袖定期研議中，民進黨洪奇昌、國民黨錢復、產業界張忠謀和我自己等都擔任董事，大家都很熱心討論，共謀台灣的出路。在官方與民間的智庫群裡，「台北論壇」被認是很有影響力的。

在這本書裡，做為一位敏銳的政治觀察者及現場的部分參與者，他率直地寫下對四位總統在政黨分裂及個人利益的現實的環境下，所呈顯的政績及兩岸政策。總體而言，他們的表現不夠好，甚至有不少缺失；讀者可以深刻體會到作者「恨鐵不成鋼」的焦慮及筆下留情的約束。他內心的尺度是「善意而不苛責、警示而不譏諷、直言而不遮隱」。即使如此，讀者還是不得不佩服他的道德勇氣！

（三）未來的九個劇本

本書第十一章：「台灣未來的九個劇本」極為關鍵。他指出：其中不動武的有四個，動武的有五個。不動武的四個是「現狀常態化」、「兩岸政治對話」、「美中談判」，及兩岸合意統一的「蘇格蘭化」。動武的五個則是由某個意外引爆的「南海撞機化」、快速武統的「克里米亞化」、激戰未決的「烏克蘭化」、武獨成功的「美利堅化」，及觸動核武的「廣島化」。最終上演哪個劇本，作者認為：「當然只有時間能證明」。

全書重要結論：台灣領導人與民眾都要務實認清「百年未有的巨變」，並對未來負起台灣自己應有的責任，如果台灣不願看到武統的「鬥」，就要有勇氣面對兩岸政治對話的「和」。

如選擇「和」的這條路，作者曾切中要害提出了「三步走」——建立黨內共識、討論黨際共識、協商兩岸共識。這個漫長的過程，或許正可緩衝台灣內鬥及兩岸動武的可能。

我們必須認清：當前台灣在地緣政治強勢壓力下，已很難按照自己的想法與做法，守住自己的利益。台灣到底要如何因應？即使拜登與習近平也沒有完整可靠的答案。但是這本書提供了面對生死存亡這個大問題時，台灣應有的心理準備、思考模式及因應對策。

（四）出版者的話

以傳播進步觀念為己任的「天下文化」，自一九八二年以來，先後出版了四千多種書。其中一部分是實際參與改變兩岸命運與台灣發展重要人士的相關著作。

這些人士都是廣義的英雄，他們或有英雄的志業、或有英雄的功績、或有英雄的失落。在發表的文集、傳記、回憶錄中，這些黨國元老、軍事將領、政治人物、企業家、專家學者，以歷史的見證，細述他們的經歷軌跡與成敗得失。

就他們所撰述的，我們尊重；因此引起的爭論，我們同樣尊重。我們的態度是：以專業水準出版他們的著述，不以自己的價值判斷來評論對錯。

在翻騰的歷史長河中，蓋棺也無法論定，誰也難以掌握最後的真理。我們所希望的是，每一位人物寫下他們的經歷、觀察，甚至後見之明。

他們的貢獻，是為歷史留下紀錄；他們的挑戰，是為未來接受檢驗。

「天下文化」在二〇二四年初出版本書，獻給台灣人民共同認真思考，全心全意追求和平，開創兩岸一起興的歷史新局。

二〇二四年一月十日

前言

這是一本非常難寫的書。自從檢討一九八八至二〇〇八年兩岸關係的拙著《兩岸波濤二十年紀實》於二〇一四年出版後，我就動念想再寫一本書，延續分析馬英九總統執政及以後的歲月，讓一九八八年開啟的嶄新兩岸關係有個更完整的記錄。但從動念到動筆就拖了好長時間，從開始動筆到寫寫停停及至完工又是好幾年。這中間的猶豫是因為我內心深處總覺得愈接近當下，寫書的人愈容易犯兩個重大錯誤。第一就是很多相關資料因為種種原因而尚未面世，如果貿然寫作，難免掛一漏萬，失之偏頗。第二就是，既談當代人與事，難免涉及人的臧否，不小心又會得罪一些人，甚至包括我尊敬的長者或朋友。許多比我入世更深、見識更廣的政界人士常常因此而不寫回憶錄。另有不少人雖然早早就把所見所聞所思記錄下來，但仍耐心等他自己或某些特定人士百年之後，才允許它問世。這些都是智慧高超、人情練達的做法，讓我思之卻足再三。

最後我仍決定放下猶豫，面對鍵盤，動機還是單純地像寫上本書一樣，要給歷史留下一個記錄，不管對錯，不顧人情。用英文說，rightly or wrongly；用中文講，知我罪我，在所不惜。此外，最近這幾年常在世界各地及中國大陸走動，結交新的朋友，傾聽新的想法，然後再與自己熟悉的台灣對比。每對比一次，我內心的哀嘆與傷痛就加深一次。今天的台灣不但已被過去同是四小龍的南韓與新加坡遠遠拋在後面，而且包括菲律賓在內的所有東南亞鄰邦都大幅縮短它們與台灣的差距。現在台北市的市容恐怕連中國大陸的三線城市都不如。我們這代「嬰兒潮」出生並成長在台灣最危險、最困難的時期，看著它起飛、茁壯，被譽為「經濟奇蹟」、「民主模範生」，然後又看著它內鬥、自我踐踏，一路衰落到今天，真是情何以堪！更令人憂慮而且不解的是，台灣大多數人對於當前波濤洶湧的東亞局勢以及烏雲罩頂的兩岸關係，似乎毫不在意，繼續內鬥，或安於「小確幸」，彷彿台灣的未來不必自己努力，可以完全交給上天。過去讓台灣度過一次又一次困頓與危機的「居安思危」心態，不知何時已經一百八十度轉變成「居危思安」。這情況不得不令我想起海明威小說《太陽照常升起》（*The Sun Also Rises*）裡的一段著名對話。比爾問邁克，「你是怎麼破產的？」邁克答，「慢慢地，然後突然地。」

是的，「突然地」。擺在我們面前的世界已經出現好幾個巨大的「突然」。一、一百年沒影子的疫情突然現身、橫掃全球。二、七十年不見的歐洲人互打及白種人互打突然出現。三、四十年沒發生的美中對抗突然發生。四、美國國力與全球領導力從來不曾這麼衰弱。五、美中台從來沒有像現在這樣同時由鷹派當家，皆無妥協意願。六、美中的台海軍力對比從來沒這麼向中共傾斜。七、大陸內部對台思想、力量、意志從來沒像現在這麼集中。八、海峽兩岸的對抗很久沒這麼清晰尖銳。九、美中溝通從未如此低迷。十、兩岸官方溝通很久沒有如此清零。上述十點過去能同時出現一、兩點都十分罕見，今天卻全部到位，而且被多方人士概稱為「百年未見的巨變」。別告訴我它們的龐大集體效應永遠不會掉到台灣頭上。

趁台灣還沒有「突然」破產前，本書擬嘗試分析台灣如何「慢慢」發生這麼大的變化？起點在哪裡？過去三十年台灣經歷了民主化、憲政制度的革新、七次總統直選、兩岸關係的起與伏，及美中關係的和與鬥。到底是什麼因素導致台灣由盛而衰？它們之間的相互影響是什麼？所以這不是一本只分析兩岸關係的書，而是想超越兩岸關係，看看別的因素如何影響兩岸關係，而兩岸關係又如何衝擊更寬廣的大局。

本書第一章先簡介我個人的兩岸與外交機緣，其中隱含我對生我養我的台灣、血緣根源的中國大陸，以及育我鍾鍊我的美國三者的濃濃情感。第二章介紹自己從學術界誤闖政壇十一年半至今的經歷與心情。第三章回顧自己本著書生報國熱忱，在不同階段提出的若干建議，有的有幸成為政策，有的則隨風而逝。

第四章說明台灣沉淪的起點是一九九七年李登輝的突襲修憲。他讓中華民國總統變成有權無責的「民選國（女）王」。再加上九四修憲通過的「相對多數選制」，政壇菁英從此以爭權奪利為志業，忘了他們從政目的原應為民謀福利，為國開太平。陳水扁肆無忌憚，興風作浪，把「民選國王」的威力發揮到淋漓盡致，以致他自己與整個台灣都向下沉淪。

第五章的馬英九原具最好的內外條件，可以讓台灣振衰起敝，但他的政策雖然正確，卻因個性及領導作風過於保守，加上台灣社會在兩岸和緩後產生虛幻的安全感，以致八年政績並未深入人心。

第六章先分析蔡英文為什麼戰術上是歷來最成功的總統。她讓國際看到「白雪公主」，而國內實際卻是十足的「女王」。而她對「兩國論」的堅持，及一面倒向美國並全力配合「抗中」的大戰略，卻把台灣玩進美中競爭的風暴圈裡，變成「兩隻狗搶的骨頭」。本來台灣的長期沉淪頂多讓台灣複製日本四十年的停滯，或許反而讓北京更願靜等台灣「瓜熟蒂落」。但變成「骨頭」後，台灣命運就脫出自己的掌握。

第七章檢討民主第二權的立法院、第四權的大眾媒體，及攸關國家安全的國防是如何在這二十多年逐步向下沉淪至極不堪的地步。其實台灣其他部門，如教育與經濟多個領域，亦復如此，因篇幅所限，不擬贅述。

第八章敘述美國的特殊性格，如濃濃的「理想主義」、「孤立主義」，及較少的「現實主義」，以及它的「資本主義失衡」、「種族失和」、「民主失能」是如何影響它目前的對中「競爭」政策。除非美國願意首先面對內部各種老大難題，並在政策思考上注入更多的「現實主義」，美中關係將難以緩和，而台灣必是其中最危險的引爆點。

第九章分析中國大陸特有的「國有」、「黨治」、「民享」雖帶動大陸的快速成長，卻難以複製。它的「傳統中國」、「共產中國」、「戰略中國」、「習近平」等因素，使得台灣在北京心中的分量遠高於在華府心中。當然北京願意付出的代價也遠高於華府。

第十章檢討當前美中台三方在台海的軍力對比，發現解放軍已有能力在最短時間內「圍點打援」，占領台灣，完成新的「既成事實」，讓美軍難以翻轉。北京且已做好可以談也可以打的準備。相反地，美國目前急著聚攏盟國，卻仍未做好「打」或「談」的準備。

第十一章先綜合各章分析，再推出台灣未來可能的九個劇本。其中不動武的四個是「現狀常態化」、「兩岸政治對話」、「美中談判」，及兩岸合意統一的「蘇格蘭化」。動武的五個則是由某個意外引爆的「南海撞機化」、快速武統的「克里米亞化」、激戰未決的「烏克蘭化」、武獨成功的「美利堅化」，及觸動核武的「廣島化」。最終上演哪個劇本，當然只有時間能證明。

結論則期待台灣領導人與台灣民眾都要務實認清「百年未有的巨變」，並對未來負起台灣自己應有的責任，不能全推給美國。既然兩岸不可能再「拖」，如果台灣不願看到武統的「鬥」，就要有勇氣面對兩岸政治對話的「和」。

好幾年前我曾在一個英語紀錄片頻道看到一則報導。東京外海若干公里處，地震學家突然發現海底一個凹進去的大坑，上面的開口居然是個活火山的出口。這一發現讓專家群大吃一驚，因為如果火山爆發，整個東京地區都難逃劫數。於是他們開始在海底那個地點附近布滿各式各樣的儀器，測量水溫、水質、土壤等等是否有任何變化，以綜合研判火山爆發的可能性。當時我就想，這不也是我的角色？只是我觀察的不是海底火山，而是台灣的大環境。我沒有精密的科學儀器，但有多年研究各種跡象及實際從政經驗累積出來的知識與判斷。最近幾年我愈來愈覺得，兩岸衝突的可能性不斷升高，像火山即將爆發，於是經常提出警告，像烏鴉一般。叫聲或許不甚悅耳，卻是我做為一個政治（地震）觀察家的責任。

最後，筆者要感謝我的父母弟妹、愛妻月卿及兒女、教導過我的師長、政界提攜照顧我的長官、並肩奮鬥的戰友、學術界啟發我的同行好友、幫我度過肝癌難關的醫生、資助或協助台北論壇基金會工作的捐款人及董事，在各階段幫忙收集資料的研究助理，還有天下文化的編輯群。沒有他（她）們，我不會是今天的我，我的思考寫作及出版不可能完成。要感謝的人如此之多，實在無法一一點名，敬請諒宥。當然，本書難免有誤謬疏漏之處，文責概由自負。

願上天保佑台灣，也希望美中兩強能用最大的理性，維護自二戰以來難得的世界和平，而台灣人民用最大的智慧為自己找到新的活路。

目錄

第一章

我的兩岸及外交機緣

我生於台灣，長於台灣。父母原居浙江杭州的鄉下，抗戰軍興而中斷高中學業後，父親投筆從戎，參與幾次戰役，負了傷，隨軍來到台灣。我就在母親腹中渡過黑水溝在台中市呱呱墜地。由於父親軍職需要，全家不時搬遷，四個兄弟姊妹在台灣四個地方出生，每次母親生產，父親都不能在旁陪伴。我們是典型的眷村家庭，父親以微薄薪水養家，最終以中校軍階退役。母親則全力照顧教養小孩。他們始終教導孩子要老老實實做人，踏踏實實做事，藉由教育的管道提升自己，爭取更好的人生。感謝台灣幾十年的安全與安定，給了我們這個機會。

首次震撼：越戰、保釣、蔣經國

我從建國中學畢業後，有幸保送進入國立政治大學外交系就讀。因為不必參加聯考，畢業前最後一學期，就利用每天放學後的時間，走到學校旁邊的美國新聞處，戴上耳機聽著「英語九百句型」糾正自己的英語發音，或閱讀《時代》（*TIME*）、《新聞週刊》（*Newsweek*）等雜誌。當時外交系同學來自全台各地、香港，及多個東亞國家，半數以上是第一志願入學，大家都奮進向上，相互勉勵。我在升二年級前的一九六八年暑假，透過英語口語測試爭取到生平第一次出國的機會，與其他四位較年長的他校同學一起到日本東京，與各國大學生研討國際局勢。我們除了視覺被東京的文明進步深深震撼外，最刺激內心的是，我們驚奇地發現台灣竟是會中唯一支持美國打越戰的代表團；包括地主國的日本及美國代表自己都極力反對越戰。當時年少的我顧不得英文文法，竭盡最大能耐捍衛國家立場，但心裡不免納悶：為什麼我們確信理所當然的事，居然沒人贊成？為什麼落差這麼大？究竟誰對誰錯？國際事務真有是非對錯？大家都自以為是時，爭論怎麼解決？這些問題後來不斷縈繞於心，堅定我畢業當完兵後留學深造的意願。

一九七一年初，因為美國突然決定把釣魚台的行政權交給日本，立時在台灣掀起保釣怒火。當時我已大四下學期，正積極準備政大與台大研究所的入學考試。但釣魚台風潮一起，大家都奮不顧身參與。由於我在大三時擔任全校代聯會總幹事，遂被推為領導人之一。除了在政大校園內舉行學生大遊行外，還糾眾前往美國與日本大使館前示威，並走進大使館內遞交抗議聲明。這些活動在當時的台灣各大學都是第一次。馬英九領導的台大示威活動在時間上還落後幾天，好些台大同學還來打聽我們如何籌備這些活動。在校園示威前，我聽說一些激動的韓國僑生預備在校園內打打砸砸，就去他們宿舍裡一對十幾個人，費了許多唇舌說服他們放棄激烈抗爭，改走我們的溫和路線。事後我還是被訓導主任叫去罵：「我一直當你是好學生，怎麼做出這種事！」後來聽一位據說能接觸到警總資料的學長說，他曾在警總看到我走進美日大使館的相片，當時我心想，「這下慘了，不能出國了。」

那年兵役從一年延長到兩年，所有男大生必須通過考試才能成為預備軍官，不像以前全部自動掛上少尉軍階。我有幸通過考試，正準備六月入伍時，突然被告知行政院副院長蔣經國召見我。我去了，現在全忘了他說什麼，及自己說了什麼，只記得他相當和藹親切。後來承蒙在美國胡佛研究院讀過「蔣經國日記」的朋友相告，蔣把召見我的事寫進他六月二十四日的日記裡，「日前約見了政大外交系畢業生蘇起。他是一個退役中校的兒子，家庭生活環境窮苦，可是他品學兼優，身體強壯。和他長談後，又一次感覺到艱苦的生活加上正確的家教，乃是鍛鍊賢子賢孫的重要條件。」一九七三年我在屏東空軍基地服完兩年少尉預官兵役，申請到位於美國華府的約翰霍普金斯大學國際關係高等研究院（School of Advanced International Studies，簡稱 SAIS）的獎學金，就出國念書了。

艱苦的求學生涯

當時台灣大學生畢業出國念書，長年蔚為風潮，其中又以高教環境優異、遍地工作機會的美國最受年輕學子的嚮往。但這是理工科系的命運，不是文法商同學的寫照。美國學生在當時（和現在一樣）數理程度一直落後於很多國家。記得我有位建中同學中途隨家人移民美國，不久傳來他參加美國全國高中數學競賽竟奪得第十幾名。全班同學嘖嘖稱奇，因為他在本班約僅中上而已，由此可見一斑。所以理工同學赴美留學很容易就申請到包含生活費的全額獎學金；修業年數相對較短，畢業後也極輕鬆找到理想的工作。但文法商同學的命運不一樣。我們先天有語言的高度劣勢，所學亦非美國就業市場急需，所以幾乎不曾聽說有人得到全額獎學金；修業時間相對比理工科系要長很多；各種考試也較多，由於財務或考試不利而被迫中途退出的時有所聞；畢業後能夠留下來就業的機會也非常稀少。

當時文法商同學只有兩個小小的救濟窗口，一個是每年舉辦一次的教育部公費留學考試，一個是隔年一次的國民黨中山獎學金。我退伍那年剛好是中山獎學金的空檔年；如要考公費，勢必要多花一年準備考試。所以我抱著碰運氣的心態，在服役時就著手申請入學及獎學金，心想如不成功再於退伍後準備公費及中山獎學金考試。不料當時頗負盛名的SAIS居然錄取了我並免了一半學費。父母勉力籌措旅費及部分生活費用，我想機會難得不應錯過，不足的錢到時候再想辦法，就大膽出國了。運氣不錯，才進校門就被研究中國的一位老師看上，做他的研究助理，每星期為他工作十五小時，折抵我的另一半學費。生活費就靠省吃儉用及打工了。於焉開啟我人生的新篇章。

SAIS曾被全美一千七百位國際關係學門的教授票選為美國最佳的碩士教研學校，它位在華府心臟地帶，附近不是外國大使館，就是重要智庫，還有華盛頓郵報。學生近五分之一來自國外，而老師則是大師級教授或退休高官。我是創校以來的第一個台灣學生，以後大約每兩年收一位。到美國第一年感覺什麼都新鮮，在圖書館看到影印機，就懊悔自己在政大白抄了許多年女同學的筆記；有影印機，不就可以翹更多課？在超市簽張支票就把一禮拜生活用品抱走，櫃台小姐連證件都不看，心想美國真是一個君子社會。上課時，有位基礎理論課的老師要學生每兩禮拜交一篇三頁打字報告，題目只有一個字：power，system，nation，individual等。我大學四年總共只寫過一篇學期報告，還是大四上學期修了一位兼任美國教授用英文教的「美國外交史」，其他每門課都是老師嘴巴講、寫黑板，學生低頭抄筆記，何曾碰過要求這麼嚴厲的老師？更意外的是第一年開學還不滿一個月，尼克森總統因應中東局勢，突然宣布全國進入核戰警戒。我心想，我在台灣好好的，怎麼跑到這麼危險的地方？

SAIS 的課程像頂級的餐館，什麼菜色都有，而且廚師一級棒。學生也是各方英雄豪傑，畢業後很多進入美國政府、國際組織，或智庫。日後我與美國政府打交道時經常碰到這個「卿」、那個「長」的校友。它規定學生必須修滿十六門課加上一個外國語才能畢業；十六門課的三分之一必須與經濟有關。在當時政經嚴格分離的學術界，這項規定非常特殊，日後對我幫助很大。我記得第一學期時非常膽小，不敢隨意發言，怕被老師同學恥笑。一學期下來發現好些老美同學流利有餘，但內容不足，所以第二學期開始我也舉手發言，當然也更自信。

SAIS 最強的是老師。我有幸選修的一位叫保羅．尼茲（Paul Nitze）。他棄商從政，在一九四三年創辦 SAIS，曾撰擬「圍堵」政策的最初始文件，擔任五角大廈副部長，並在一九六九至七三年間擔任美蘇第一回合戰略核武限制談判美方的首席代表。後與季辛吉不和就離開政府，到 SAIS 任教。他兩小時的課，雪茄從頭抽到尾（活到九十七歲），課堂煙霧瀰漫，但學生沒人抱怨，因為他政策制定與實際談判的經驗，在當時無出其右。學期中間他還會請所有學生去他的農場烤肉騎馬玩音樂。他開啟我對談判的全新想法。一般人以為外交談判就是雙方面對面，一字排開，正襟危坐，相互爭論，最後達成協議。他說，會議桌上的爭辯固然重要，但常常不是成敗的關鍵。關鍵在會議桌外。他主談的是當時最最重要的核武談判。美蘇雙方都擁有不只徹底消滅對方，還能炸毀地球好幾遍的核子武器。兩個超強像極了棘毛高聳的箭豬，彼此靠近，卻誰也不信任誰。作為首席談判人，他說，他常與蘇聯首席談判人在吵累以後，相偕去彈鋼琴以放鬆神經。有時候兩人會在下雪天單獨走到花園裡漫步，成為後來著名的「林中漫步」（walk in the woods）。最終美蘇對於核子武器裁減的數字不是在會議桌上達成的，而是他倆在一個早餐桌上拿出餐巾紙，在上面寫寫畫畫擬出腹案，再提上會議桌敲定。據他說，談判真正關鍵是被充分授權的談判代表，透過多次私下互動所產生的互信：彼此確認對方有誠意談判，真的願意妥協，並能夠執行妥協的結果。學術大師的課讓我學到書本上「陽」的學問。尼茲及其他退休官員、將軍及大使老師的課，則讓我認識政策制定與執行面中「陰」的一面。後來自己實際參與政府工作時，觀察、思考與執行都因此段經歷而多了一個視角。我認真給尼茲的課寫了學期報告，他給我A^-，加上一封推薦信，把我送進紐約的哥倫比亞大學攻讀博士學位。

一九七五年我拿到碩士學位，在攻讀博士前，和許多美國及外國同學一樣遞出一張張求職信函，測試自己的運氣及市場價值。外國學生機會比較少，但我竟然得到「聯合國發展計畫」（UNDP）的錄取通知。它待遇高，完全免稅，不僅能讓我瞬間脫離苦海，而且社會地位高，能到世界各地出差，連美國同學都羨慕我拿到如此肥缺。問題是它要我必須放棄中華民國護照，改持中華人民共和國護照。那時PRC才剛取代ROC在聯合國的位置短短四年，需才孔急。記得UNDP回函還帶上一句，大意是「相信PRC會非常樂意給你機會」。這機會雖然誘人，內心對中華民國及台灣感情深厚的我卻完全不可能接受，自然立即向UNDP覆歉。我也繼續過留學生的苦日子。

留美期間，我的財務經常窘迫不堪，最低潮時的帳戶只剩一百美元。當時別說百元美鈔，連二十美元的鈔票感覺都很大。回國好幾十年，手上拿三千新台幣，沒什麼感覺，但拿百元美鈔，心中卻隱隱有感，可見年輕時的震撼已經進入我的潛意識。由於父母自第二年起完全無力協助，我的學費有學校或校外基金會（如顧維鈞紀念獎學金）的資助，還能應付，但生活費常得自籌。於是我就像當年許多台灣文法科留學生，必須在長達三個半月的暑假裡找尋各式打工機會。第一個做的也是大多數台灣出去的學生最常做的餐館端盤子。餐館恰巧位在國會山莊的步行距離，客源很多來自參眾兩院。它讓年輕的我初次感受到後來轟動一時的影集《紙牌屋》（*House of Cards*）描述的美國微妙政治生態。它也讓我見識餐館內部的種種：老闆的辛苦與無形壓力，大廚、跑堂，與帶位人之間的複雜情結，侍者與客人的不同算計（譬如，觀光客較被冷落因小費偏低，而情侶最受歡迎因小費最高），以及所有人的長時間辛勞。當時餐館同仁多數都在中華民國退出聯合國後離台赴美討生活，好幾位在台時都有一定的身分地位，如今流落他鄉，言語不通，心情之鬱悶可想而知。我一方面幫助他們整理申辦新身分的英文資料，一方面也感慨國家不爭氣時，國民就要受這種苦。

另外還與兩位留學生（後來成為華府僑領的巫和怡、曾任嘉義縣長的何嘉榮）組成「搬家三人組」替人搬家。它雖然辛勞吃重（我曾一人搬一個凍箱上樓），但工作時間短，收入高（尤其小費），完全免稅，而且不必像餐館侍者隨時擔心被移民局抓到遣返回台。有次去搬一位國防部次長的家，我因為讀過他的著作而認出他。他極高興，給了歷來僅見的豐厚小費。還有將近一年，為了省錢住進一個有錢人家，負責打掃他全家內外來交換免費住地下室，這一年我也學到他如何組織及整理內務。我也曾在華府某大醫院擔任藥房搬運工，每天穿著白短袍負責把配好的藥準時送到各個護理站。另個半工機會就是在紐約華埠的《世界日報》擔任編譯，每天要在上午五小時內迅速閱讀並綜合各家外電寫出五千字的中文新聞，下午回校繼續上課寫論文。這個密集訓練不僅維持我的中文寫作能力，也強化英文的閱讀整理功夫。最高檔的打工就是在美國法院擔任中英文口譯。對我而言，見識訴訟雙方的攻防還是小事；最實惠的是待遇，不但時薪極高，而且沒做滿半天，照算半天錢；沒滿一天，也算一天錢。

這些零工讓我挺過艱苦的留學歲月，也讓我見識到形形色色的人生，對市井小民生活的艱辛有深刻的體驗。但它拖延我的求學時間，嚴重耗損我的精神，以致畢業典禮那天，我雖人在哥大校區且已買好博士袍與帽，終究沒打起勁去參加。

挑戰最難：蘇聯研究

我入學時，美中雖已簽訂上海公報，但國際政治的主角仍是美蘇兩大超強。我自覺中文優勢，可以自習關於中國大陸的研究；既然難得進入華府的寶山，就要學習它全球「只此一家，別無分號」的絕活，即「蘇聯研究」。所以我決定挑戰最難，開始學習俄文，選修蘇聯相關的課目，並副修美國研究。

在政大外交系求學時，除了英文外，每位同學都被要求選修第二外國語。我與多數同學認為法文是正統的外交語言，就選了法文。除了聽法國神父的課，我還每星期多花九小時跑去修習剛剛留法歸國的李鍾桂老師開的法文課。畢業時自覺口語不足，但閱讀寫信已不是問題。可惜當兵兩年磨下來，法文全部還給了神父與李老師。

在 SAIS 的俄文初級班，只有兩個學生，我和一位高大的美國同學 John。老師是個嫁給美國官員的中年俄國婦女 Victoria，活力充沛，熱情澎湃。三個人很快變成好朋友。John 後來成為美國國防部副部長及重要智庫的總裁。每次我和美國同學 John 答對她的問題，她就大呼 maladets（即 good boy）來鼓勵我們。後來我去哥倫比亞大學念博士，繼續俄文學習，因為該校同樣要求兩個外國語。我不必考中文，但俄文必須通過筆試才能畢業。通過後我估計自己如果能在俄國住上半年或一年，俄語應可朗朗上口。可惜當時的政治與經濟條件都不允許，所以我的俄文只能用來研讀資料。幾十年後的今天，當然都還給 Victoria，所有俄文藏書也捐給政大國際關係研究中心的圖書館。

沒料到後來居然出現好幾次使用俄語的機會。第一次在俄國總統戈巴契夫任內、也是蘇聯解體前的最後階段，我們外交部希望在莫斯科設處，需要人先去摸底，投石問路。當時雙方已經四十年沒有任何官方往來，隔閡十分嚴重。九〇年代還有位俄國駐台代表跟我說，他在台灣鄉下某地旅遊時親眼看到「反共抗俄」四字標語，「可見你們台灣到現在還在反俄」。我費力解釋那是古早口號，沒有任何意義，他都不信。所以八〇年代未僅有簡單俄語能力的我接受外交部委託時，完全沒有把握，只覺外交破冰是個值得迎接的挑戰。就這樣開啟我單槍匹馬的第一次祕密外交任務。

那是一個寒冷的冬天。我讀過莫斯科市的書面介紹，但踏上去是另一回事。它大樓高聳，街道寬廣，每條街距離約等於台北的四、五條街。路人甲告訴我「走五條街就到了」，我就邁步，絲毫不以為意，但頂著淒風苦雨走到時，手臉刺冷，體內冒汗，眼鏡霧濛濛。幸虧我剛好知道俄國人最喜歡美國味道濃重、紅皮的萬寶路（Marlboro）香菸，所以行李箱早備有很多條。整條地送給會面的主人做見面禮，果然大受歡迎，立即產生感情連結。拆一條成十包後，站在路上拿出一包，手伸出去，就能立刻攔下計程車，帶我去任何想去的地方。住的旅館也是觀光客匯集之處。餐廳用餐時有個小提琴手四處遊走。他問客從何處來，我說台灣。他立刻拉起「梅花，梅花滿天下……」讓我賓至如歸，可見台灣早有商人先政府一步入境探險了。餐盤上的蘋果小得像帶殼核桃，提醒我當時的莫斯科物質多麼貧乏。計程車收音機裡聽到民眾抱怨「沒有襪子穿了，冷啊！」半夜入睡以後，好幾次被妓女的拉客電話吵醒，幾夜都不得安眠。旅館前的市場到處可見販賣蘇聯紅軍制服、勛章、彈簧刀、望遠鏡、測量儀、夜視鏡等軍用品的攤子，原來連社會地位甚高的軍人都困苦到不得不變賣家當。我用極便宜的價格買了一副夜視鏡，回台保存多年沒用過一次，就送給政府相關單位。我當時不能預見蘇聯幾年後的全面解體，但警示燈實已亮起來了。

在莫斯科我只有一位學界友人的電話。靠著他，我接觸了乙，靠著乙，我認識了丙。就這樣順藤摸瓜，由下而上，從外而內，我不但見到了好幾位求學時讀到的中國研究領域大師，而且走進好幾個官員辦公室，最高見到政府內季辛吉等級的人物。他們對我釋出善意，當然不是因為我或我送的萬寶路，而是他們重視台灣。我不過提供台俄雙方一拍即合的機緣而已。

這次及後來蘇聯解體後幾次訪問的經驗，讓我對這個曾與美國平起平坐的超強有了更深刻的認識。蘇聯其實一直像「泥足上的巨人」。反蘇鷹派只強調它如何巨大，如何具有侵略性，溫和派則既關心它的巨大，也注意它的社經基礎是如何脆弱。在美求學時曾受教於兩類立場的我，後來也觀察到它的兩個面貌。

在九〇年代初期有次參訪結束後準備返台，俄國友人替我安排送機。他夫婦都是博士，從事研究工作，當時每人每月薪水只相當三十美元。他請一位有車的朋友送我去機場。這位先生見面寒暄後就要我先付他二十五美元作為車資，坐在他身邊座位，並在下車後與他握手、親臉頰才分手。我問他為什麼。他說機場被黑幫控制，除非送家人好友登機，否則不得開自己的轎車進入機場。我雖訝異也一切照辦。到了過海關的時候，把關官員看到我口袋裡的派克金筆，就指了指筆開口索取。我不同意，說我不是觀光客，而是應政府之邀來訪。他不理會。我就脫離隊伍，找到他的海關主管，一位長得像極「〇〇七電影」主角史恩康納萊的官員，說明原委。〇〇七就帶著我直奔那位官員，當著眾人面加以痛斥，然後放我出關。這時的超強已經像個第三世界國家。

但我也見識過俄國的先進面。有次參訪一個經濟研究所，簡報的研究員向我們說明蘇聯解體後俄國的經濟狀況。他說根據該所的數學模型，他們預測俄國經濟還會再跌若干年，但到某年一定會觸底反彈。當時我想這是多麼大膽的預言，多數政府恐怕都沒這種計算能力。於是我心中默默牢記這個年分。到了那年，俄國經濟果然開始爬升，讓我不得不佩服俄國菁英的能耐。據當時統計，俄國博士占全國人口的比例還超過美國呢！

我當不分區立委時，曾以「台俄國會議員友好協會」會長身分率團訪俄，必須在歡迎酒會上致詞。我想給俄國友人一個驚喜，就請駐俄代表處同仁幫忙擬了一份用俄文打字的致詞稿。我練了幾次就上場照稿唸完，在場俄國友人說我的發音非常標準。如是，絕對要歸功於 Victoria 的熱心教導。

二〇〇八年選前我協助馬英九草擬兩岸、外交、國防的政策，並規劃他所有出國訪問。當時我告訴他，在聯合國安全理事會的五個常任理事國中，中國大陸不可能去，但其他四國都有一定的成行把握。後來他果然訪問了美國與英國。法國很快搞定，但俄國則費了一番周折。我當時向俄國駐台代表傳達馬英九的意願。他答應轉報俄國外交部。不久俄國代表回覆外交部原則同意，但需普丁總統拍板。他建議我們「向北京打個招呼，或許比較容易成功」。我心想這絕對得不償失，就按兵不動。幾個禮拜後他再告知，最高當局歡迎馬英九赴俄訪問。可惜當時選舉已近最後階段，馬從時間與選票考量，決定放棄法國及俄國的長途旅行，轉而再跑日本一趟。我任職國安會後，俄國代表邀請我參加他的國慶酒會。我覺得欠他一個大人情，就煩請我外交部同仁代擬俄文慶賀講稿，現場演出，大使大樂，我也無債一身輕。

親見美中學術要角過招

在哥倫比亞大學求學期間，認真讀書，通過各種考試，撰寫以中蘇共關係為主題的博士論文（最終完成六百頁），及打工維生。印象最深的一次課外活動就是在一九八〇年初，接待從北京來的高層學術訪美團。這是美中一九七九年一月一日建交後，訪問美國的第一個學術團體，而哥大是他們的第一站。率團的是當時中共第一智囊宦鄉。他曾被毛澤東寫進他的語錄，在政策界無人不知。同行的有社科院美國所、戰略所、日本所、民族所等所長多人。文革期間他們幾乎都在所謂「牛棚」改造過，現在每人都是菸槍，身體顫顫巍巍，衣服舊舊皺皺。但每人都頭腦清楚，分析問題頭頭是道。哥大當時還沒有大陸留學生，找不到更好的翻譯人才，就徵召我這名台灣來的博士生做他們兩整天研討會的（非同步）翻譯。那的確是次難得的體驗，第一次看到美中政策高手在我眼前過招。每個人都能宏觀全局、系統論述，且守住本國立場，如不同意對方分析，仍保持禮貌，絕無重話。雙方既小心交換了意見，也增進了友誼。我一段段地中翻英、英翻中，事後多次把筆記拿出來反芻，收穫絕不是金錢能夠衡量。

另一次就是在華府協助從台灣來的增額立委團，了解美國國會的運作。美方主辦單位找到我替他們（包括洪玉欽、溫錦蘭、黃天福、張德銘等多位）擔任現場口譯。我曾修習過美國政府與政治，基本了解國會的一般情況，但聽美國參眾兩院當事人向台灣立委訪客深入介紹其中的眉眉角角，許多沒有見諸文字，自覺也收穫滿滿。

淺嘗二軌工作

我從美國學成後，本想先到新加坡國立大學任教一年，學點經驗才回國。可是該校規定必須教滿三年才能離開，而我擔心父母年事已高，且自己離鄉已久，所以就直接歸國。一九八四年，恰與蔡英文同時以客座副教授身分進入政大任教。記得當時沒有現在層層過濾的系所評審過程，繳六百零七頁博士論文等資料，然後全憑系主任一句話就進去了。

在政大誤人子弟九年，除了授課，還兼任政大國際關係研究中心副主任，《*Issues and Studies* 月刊》主編、《美國月刊》主編，及校長張京育的祕書室主任。另外繼續發表中英文學術論文，完成教授升等專著，從事國內的「社會服務」活動，包括上媒體及演講。在國外部分則參與相當多的所謂「二軌」活動，即各國學術界（包括退休官員）間的政策討論。每年至少出國五次，並在國內會見來自各國的學者專家。當時自以為身體好，經常忙得睡眠不足卻絲毫不以為意。記得有次臨時奉命參加一場在紐約舉行的重要二軌會議並發表一篇論文，從應命到出發只有短短一個禮拜，我上機前根本沒空靜下心寫作，只能把必要資料帶上飛機。還好那晚班機客人不多，我就請空姐讓我改坐經濟艙最後一排，獨自一人不斷喝咖啡，不停抽菸（當時尚未戒菸，而機上也未禁菸），用筆寫下我的論文（當時還沒有個人電腦）。下飛機入住旅館後，立即向旅館商借打字機，連夜打出我的論文，隨即影印並在上午會場發表。傍晚即趕坐飛機回台灣。這是我畢生學術活動最拚命的一次，現在想來真不知犯了多少條健康禁忌。

在國外部分，最特別的是我應陸委會之請，以政大教授身分前往新加坡，側面觀察一九九三年四月的「辜汪會談」。那絕對是兩岸大事，台海雙方都展現高度的善意與誠意。包括我在內的絕大多數旁觀者，甚至海陸兩會主事官員都不知道的是，如我《兩岸波濤二十年紀實》書中所述，「辜汪會談」其實不是兩岸談判的起點，而是一系列祕密會談的中繼點。它承接李登輝於一九八八年元月繼任總統後與北京高層三階段接觸的成果：第一階段是一九八八年二月至九〇年十二月，雙方超祕密接觸將近三年，才有足夠互信進入祕密會談的第二階段。一九九〇年十二月至次年十二月，經過八次密談（七次在香港，一次在北京），雙方原則同意在新加坡舉行辜汪會談，隨後公開管道（即海基會與海協會）針對準備工作的磋商只是第三階段。嚴格說來，風光亮相的「辜汪會談」只是一場劇本早已寫好且排演妥當的戲。我不過坐在稍好點的中段位子而已。

以我當時的觀察，加上後來向海基會同仁求教，「辜汪會談」從頭到尾大陸幾乎儘量配合台灣民主化後的內部需要。依據揭露許多內幕的《李登輝執政告白實錄》（印刻出版）一書，新加坡這地點的選擇就是台灣提議而北京接受。許多重要細節更突顯大陸當時的對台善意。大致說，當時台灣全民都重視「民主」與「對等」兩原則，「民主」要對民意負責。「對等」要兩岸平起平坐。

引申到實際操作時，譬如說，海基會要求會談期間每天要開三次記者會，以滿足台灣媒體中午、傍晚與晚間新聞的需要。這做法非常不符合國際慣例（通常是會議前後各一次，不管會議有幾天），也不利於達成協議（因喪失談判彈性），但大陸仍配合。我方還要求談判雙方一定要在長桌兩邊對坐。談判開始前媒體群聚，辜汪兩老必定起立，伸手隔桌互握，笑容可掬同時面對一端，再轉頭面對另一端的幾十個攝影鏡頭。如此，不論報紙或電視上呈現的都是兩岸對等的畫面。

其他例子很多，僅舉最特殊的一樁。辜汪最後簽約時，兩老端坐台上長桌後的椅子上，身後站著自己的夫人及海基會或海協會祕書長（分別為邱進益、唐樹備）及其他幕僚。依傳統慣例，座位以右為尊，所以追求「對等」的台灣就堅持任何一老不能獨占右手邊的座位，必須請兩老簽署四加四約本（即四個協議的正簡體版本）時互換座位。又因他們身後團員（包括夫人）人數眾多，不便隨著兩老在簽約台上移動，結果就出現國際上恐怕歷來僅見的怪異畫面，那就是：有一半的簽約時間，辜老身後站的不是自己的夫人及團員，而是汪夫人及大陸海協會團員。汪老簽字時亦然。當時我在台下看了，雖理解背後動機，仍不禁莞爾。

另外印象較深的「二軌」是在蘇聯解體後受外交部委託、參加由丘宏達教授率領的學者團參訪蘇聯、烏克蘭、波蘭、捷克、匈牙利等五國首都，考察各該國情況，包括與某國私有化部（Ministry of Privatization）部長會面。在烏克蘭時就已深刻感受當時該國內部親俄與反俄思維的對立。另外還參加由退休大使芮正皋率領的學者團，自東而西參訪加拿大幾座大城市，以為台加互設辦事處鋪路。

在國內印象較深的是，一九九二年，即蘇聯解體不到一年，我應台北「青年總裁協會」（Young Presidents Organization）的邀請，與密西根大學資深教授奧森伯格（Michel Oksenberg）同台討論蘇聯解體後的中國大陸。論學術，他是我老師輩的中國研究學者；論資歷，他曾任卡特總統國安會資深主任，是一九七九年美中建交的操盤手。我倆身分地位相差豈止懸殊。他先發言，大意是中國共產黨與蘇聯關係千絲萬縷，極為密切，蘇聯既垮，在不久的未來中共也一定會崩潰。我聽了極感訝異，決定丟掉原來準備的講話大綱，開始逐點反駁他的論點。結論是，中共會大受刺激，但不致於崩潰，反而可能吸取教訓後圖強。他臉色大變，未料我這晚輩如此犯逆。幾年後我聽別的美國學界友人說，這位前輩在美國講我的壞話。事後我常反省，自己到底做得對不對？如果重來一次，我還應如此犯逆嗎？答案：是，尤其牽涉到一個重大判斷，像「中共會不會崩潰」。這個性格隨著我進入下一階段的人生。

兩訪中國大陸

在進政府服務前，我曾兩次進出中國大陸。第一次是一九八九年十二月，應美國學界友人的邀請去北京開「美蘇中三角關係」的研討會。與會的美國人幾乎都是當時的元老級學者。作為唯一的非美國人，且仍資淺（副教授），估計我是因為同時運用中英俄文資料的能力而被相中並賦予發表論文的角色。當時「六四」才過半年，美中關係依舊緊張。北京主辦單位不僅同意我參加，還給全部與會學者安排了豐富的會後參訪活動。記得我們參訪了當時北京幾乎所有的重要智庫與大學，並與專家深入座談。由於「六四」餘威猶存，北京市容一片肅殺，路上車輛行人稀少，幾乎看不到任何建築工程在進行。在鼎鼎大名的國務院發展研究所會議室，我們看到被打破的窗玻璃，冷風直透而入。

到外交部接待室，彷彿聞到地毯發出的異味。所有座談場所的地板似乎沒有一處平整乾淨。更讓我訝異的是，結束某智庫座談時，居然有年輕的智庫學者假裝送客，其實跑到我身邊講些「反動言論」。但也有後來在大陸及美國極富盛名的一名國際關係學者主動到旅館看我，說他剛從美國蹲點研究回國。「從我進海關到現在，不停有人問我，『你在美國好好的，為什麼要回來。』我真想準備個錄音帶放給他們聽。」

第二次訪問大陸是一九九一年十二月，以政大國際關係研究中心副主任（負責國際研究）的身分，陪同趙春山副主任（負責大陸研究）及畢英賢、吳安家、宋國誠等同仁走訪南北幾個智庫。當時我們完全不知道，其實李登輝已派他的貼身祕書蘇志誠在香港與北京兩地與中共高層進行了一整年、共七次的祕密會談。內心深植反共情結的我們在必須與毛澤東像、中華人民共和國國旗，或解放軍軍官合照時，心中頗有糾結，好不容易才掙扎決定坦然接受「現場的常態布置」。

二〇〇〇年起我重拾兩岸交流時，心情相當複雜。現在許多非國民黨人常常透過有色眼鏡看國共交流，好像兩黨天生就麻吉麻吉。其實國共兩黨從西元二〇〇〇年起到二〇〇五年連胡公報，花了整整四年才取得彼此的基本互信。國民黨政務系統的人離開政府時，絕大多數都沒有訪問大陸的經驗。他們根深蒂固的反共信念，加上兩岸幾十年軍事外交的對抗，自然對北京懷有深刻的不信任感。記得二〇〇五年連戰主席及夫人成功結束訪陸的「和平之旅」，一行在香港機場休息室等候轉機時，一位首次訪陸的高層幕僚笑著對在場眾人說，「沒去之前，我真的以為共產黨人都是青面獠牙，現在才知道不是這樣。」同樣地，我們也可以感受到大陸官員雖然笑容可掬，但實際卻對國民黨前官員猜忌甚深。畢竟連戰曾是所謂「台獨總設計師」李登輝的親密戰友，我曾是陸委會負責人，其他人都在李登輝手下做過這個那個重要職務。李是大台獨，難道他們不是小台獨？就這樣經過四年往來，彼此認識，他們發現我們並不主張台灣獨立，只想維持現狀，而我們發現他們也不急著吞併台灣，反獨重於促統，種種打壓動作也多半出於反獨動機。這樣國共兩黨中間就有很大的灰色地帶可以迴旋，互信也就慢慢建立起來了。有了基本互信，才能考慮用什麼政治符號來表達這個互信。新的政治符號「九二共識」就這樣站上歷史舞台。「九二」隱含互信的歷史縱深，「共識」不是法律名詞，可避開無謂的政治爭議，卻仍模糊地突出兩岸之「同」。

因為有這段經驗，所以我在二〇一〇年離開政府後常勸民進黨朋友：民進黨如想維持兩岸安定，必須要花點時間建立民共互信；有了互信才能論及其他。民進黨高層如果真有此意，他們也有相關人才，政治人物即使不常去大陸，也多有密使往來兩岸。不過後來很快發現民進黨的作為，尤其蔡英文女士於二〇〇八年接掌黨務後，只有八個字可以概括：「捨本逐末」（不設法建立互信，專破「九二共識」這政治符號），及「只破不立」（破「九二共識」，卻不立可以替代的政治符號）。既然如此，她背後的動機就很清楚：她不希望與大陸建立互信，也不在乎兩岸關係是不是安定。她的目標就是完成李登輝一九九九年指示而她主導，最後被硬生生煞住的「兩國論」。這個政治抉擇在她入主總統府後愈發明朗。

第二章

意外的政壇之旅

從學術界跨進政壇對我而言非常意外。一九九三年的十二月，我正在比利時首府布魯塞爾參加國際會議，半夜突然接到時任行政院陸委會首席副主委高孔廉的越洋電話，不說明任何理由，只希望我盡快返國面談。我兼程趕回台北與他見面，發現陸委會主委黃昆輝也在場。黃表達希望我接下焦仁和轉任海基會祕書長後、留下來陸委會第三副主委的位置。我當下沒有答應，回家後先致電兩年多前才幫我切除肝癌腫瘤的榮總一般外科主任雷永耀，徵詢他的意見。出院時我曾被告知，肝癌是當時台灣死亡率最高的病症，治療手段有限，其中手術是最有效的治療方法。但腫瘤切除後，統計顯示兩年內有高達五成的人復發，而安全活過五年的只剩百分之十五。當時恰好是開刀後的兩年半，對於自己身體能否承擔日後政府工作的重擔，很有疑慮。雷主任覺得四十四歲的我還算年輕，只要注意睡眠、飲食及心情，應該可以一試。有了他的評估，我才請家父召開家庭會議，聽聽大家的意見，畢竟我生涯道路的轉彎，將來對大家都可能產生不可預知的影響。大家點了頭，我才通知陸委會赴任。

九〇年代是台灣民主化最蓬勃的時期，幾十年的經濟發展累積了旺盛的社會力；各種民間團體的興起及思想的激盪又孕育出強大無比的政治力。一九九一年正式解嚴以後，這些力量像火山一樣噴發出來，只見台灣各個角落都有英雄豪傑爭先恐後冒出頭，想在新的政治舞台搶占一席之地。我周遭好幾位朋友都投身當時熱鬧滾滾的立法委員或國民大會代表的選舉，連內人陳月卿都兩次被國民黨祕書長親自徵詢，是否有意參選立法委員。我們都婉拒了，因為自覺我們的個性、家庭背景，及經濟條件都不適合參與激烈的選舉活動；如果碰到志同道合、值得尊敬的候選人，我們幫點小忙，就心滿意足了。記得當時台大的丁守中教授違反國民黨黨紀參選立委，許多有頭有臉的人不願露面，我一介書生挺身而出，居然蒙他列為頭號助選員。這個「只抬轎、不坐轎」的定位，使我的生活與工作內涵單純許多。

人在江湖心放空

肝癌手術是我人生最重要的轉折，至今我仍覺得那是老天給我最好的禮物，在我「四十不惑」時就給我一個嚴厲的警告，要我必須更努力照顧自己的健康。另一方面老天又讓我安全度過這一關，彷彿留下這條命還另有祂的安排。的確，過了這一關，我內心更謙卑，更安然自在，更不在意世俗的評價。撿回一條命，每一天都是老天恩賜的，何必還患得患失、計較毀譽呢？記得手術後的頭兩年，因為復發率極高，而腫瘤長得極快，每三個月就增生一倍，所以醫生規定我必須每兩個月就回榮總報到，用超音波檢視肝癌有否復發。第三年開始至第十年底，也就是我在李登輝總統任內服務的全部時間，兩個月複檢周期放寬成三個月。也就是說，每一季我都要乖乖躺在榮總床上聽取醫生的宣判。如果聽到「你復發了」四個字，我就會請辭回家。這七年的我，表面上身居廟堂，實際上每年要進醫院聽四次宣判。既然整個生命都繫在這麼短的保險絲上，凡事何必太計較？

所以我雖人在江湖，但心境是超脫的。再加上我徹底戒了酒、戒了菸，又生性不喜應酬，所以除了必要聚會，一直迴避各式交際。由於酒精直接傷肝，所以幾十年來我嚴守酒戒，絕不鬆懈。即使李、連兩位長官向我敬酒，都被我婉拒，還好他們也不勉強。我清楚記得唯一的例外是我任陸委會主委時，立法院長劉松藩的一次宴請。他當著其他二十位貴賓面前講了一串我的好話，然後一飲而盡，我毫無迴避餘地只得乾一大口。或因如此，我雖在政壇走了一小圈，十一年餘歷經陸委會副主委、新聞局長、行政院政務委員、總統府副祕書長、陸委會主委、立法委員、國安會祕書長等七個職務，且三次接近當時的權力層峰（李登輝總統、連戰主席、馬英九總統），但始終覺得自己是他們核心圈的外人、一個有幸在舞台上看戲的戲迷。在李登輝時期，初嘗江湖風險。陳水扁時期，擔任三年不分區立委，親眼目睹立法院的黑暗與混亂。馬英九時期，更近身觀察到一些高層政治。慢慢地我發現自己心中那把尺愈來愈清晰，對是非愈來愈重視，對人情看得愈來愈淡。碰到事，我較在乎的是它的長遠與廣泛影響，而不是它一時一地得到多少掌聲。對於人，我不特別重視彼此的利害關係，反而看重他（她）的所作所為是否值得尊敬。有位知名大亨在我還任職時，常常刻意摟著我的肩膀講話，政黨輪替後一次酒會竟然從我面前走過也不打聲招呼。類此人情冷暖看多了，自然也看淡了。好些長輩曾善意提醒，在台灣這個人情重於是非的地方，我反其道而行恐怕會吃虧。可是隨著馬齒徒增，我這傾向好像愈來愈難改變，即使有此自覺以後亦復如此。

懷著既是局內又是圈外人的心情，我走完了李登輝總統的任期。其中最刻骨銘心的是擔任新聞局長及陸委會主委的那段時光。前面兩年半陸委會副主委任內，主管業務還是過去任教政大時熟悉的國際與兩岸事務，在與其他部會官員、立法委員、工商界及媒體的有限互動中，我意外看到許多表面正經八百的人實際卻心口不一。很少人會像學術界那樣習慣於「說真話，完全的真話，只有真話」。甚至還碰過一些人，我白天看到媒體刊登他們的兩岸發言，晚上共餐時居然跟我咬耳朵，「報紙登的不必當真。那是故意講給大陸（或某方面）聽的。」還好其他涉及國內政治的重大事情，多虧黃昆輝、蕭萬長主委及高孔廉、葉金鳳兩位老鳥副主委幫忙擋著，所以我的副主委生涯倒也有風無雨。

國內外補課

一九九六年擔任新聞局長後，我必須時時刻刻直接面對國內各股勢力射來的亂箭。當時台灣第一次總統直選剛剛結束，連宋之爭激烈化，民進黨的挑戰也愈來愈有力道。作為連戰副總統兼行政院長的發言人，我發現自己不只面對民進黨質疑，更困難的還是夾在連宋及其黨政學媒代理人的熾熱砲火中間，窘狀真的只有「叢林裡的小白兔」可以形容。好幾次我甚至覺得自己像避雷針，獨自承受風雨雷電時，一干眾人卻藉以探知各方反應以利下一輪鬥爭。我前面幾位局長每人都做了好幾年才離開，而我十一個月就下台鞠躬。別人或許訕笑，其實我因脫離苦海而竊喜萬分。我後面幾任新聞局長，直到千禧年，竟然全都只存活半年餘就走人，除一位例外，可見當時台灣內部政爭有多麼激烈。這一年是我國內政治的補課年，眼界大開，了解政治生態的複雜，也有助日後政策的擬訂。

除了代表行政院發言，當時的新聞局也主管許多業務，包括新電視台的設立。我上任前，國民黨中常委關中才以「擔任重要黨職」為由，被主張「黨政軍退出媒體」的民進黨強迫退出中國廣播公司，接著民進黨中常委蔡同榮卻要申請成立新的民視台，新聞局同仁莫不義憤填膺。沒想到蔡不退反進，掀起三波攻勢。第一波他找我行政院長官來施壓，我沒答應。第二波在立法院委員會質詢時，動員眾多民進黨籍立委對我輪番砲轟，已不是立委的他站在會議室另一端笑看好戲。我還是堅不讓步。第三波，我正在某處參加民間活動時，突然接到立法院長劉松藩的電話。我匆匆趕到院長辦公室，赫然發現不是院長召見，而是現代版鴻門宴，在座七、八位民進黨重量級立委集體施壓。但我仍不讓步。經過好幾個月，最後的妥協是，蔡必須公開書面聲明「民進黨中常委不屬於重要黨職」，新聞局才同意放行。

或許由於這番交手，十幾年後我擔任國安會祕書長時，蔡同榮突然向《自由時報》爆料並刊登在頭版，說我指示同仁把東海水文資料私下洩漏給大陸人士。由於茲事體大，當天我就發出否認聲明，但仍給他留有餘地。大意是「希望他在二十四小時內收回爆料，否則提告」。隨後我們打了第一輪官司。為了這件官司，我在公證結婚二十年後再次走進法院大門。他找律師顧立雄代為辯護，還請了包括爆料人的六位證人，而我完全沒找人作證。孰料蔡的證人全都當庭否認他說的話。他不服上訴，再敗，另外兩個民事庭也都判他必須公開登報道歉，而且對我賠款百萬以彌補名譽損失。終結庭上他大概知道要輸，就向法官哀求「我這麼老，總不能抓我去關吧」。最終他沒有公開登報道歉也沒有賠款，但我也沒再追討，只是感嘆台灣政壇的虛耗案例又多了一樁。

我離開新聞局後轉進行政院政務委員，不到半年就調任總統府副祕書長。從我進入政府以來，不管哪個職位，都經常接到出國的任務，有的是執行公務，有的則以宣揚政策為主。當時我由衷以台灣的民主化、務實外交，與兩岸和解為傲，所以樂意奔走國際，透過當地媒體或現場向國外友人說明。有次月卿排開她自己的忙碌行程陪我訪問倫敦，卻發現我每天從早到晚都排滿活動，她只能獨自在外行動，從此拒絕陪我出訪。在副祕書長任內，跑得最多的是陪同連副總統出國，其中引起最多媒體關注的是密訪烏克蘭。此事由連戰親自主導，參與的人極為有限，為怕事情曝光，連先生幾次在會中強調，「此事不准超出這個房間」，意即配偶也不得知曉。我當然照辦。訪美結束在紐約準備轉機返台，隨行團員一分為二，大部分人及媒體走一邊，少數人走另條動線。我至今還記得幾位分途的官員看著我們的驚訝眼光。等他們大夥抵達桃園機場時，發現「連副總統不見了」，開始全面搜尋。月卿時任華視新聞部副理，當即承受長官極大壓力，以為她有獨家新聞卻加以隱瞞。當晚她接到行政院祕書長趙守博的詢問電話，才知道副總統連自己的貼身祕書長也瞞在鼓裡。等《聯合報》獨家從德國揭祕時，我們已經順利入境烏克蘭。除了在基輔見些政要外，還跑了趟克里米亞，參訪了著名的雅爾達密約簽字地。連戰還在烏克蘭大學做了一場演講。由於出門前，我的新聞局政務業務兩忙，自己沒空撰稿，也不敢請人代筆以免洩漏行程，最後就在連發表演講前一晚的晚宴結束後，從構思開始，沒用打字機而手寫完成了一篇英文講稿。稿子謄清，已是凌晨四點。連戰吃完早餐就出發上場，那大概是他畢生唸過唯一的手寫英文稿。

薑是老的辣：季辛吉、李光耀

外界不知道的其實不勝其數。僅提三事。一是一九九七年我大膽透過美國友人，求見已經退休多年但在政界仍有影響力的季辛吉，想了解他對當前局勢、大陸及台灣的看法。他是早年設計「棄台」的主事者，台灣對他有意見，他對台灣也有顧忌，所以我沒料到他竟同意在他紐約辦公室會見仍在李政府任職的我。那天我中午在華府某智庫做完午餐演講，立刻趕赴機場直飛紐約，見面後立即掉頭飛返華府，不動聲色參加晚上的活動。他幕僚告訴我，他也做了努力來見我，因為他前一天才剛從南美洲回來，第二天就要飛去東亞。我倆見面前他要求我只能單獨前往，不做現場筆記，不合照留念，也不對外透露。在一小時純對話中，他對「棄台」沒有表達任何歉意，對台灣後來的進步則表讚嘆。談得最多的是彼此對當時中國大陸局勢的看法。他提問時，我彷彿再度經歷博士論文口試。我問他答時，覺得他像《星際大戰》裡的尤達大師，聲音低低慢慢的，很多抽象用字，但事後回想卻意味無窮。後來我離開李政府前，再度求見，或許已有互信，他同意我邀請駐紐約總領事陪同前往，但仍不願留下合影。兩次會見的書面紀錄均只上呈，完全不做新聞處理，所以外界一無所悉。

這位已逾百歲高齡的老先生在美國一直毀譽參半。許多人喜歡給他貼上「親中」的標籤，可是他在二〇一八年曾經公開建議川普「聯俄抗中」，可見他進出政壇幾十年思路始終如一，那就是國際關係學的「現實主義」。他相信國際政治不同於國內政治，因為它沒有憲法、政府、法律、警察，甚至道德，根本就是「無政府狀態」，或說「叢林」。國際關係講到最後就是國家實力的對比，別的如制度、法律、道德、價值、民意都是次要，甚至只是裝飾。依據此原則，「權力平衡」，尤其是大國的權力平衡，是維持國際體系穩定，免除戰爭最有效的方法。他當年推動「聯中抗蘇」，今天鼓吹「聯俄抗中」，都是這思維的自然產物。這是淵源最長的國際關係理論，信服者眾，包括筆者。他（或說我們）對並存上千年的「理想主義」（強調道德及價值）、後來崛起的「自由主義」（強調國家互動互諒，最終和平），與更晚近的「建構主義」（強調認同）等都持懷疑態度。這思路的缺點是它被認為過於理性、甚至冷血，所以當感性（如價值、認同、正義等）升高時，它就靠邊站。但大量流血時，大家又會想到它的智慧，所以至今我還是非常尊敬這位曾有兩面之緣的智者。

另外，我也曾與新加坡資政李光耀有過兩次單獨談話經驗，除了好幾次陪同長官晉見之外。第一次發生在西元二〇〇〇年的春節假期，時任陸委會主委的我正與家人在星旅遊，突然接到李資政希望與我見面的通知。當時我行囊裡只有休閒服裝，趕緊向駐外同仁商借白襯衫、西裝褲及皮鞋，才在大年除夕下午前往他的官邸。第二次是馬總統就職前某天，應星方要求，馬總統指派我專程當天往返新加坡，向李及其他星方高層說明馬未來的相關政策。與李的談話欲罷不能，幾乎延誤我的起飛時間，最後靠警車開道才趕上飛機。

這兩次長談都聚焦兩岸關係。言談間他對各種情勢的深入掌握及對兩岸和平安定的高度關切，讓我印象極為深刻。最令我敬佩的是老先生不放過任何機會，設法第一手了解兩岸動態的積極主動精神。這些與星方接觸經驗讓我體會出，小國寡民、沒有任何天然資源，而且周圍環境惡劣的新加坡，是怎麼成為一個經濟繁榮並擁有相當國際影響力的國家。

難忘的非洲經驗

我在政務委員任內奉派擔任總統特使，前往非洲友邦賴比瑞亞慶賀新總統泰勒（Charles Taylor）就職一事也值得附筆。賴比瑞亞是由美國黑奴於十九世紀建立的國家，憲法、國旗、政治制度都幾乎完全抄襲美國。它自然資源豐富，有鑽石、黃金、鐵、鉛、銅、錳等礦藏，但內戰八年，家園殘破，人口銳減。泰勒原在美國念大學，犯案越獄後逃到利比亞接受軍事訓練，最終進入賴比瑞亞成為大軍閥，這次當選新總統。該國與中華民國關係時斷時續。我到訪時我國派有代辦，而北京卻有大使駐在首都蒙羅維亞。

由於我的出席具有突襲性質，而中華民國在非洲邦交國已所剩無幾，所以僅僅飛抵賴國就大費周章。首先我飛到巴黎，再由巴黎飛到法國前殖民地、時為我邦交國的塞內加爾首都達卡。在達卡濱海旅館休息時，我想下海游泳、舒緩筋骨，卻被告知該處位於非洲大陸最西端，不遠處就是知名的奴隸島，早年專門集中收容來自全非洲各地的黑奴，從這裡裝船送到美洲新大陸。該島離岸不到兩千公尺，殖民者卻不怕黑奴逃跑，因為附近海域全是鯊魚。聽得我嚇出一身冷汗。

從達卡出發去蒙羅維亞沒有直飛班機，必須從奈及利亞轉機，而奈國與我國沒有邦交。為免遭阻攔，去不成賴國，我外交部決定從達卡僱一架六人座小飛機直飛蒙羅維亞，但提醒我沿途有沙漠，有鱷魚潭，而飛機駕駛常常酗酒，要有心理準備。所以我在登機前故意與駕駛攀談許久，確定他神智清醒，才與另兩位同仁登機。看到蒙羅維亞機場時，覺得那哪是機場，跑道是砂石地，小孩在上面跑來跑去，管制台更像台灣的水塔。驅車到首都大街時，到處可見荷槍實彈的軍人，每幾個十字路口就有個沙包圍起來的機槍堡。我投宿的據稱是該地最好的旅館，但滿目瘡痍，沒有自來水，代辦送來兩打礦泉水供我幾天的飲用、洗臉、洗澡。窗外掛著當地人洗好的衣服，沒一件是乾淨、沒破洞的。當地人私下說，內戰時彼此殺紅了眼，連逃進教堂的人都被衝進去追殺。還有人舉行射擊比賽，把小嬰兒丟到空中擊斃。

泰勒總統就職的地方像台灣小學的禮堂。小小的典禮台裝不了多少貴賓。為了搶在中共大使之前坐到台上，我提早一個多鐘頭就西裝筆挺抵達現場。當天氣溫極高，典禮還沒開始我已汗濕全身。中共大使到場時看到我已在台上，只好摸摸鼻子退出典禮。後來泰勒單獨接見我時，除了討論雙邊關係外，我也注意到在場文人與軍人對泰勒都不敢直視，畏懼到幾近發抖的程度。電影《血鑽石》裡一幕軍閥坐著講話突然掏出手槍擊斃身旁助理的鏡頭，據說就是以他為範本。

當晚國宴在總統府，國宴廳牆壁上了一層新的白漆，油漆味尚未完全消失，總統府外牆及裡面走道，放眼看去都是彈孔，沒補，也沒上漆。餐會中我走去洗手間，門推開赫然發現滿房間都是穢物，臭氣熏天，差點沒把吃進肚子的東西全吐了出來。

那次訪問回來後，讓我加倍佩服我們派駐艱困地區的外交官。我只是偶爾到訪，已極不舒服，而他們為了國家利益與尊嚴必須長期忍受那麼多辛苦，真的了不起。記得出發前為了預防瘧疾及其他惡疾，還去衛生署打針並領了事前、事中、事後該吃的口服藥。回國後繼續乖乖服藥，有次還沒把藥吞下肚就有同仁進我辦公室講話，我口服藥多含的那幾秒就讓我後來舌頭發麻了好久。心想，我只偶一吞之，在艱困地區的外交官卻要長期服用這些藥物，他們的健康會受到哪些傷害？再深入想想，兩岸這些外交爭奪的意義何在？兩岸爭送銀子，不過是繳租金而已。還有，台灣搞這種外交，似乎只有國內宣傳的作用，有何其他意義？泰勒後來被李登輝邀請來台訪問，他在我們總統府內用標準美式英語發表了我畢生聽過最流利動人的國宴講話，但現場被感動的台灣貴賓可能完全不曉得他走出台灣、走進國際，只有「聲名狼藉」四字可以形容。二〇〇三年他失勢後失蹤、逃亡、被捕，最後被判入獄五十年，是一九四六年來第一個被國際法庭判刑的前國家元首。台灣與他連結，光榮嗎？這次經驗讓我思考兩岸「外交休兵」的必要性。

我們這代人沒見過戰爭。這次在賴比瑞亞，我看到一個原來天好地也好的國家被戰爭摧殘成如此悲慘的模樣。戰爭打不起，內戰更打不起，因為外戰可能無情殺戮，但內戰各方彼此太了解，哪裡痛、就往哪裡戳，所以痛得更深，仇恨也更深。賴比瑞亞給台灣一個先例，能不警惕？

親上「兩國論」火線

在陸委會任職的一年半，「兩國論」最難忘。因拙著《兩岸波濤二十年紀實》已有兩萬字專章，故在此不再贅述，僅摘其要。「兩國論」三個字其實是李登輝一九九九年七月九日「特殊國與國關係」宣示的簡稱，出自於《台灣時報》十一日二版標題。李不喜歡，但在台灣很快約定俗成，他也無奈。它是李登輝為自己、為台灣的未來布局極關鍵的一步棋，被美中兩強平行出手制止後，不得不收斂。但李及關鍵幕僚（特別是蔡英文）並沒有放棄，仍念茲在茲，時明時暗地依據當初規劃的路線圖匍匐前進二十幾年至今。

一九九八年八月李在國安會成立「強化中華民國主權國家地位小組」，召集人是剛受聘為諮詢委員的政大教授蔡英文。其他成員有府內的張榮豐、陳必照、林碧炤，府外的許宗力等。經過幾個月的密集研議，包括向東京、海牙、羅馬、紐約專家請益，最後在一九九九年五月完成，並由國安會祕書長殷宗文向李呈報。研究結論分大陸政策、外交政策，及修憲等三部分。修憲部分由國民大會議長蘇南成負責，把憲法第四條的「領土」限縮成實際統治地區，即台澎金馬，而非「固有之疆域」。大陸政策部分，由蔡、張兩人於六月底向我口頭簡報。而外交部分則由林碧炤向外交部長胡志強簡報。

我在聽她們簡報時，手頭沒有任何書面資料，就覺得已嚴重偏離既定路線，有危險性，但心想或許只是她們少數人的意見，經不起多數人腦力激盪，於是建議她們邀集所有相關政府官員，利用週末在郊外僻靜之處集思廣益後再定稿上呈。蔡、張同意並很快敲定在我赴美回來後的第一個週末到大溪鴻禧山莊開會。我仍不放心，還立即求見殷祕書長以探詢真相。他告訴我全案尚未底定，部分內容他也有保留，於是我就放心前往華府訪問。沒想到十日傍晚飛抵桃園機場時獲悉，李已於九日（星期五）透過「德國之聲」

做了震撼性的宣布。

十二日（星期一）一大早，殷在國安會召開冗長的應變會議，終在下午草擬出一篇聲明，由陸委會的我逐字逐句宣讀。也就是在這會議上，我才第一次看到「兩國論」報告十幾頁的摘要，其中白紙黑字寫下蔡、張等人對「兩國論」影響的樂觀評估。簡單地說，他們認為美國會「諒解與支持」兩國論，不致過度為難；而中共反應可能較強烈，包括攻擊外島及俘虜駐軍，但它官僚體系太過龐大，等它反應過來時，兩國論已成定局。我在會上翻到此頁時極度震驚，認為是徹底的誤判形勢。或許蔡、張當時也知道自己犯了大錯，就在會議中間休息時由祕書收回這份摘要，復會時再重新分發。但我一直端坐原位繼續閱讀，原件乃得以保存。復會後一比較新舊版本，立即明白他們收回摘要的目的，就是緊急刪除這個關鍵的「評估」段落，以掩蓋自己的戰略誤判。

誤判的後果來得又急又強。十一日北京中台辦點名要求李「懸崖勒馬，立即放棄玩火行為」。十二日外交部再點名批李，汪道涵發表「希望辜先生澄清」的談話；解放軍戰機則幾乎每天出海，偶爾甚至越過中線。這是五十年來第一次。過去半世紀由於我國空軍穩居優勢，解放軍戰機極少飛進台海，以致台海幾乎是我內海，可隨意進行飛行訓練或外島運補。「兩國論」的軍事代價之一，就是台灣失去台海西半大片空域，從此受限於一條虛擬的台海中線。後來李登輝為了彌補我空軍飛行員訓練空域的減半，怕因此傷害他們的飛行技能，還特別派劉泰英去馬尼拉晉見菲律賓總統，請求租用菲國空域來訓練我飛行員。美國負面反應也非常快，一手壓制李對現狀的破壞，另一手則企圖說服北京不要過度反應。

隨後幾週危機處理小組續在府內密集聚會。蔡、張希望儘量維持「兩國論」於不變，辜老與我則力主只有用原來的「一中各表」包住「兩國論」，才能化解危機。後來的幾次聲明都是「一」、「二」的混合體。北京不滿意，繼續文攻與軍演。蔡、張也不滿意，一再透過《自由時報》修理「海陸高層」。後來很多年兩國論小組有些人還繼續揑造事實，聲稱七月十二日沒有開過緊急會議，而我擅自在陸委會開記者會，才惹出軒然大波。我都懶得回應，因為稍微了解政府運作的人都會知道，面對那麼大的危機，政府怎可能不集會商議應變之策？怎可能任由一個對內情一無所知的人隨意開記者會發言？現在回想起來，風暴後三星期是我從政以來最煎熬的時間，單獨一人被推到風口浪尖，腹背受敵，而真正當事人卻隱身幕後，不斷施放冷箭。過去經常自信滿滿出現在公共場合的李登輝，自風暴掀起就鮮少露面。我也未曾與他見面。八月上旬，危機稍緩，他才露面講話並召見我。他最信任的貼身祕書蘇志誠還笑容滿面地告訴我，「這次的危機處理比一九九六年還精采」。

最終讓危機落幕的不是哪個政府，而是九二一大地震。換言之，一場天災救了人禍。外界不知的是，蔡、張捍衛「兩國論」的意志極其堅定。有次剛好看到張榮豐在為李登輝準備會議裁示稿，其中竟有「第二共和」字樣。我大吃一驚，力勸他刪除這名詞，以免兩國論風波再起，還好他當場接受我的意見刪除這四個字。另外，二〇〇〇年大選後，蔡英文內定接任我的主委職務，她對媒體所有關於「兩國論」的詢問都極其低調，表示「五二〇後將不再提兩國論」。但就職前兩星期，她單獨來到我的、也是她即將接手的辦公室，與我長談將近兩小時。臨走時她突然主動透露，「今後雖不再提兩國論，但仍將繼續執行兩國論。」這句話讓我震驚的程度，甚至超過七月十日初次聽到兩國論宣布時的感受。但我並沒有向媒體公開，直到一年後我觀察她的任上言行，似乎真的吻合她在「兩國論」文件中設計的路線圖，開始擔心國家利益與人民福祉將因此受損，才撰文透露她對我的驚人告白。她被媒體追問是否對我說過這句話時，並未直接否認，只對不知情的記者表示，「五二〇之後就不曾與蘇起見過面」。這答覆用「時間點」巧妙地閃躲了「是否」的問題，等於默認它的真實性。用她最近執政八年的言行來檢驗，我們可以說，她完全實踐了當初「做而不說兩國論」的誓言。

政黨輪替後的新人生

「兩國論」風暴才平定，立即上演千禧年大選。連宋分裂導致民進黨的陳水扁以百分之三十九的少數票當選總統。我記得開票當時，沒有參與選舉活動的我由於關心選情，特地跑去位在中國廣播公司大樓的國民黨競選總部觀察選舉結果。在敗選確定後，連戰召開記者會承認敗選。我既已在現場也自認為忠貞黨員，就毫不猶豫地站上台陪他接受此一苦果。事後我才知道，當時連的大將徐立德副院長曾致電多位部長，請他們一起前來站台，都被婉拒。好些朋友在電視上看到我都笑我太傻，我卻覺得自己不過是做了該做的事，外界如何評價，我並不在乎。

基於對民主政治的信仰，我能接受陳水扁這位少數總統，並盡心盡力為他準備陸委會的簡報，還私下與候任的蔡英文主委長談兩小時，幫助他們盡快進入情況。五二〇交接前一個月還公開提出「九二共識」這個新名詞，希望難有共識的民、共兩黨也能借用此一比「一中各表」更模糊的名詞，繼續維持國共兩黨當年費盡力氣才建立的溝通管道，讓難得的兩岸和平與互信得以存續。我還告訴當時都是政務官的三位副主委，我會尊重他們的去留決定。後來他們中的一人與我離開政府，另兩位則選擇留在陳水扁政府。陳上任後，我應連戰主席邀請在國民黨智庫兼差，並到淡江大學大陸所任教，繼續政策研究的興趣，也享受學術界的寧靜。

在野這八年對我個人成長幫助很大，起碼在三個重大方面。第一，開啟對兩岸關係的新認識。在我進入政府前，絕大多數國民黨高層都沒有大陸經驗，所以我的兩次赴陸紀錄，在李政府中算是異數。九〇年代兩岸開始來往，我卻受限於相關規定，十幾年不能登陸，所以相對於其他人，我的大陸經驗又遠遠落後。還好二〇〇三至〇八年的交流與純旅遊，讓我接觸到許多中央與省市官員及士農工商，大大擴展了我的視野及體會，其中印象最深的是國共兩黨如何從最初互不信任，到相互認識，再到可以打交道的過程。前章結尾對此事已有著墨，在此不另詳述。

第二，這幾年讓我對中國大陸有了新的近身理解。過去從外面看、從中國歷史看，從西方政治論述看大陸。現在身在其中，與各式各樣的人無所拘束地交談，觀察各種實際狀況，讓我增添了中共官員（包括中央及地方）的私下觀點，及不同地區、年齡、教育程度的百姓角度。他們普遍對台灣的好感讓我感動，對統一的執著讓我難忘，對內部問題（如貪腐、求穩）的坦白也讓我吃驚。幾年下來，我覺得自己毫無疑問看到一個龐大複雜而中央集權的共產社會，但印象更深的是它無所不在的傳統中國成分。後來與美國政學友人或媒體談到大陸，我都向他們直陳，過去我也以為有可能把西方民主推廣到大陸，像到台灣那樣，但現在認為絕無可能。原因？「中國太大也太驕傲」（China is too big and too proud）。

重新反省台灣民主

第三，在野八年及後來離開馬政府的時間，給我一個換方向看台灣民主的機會。我們這一代經歷四十年戒嚴，加上在美國的生活，可說絕大多數都由衷嚮往民主政治，對李登輝推動的民主化也全力支持。但陳水扁八年讓我信心開始動搖。馬英九及蔡英文任內，看到台灣的方方面面不止歇地往下沉淪，更讓我開始思索原因究竟何在。

我沒有做過深入的比較研究，但相信每個「第三波民主化」的國家，都有各自動人的故事。台灣故事的「陽面」完全符合西方民主理論，即「經濟發展帶動政治民主」；「陰面」就是來自美國行政部門與國會的長期壓力。所以當蔣經國向《華盛頓郵報》釋放解嚴訊息時，他既滿足了國際友人的期待，也回應了當時台灣內部植基於「經濟奇蹟」的自信與願望。在九〇年代初台灣朝野一致同意，要在台灣實現中國人和中華文化地區的第一個民主，另外還要推動經濟的升級（如亞太營運中心、電子業、生物科技）及對外關係的拓展。這個政策共識讓台灣漂亮收穫了「兩岸和解」及「務實外交」，也成就了李登輝這位「民主先生」。不幸九〇年代底，國、民兩黨開始分道揚鑣，「藍」「綠」新名詞隨之出現。藍的國民黨愈來愈「世俗化」，只會悶頭在經濟、兩岸與外交戰線上奮鬥，綠的民進黨則愈來愈「革命化」，在李登輝的暗助下，把施政重點轉移到「台灣認同」及「去中國化」，企圖「做而不說」直到建立新的國家。藍綠從此開始惡鬥，把兩岸關係、經濟發展、社會和諧，甚至某些基本道德都變成祭品。

特別令我傷心的是，竟連仍是新生兒的台灣民主也賠上了。為了勝選，民進黨一而再、再而三地導演「錄音帶案」、「走路工案」、「三一九槍擊案」等絕對違反民主程序的政治驚悚劇，直到二〇二〇年還出口轉內銷地演出「王立強及向心夫婦」鬧劇，而部分台灣民眾的冷漠、接受，甚至暗喜，讓我開始覺得許多人嘴巴掛著「民主」，但內心可能還有比「民主」更高的價值願望。幾乎同時，我們看到身為「民主第四權」的大眾媒體快速墮落。他們似乎完全忘了過去不斷強調的「人民有知的權利」，起先尚只報導政治人物的「痛批」、「狂轟」、「怒嗆」，後來乾脆化身為政黨工具而無絲毫愧意。我在立法院擔任不分區立委那三年，也讓我見識了身為「民主第二權」的國會是如何不堪。本應為民謀福利、為國謀太平的立法委員，每天做得最多的竟然是服務個別選民及政黨惡鬥，不是立法。本來在社會上頗有名望的人，進到立院殿堂立刻就變了個樣，有次親眼看見一位曾為大學教授的女性立委為了阻擋她所屬政黨反對的法案，竟在投票時不顧其他立委抗議，走到每位立委座位前把他（她）桌上的投票卡一一抽出帶走，讓他（她）不能投票。類此大小事不斷累積，讓我對台灣究竟是真民主，還是假民主，產生了懷疑。

這八年對我刺激最大的是「三一九槍擊案」。不是它導致大選變天的結果，而是在號稱民主又自以為文明的台灣居然發生這件事，本身就是台灣最大的恥辱。它給台灣政治劃下刀痕之長之深，遠遠超過其他三個選前醜聞。它牽涉的是全國政權而非僅高雄一地；而且它事前縝密周延、類似大軍團作戰的規劃，思之令人咋舌。當時連宋配對勝選仍信心滿滿，完全不知道自己已被對手偷襲。我記得三二〇開票當晚，八德路中央黨部樓上樓下都鬧哄哄，我找到一個僻靜角落觀看各電視台的開票實況，愈看愈覺不妙。基於長年習慣，我就拿出紙筆開始思索「萬一連宋配落選，連應有何表示」，最後寫下五點。後來連決定認輸時，一干人等塞滿一個不大的房間，都站著，沒地方坐。連問，「外面群眾聚集，我該出去說些什麼？」眾人面面相覷，我才知道競選總部及黨部對敗選根本沒有準備。於是我掏出紙條講了我的五點。連點點頭。恰在此時宋楚瑜從外面走進來，連就說，「蘇起，你再把那幾點說給楚瑜兄聽聽。」我再說一遍，宋也同意，然後連就走到樓外依據這五點向群眾講話。我必須說，直到今天我仍不相信扁政府官方最後的調查結果。這不是基於黨派立場，而是從所有可能的大小證據中得出的結論。詳情我已經鉅細靡遺寫在《兩岸波濤二十年紀實》的專章〈酣鬥的台灣〉中，在此不再贅言。

藍綠醜陋的惡鬥，不僅把民主國家應該競爭中有合作的黨派關係，變質為「逢〇必反」的對立關係，而且大幅改變了台灣的政治風氣。各方菁英嗅到百年難遇的機會，紛紛跳進政治競技場，玩起以「權力重分配」為基調的遊戲。這遊戲的好處是不死人，不坐牢（因是民主制度），但壞處是沒人再關心「生產」：經濟成長低檔盤桓二十年，大型建設計畫一個個中箭落馬，民間薪資長期凍漲等等，大家都習以為常。整體民主政治品質的改善、公民社會條件的培養、國民視野的開拓等等，也沒人再談起。早年各界追求「卓越」的氣魄消失不見；「討好」取代「求好」（高希均教授語）；言論自由不斷挑出問題，但永遠凝聚不出解決方案。夾在政黨惡鬥中的公務機關自覺官不聊生、動輒得咎，以致士氣低落。我比較李、馬任內的公務員，發現他們愈來愈怕承擔責任，長官口頭指示常常無效，必須「下條子」以為憑證。一個人能決定的事常常要多找幾人開會才定案，以分攤責任。凡此都降低政府效能。最讓人不解的是，應該成為民主政治支柱的

「法治」，經過幾任法律系出身的總統，有人還信誓旦旦要「司法改革」，結果直到今天民間對司法依舊高度不信任。

凡此不是說台灣的民主不好，而是它不夠好，絕對沒有那些經常把「台灣民主」捧上天的人所說或想得那麼好。它可以改善的空間實在是太多太多了。最讓我感嘆的是，本來台灣民主化真的是一個很好的實驗，看看多黨競爭、言論自由與一人一票等西方民主元素，是否真的適用於中華民族及其源遠流長的中華文化。但台灣民主才起步就被政黨惡鬥綁架，沒機會細細調整若干先天不足之處；更糟的是，民進黨上台後還把台灣民主「工具化」：首先它被做為與大陸專制制度區隔及反中抗中的工具。既然民主目的是抗中，大陸民間社會自然也對台灣民主產生抵制情緒，嘲笑與諷刺常有聽聞。其次，民進黨也把民主做為連結美國及西方社會的工具。第三就是做為大內宣的工具，以掩飾台灣在其他方面的退步。走到這一步，今天台灣的所謂「民主」，真的與當年跨黨派支持民主的我們的理想，相距太遠了。

值得敬佩的貴人

意外在政壇走這一小趟（共十一年半），雖然身心俱疲，卻也覺得學到非常多的實務經驗，真的感謝老天的安排。畢竟身為一個讀書人，能有機會發揮所學，為國為民服務，實是莫大的幸運。過程中我還有幸碰到幾位讓我敬佩的長官或長者，沒有他們的提攜協助，我的政壇行定然更艱辛。

依進場序，我剛進陸委會的直屬長官是黃昆輝。我完全不知道他怎麼會找我接替焦仁和的空缺，只知道他對剛入行的我照顧有加。當時不論開會、公文處理、與外界聯繫（尤其敏感的對外發言），對我都是新鮮事；如有閃失，他都相當包容，頂多客氣地點醒。在他的領導下，我經歷海基、海協兩會的幾次商談、千島湖事件，及兩岸民間交流由無到有出現的種種磨擦，深深體會到政務與學術研究存有重大差異。當時默默觀察他處理軟中帶硬的兩岸關係、偶生齟齬的海（基會）陸（委會）關係，並設法滿足民主化後永遠飢渴的台灣媒體，深感其中灰色地帶甚多，常常不易拿捏。我身為副手，有把握就「代行」，沒把握就簽個字，讓長官傷腦筋。但做為部會首長的他就無所逃避，必須扛起責任，真不簡單。可惜後來我們政治理念分歧，不再來往，但腦中一直留著他在女兒婚禮上的模樣：平時不苟言笑的他竟在主婚人致詞時哽咽，好幾秒說不出話，讓全場每個人都感受到他嚴肅表情後真情的一面。

蕭萬長接替黃昆輝成為我陸委會的頂頭上司。當時各界對他的人品操守及經貿專長的評價甚高，但我對長年身處經貿圈的他初掌陸委會總舵，能否抓住兩岸精微之處，仍有疑問。幾個月後，我發現他不但每次裁示都切中要害，而且思慮角度既廣且深，令我極為佩服。尤其他能兼顧國內政經需要，更是我望塵莫及，亟需學習的地方。他在陸委會還帶領我們有理有節地處理李登輝康乃爾之行以後的北京反彈。可惜他只待了一年就轉選嘉義市立委。我注意到他參選前後連餐桌禮儀都出現變化，參選前敬酒時他都右肘微彎，微笑淺酌；但選後就常右手伸直推出，氣勢豪邁，顯見走過選舉場子，行為模式都不一樣。二〇〇八年大選前後，我先陪他跑了趟華府，後追隨去了博鰲，得以近身觀察他對人事物的圓融處理。他前後三度擔任我的長官（陸委會主委、行政院長及副總統），誠然是我的福氣。

海基會辜振甫董事長在當年是政商界的巨人，閱歷修養過人一等，舉手投足盡是新聞。我在副主委及主委任內與他互動甚多，得以近身觀察大我足足一輩的他，如何以四兩撥千斤方式做人處事。我們除了具有「兩國論」危機小組的「戰友」情分外，另兩件事迄今難忘。一是「兩國論」前海基會積極準備歡迎汪道涵夏季訪台。辜老帶我參觀他在台泥大樓預定宴請汪老的大房間。我注意到天花板上凹進去的圓洞特別大，他解釋說，因為人多，圓桌必須大，而兩老都上了歲數，說話聲音小，聽力不佳，又不宜使用麥克風（可能嫌不夠優雅），所以特別改裝天花板，提高它的聲音傳導力，方便主客兩老隔桌對話。他思慮細膩到如此地步，實屬罕見。另外，記得「兩顆子彈」的第二天，也就是三二〇投票當天上午，我突然接到辜老電話。他說他剛跟蔡英文主委通了話，「不知道她為什麼對勝選那麼有把握」。可惜我後來沒機會問他有沒有從她問到答案。

連戰副總統在台大教書時，我為了準備考台大政研所，特別跑去旁聽了他一學期的課。後來再無交集。非常感謝他於兼任行政院長時，把我納為時相左右的行政院新聞局長；在扁時期繼續邀我於國民黨智庫工作，後並推薦為不分區立委，讓我有機會在不同崗位歷練。他在副總統及黨主席任內多次出國或赴陸參訪，我都有幸陪同，並經常奉命撰寫中英文講稿。他對講稿都很重視。二〇〇五年在北大的破天荒演說前幾天，我問他需不需要先準備英譯？他說，「不必，還要再看看。」後來聽說最後一天他還親自動手增刪。其實他演講時最精采的常是答問時段，因他對議題不僅通盤掌握，而且能夠自在發揮。連對部屬的信任及授權，對政策思考的細膩及周全，在政壇盡人皆知。他的好脾氣也很有名。相處多年，很少看到他生氣；不悅時頂多皺起眉頭。

千禧年前，海基會董事長江丙坤與我鮮少交集。首次政黨輪替後，他奉命主持「國家政策研究基金會」（俗稱國民黨智庫）的工作，我們開始密集接觸，經常腦力激盪。馬政府第一任時他出任海基會董事長，除了熱心協助台商排難解紛外，還先後與大陸海協會會長陳雲林舉行八次「江陳會」，簽署「海峽兩岸經濟合作架構協議」（ECFA）及其他多項協議，把兩岸民間交流及政府互動互信帶到新的高點，可說創造了海基會繼辜振甫之後的又一高潮。在內部會議中，由於只有他與大陸有第一手的密集接觸經驗，他的發言經常受到大家的重視。另外，他英、日文俱佳，國際訪客及邀約始終不斷，讓他疲於奔命，很多親近他的人看了都十分不忍，但高齡的他滿腔工作熱忱，樂此不疲。記得我在慶祝他八秩壽誕的一次活動上應邀致詞時說，孔子曾說「三十而立……七十隨心所欲不逾矩」；但孔子沒有八十歲的經驗，所以我建議他為八十歲立個新榜樣，把「隨心所欲不逾矩」七個字拿掉「不逾矩」三個字，從此「隨心所欲」即可，多多遊山玩水，不要責任感過重而過度勞累。不料他後來正因南奔北走，過度辛勞而驟然辭世，誠是國家之重大損失。

我與吳伯雄主席的互動不算多，但旁觀他主持黨務、協助選務時不只一次顧全大局，做出忍讓；多次協助馬總統解決包括兩岸在內的諸多問題而不掠美，其政治胸襟實在難能可貴。二〇一三年六月，我追隨伯公訪問大陸，並與接任總書記後第一次會見國民黨最高層的習近平見面。這也是我第一次與習面對面。看到伯公從容不迫、氣定神閒地面對中共最高層，也聽到習講出後來被一再引用的「我們追求的國家統一，不僅是形式上的統一，更重要的是兩岸同胞的心靈契合」這句話。在這次訪問以及先前他率團出席北京奧運、開通兩岸直航、在台北會見國台辦陳雲林主任等等重大活動中，我看到長年專注國內政治的伯公如何跨領域到敏感的兩岸關係，分寸拿捏恰如其分，而姿態又如此優雅，實在令人佩服。

錢復院長是公認的外交界教父，但外界鮮知他也是許多外國駐台使節口中的「台灣政壇百科全書」；所有的要人或大事，只要問他，都能娓娓道來，附送許多相關的趣聞軼事。我與他第一次接觸，是他在華府的駐美代表官邸宴請當地留學生。當時雙橡園還不能使用，所有客人擠在他不算大的官邸，看著身穿旗袍的錢夫人忙進忙出，一面打招呼，一面兼顧菜餚點心，而錢代表則笑咪咪向我們噓寒問暖。我進政壇前與他僅偶有交集，進政壇後記得只有一次空中相會，那就是他公開表示「兩岸關係的位階高於外交」。絕大多數人都同意他這句話，但以他身分做此表示，別具意義。當時我被記者要求評論時感到非常為難，既不能否認也不便承認，只好用「兩岸與外交像鳥之兩翼、車之兩輪，缺一不可」搪塞過去。除了外交本行，他還曾領導經建會、國民大會、監察院等三個性質完全不同的單位，全都駕輕就熟，留下令名。我後來主持台北論壇基金會時，他以董事身分經常給予指導鼓勵，並多次率領跨黨派團體訪問北京與華府，不卑不亢地說明台灣的立場，深獲主人的敬重。他實在是我們這專業學習的榜樣。

不休假的潛規則

從忙碌但自由的教書軌道，轉到處處受限的政府軌道，最不習慣的就是經年累月沒有休假。不只週末常因公務泡湯，好幾次連春節都被綁住而動彈不得。部長級以上的人更辛苦，原因很簡單，因為當總統的人都不休假。當然中華民國總統沒有美國的大衛營可以放鬆自己是原因之一，更主要的是，民主化後的總統喜歡展現勤政愛民的風範；在一般人放假時，他們要下鄉親民，結果就是愈接近總統的人，如總統府、國安會與院部長級，愈得不到休假，因為你不知道總統什麼時候會找上你。記得有次準備帶全家出國旅遊，在車內已經看到桃園機場的大廈，卻被一通電話叫回台北開會，因為「這個會沒有你不行」。還有一次在總統府副祕書長任內，當時專責李登輝的國外事務，常陪他接見外賓。有次想請假休息幾天，就報請總統批准。李登輝在走廊碰到我，親切地說，「你休息一下，很好，很好。」我答「謝謝總統」，以為他同意，暗暗感謝他的體貼。此後幾天他重複這句話，我覺得有弦外之音，一打聽總統府的文化，才知道府內高層哪有人請假休息！

後來在馬任內亦復如此。馬更年輕，精力更充沛，希望填補所有可能的時間空檔，以致他手下個個人仰馬翻。記得我在國安會服務近兩年時間，特別要求國安會同仁（不管職位多高）每年必須休假一星期；但我自己卻不請假，以替他們擋住任何可能來自總統的任務需求。碰到的唯一春節，本可依例休息一個禮拜，不料當時恰好遇到一件急事必須處置，又不得不放棄。後來離開國安會恢復自由之身，才如釋重負。現在回想，這是中華民國政府最不合理的潛規則之一，事實上對公務人員工作效率的增進也沒有幫助。這個潛規則的源頭是總統。希望將來從總統開始能夠加以改革。

第三章

書生報國的政策建議

我從高中起就非常喜歡研讀歷史，在美國求學時，幾乎所有授課老師都要求學生必須熟悉人類走過的路。學生如在課堂提出什麼論點，老師常直視他（她），拉長音調問「for example?」意即學生必須舉例以證明己見為真，不得信口開河。哥倫比亞大學政治所甚至強迫國際關係博士生必須先通過「世界外交史」（主要是西洋外交史）考試，才能參加論文前的筆試。這對外國留學生簡直就是酷刑虐待。還好校方在我通過筆試後才開始實施此規定，讓我有幸逃過此劫。後來美國學界逐漸流行量化研究方法，國際關係學也難倖免，歷史研究遂不再為必修基礎。

筆者十分感激這個研究取向，並自覺受益良多。沒有歷史縱深，怎可能深入掌握當前事務的來龍去脈？沒有不同橫向經驗的比較，怎可能跳出「井底之蛙」的局限，知道外面的世界？不學習前人的教訓，何能確保自己不犯同樣的錯誤？

用大歷史的宏觀看，筆者特別重視以下幾點。第一，如果在黑板上劃一條粉筆線，來表達人類在地球上幾萬年的成長進程，這條線可以從黑板的最左邊用極度平緩的角度向右邊劃，劃到黑板的幾乎最右緣。它意謂人類在幾萬幾千年間進步極為緩慢，人人每天日出而作、日入而息，不管獵牧或農耕，都靠「勞力」。「愚公移山」的故事就是這幾萬年最好的註腳。因為靠「勞力」，所以地球絕大多數地方都是「男尊女卑」。而人口的多寡決定部落、城邦、國家的實力。工業革命後，「勞心」取代「勞力」，一台機器可以做十個人甚至一百個人的工作，這條粉筆線就開始向上攀升；男女地位隨著逐漸拉平，人口也不再是國力及其地位的最重要指標，晚清的中國就是最好的例子。最近一百多年，粉筆線更要筆直往上劃，「人類近一百多年的成就超過幾萬幾千年」的說法絕不誇張。一九〇三年萊特兄弟才飛上天，僅僅六十六年後阿姆斯壯就踏上月球。進步如此快速，過去幾千幾百年豈能想像？其他科技領域最近幾十年的進步，同樣快得讓人瞠目結舌。既如此，在台灣的我們必須首先習慣於「變」，因為「變」就是「常」，絕不能一廂情願地以為「現狀」會永遠不變。

第二、也最讓我感慨萬千的就是：雖然科技進步如此快速，人性卻絲毫沒有改善。從古到今，從北半球到南半球，人性的貪婪、傲慢、嫉妒、欺騙、爭奪，好像沒減少半分。科技進步最快的一百多年，不也正是人類彼此大屠殺最慘烈的時期？宗教、道德、哲學、法律、理性思維似有長足發展，但何曾降低了人性裡面的獸性？它們反而常被拿來合理化人類的惡行，甚至強化人們殘殺同類的動機。

換言之，大歷史告訴我們，地球始終是叢林。「弱肉強食，適者生存」的叢林法則，不僅適用於野獸，也適用於人；「實力」永遠是硬道理。台灣人常常掛在嘴邊的道德（如自由、人權、正義）、制度（如民主）、認同或民意，基本都是裝飾品，頂多算依附於「硬實力」上的「軟實力」。而「實力」的內在硬核還是軍事，以及支撐軍事的經濟、外交及國內政治。本來每個國家都自認自己的道德觀、制度、認同、民意最正確，但放進叢林裡，口說無憑，只有「實力」才能決定誰是正確的一方。台灣在冷戰時期對此叢林法則還有普遍認知，但民主化後政治人物為了討好選民，把道德、民主、認同、民意無限上綱，讓民眾以為它們可以是台灣的金鐘罩，抵擋外力入侵。在美國獨霸時期台灣如此恃寵而驕，尚可無礙。但在美中實力對比轉趨不利的今天，台灣如仍天真無邪至此，就非常危險。

第三，既是叢林，所有國家必然以自己的國家利益為最高優先，其次才是朋友及公共利益。就算要幫助他國，也一定適可而止，絕不會捨己為人。所以任何人對外國援助絕不能有過分幻想。

第四，因為所有國家都自私自利，所以每個國家必須時時刻刻評估其對手國與友邦的實力及意圖，同時視不同需要而展現或隱藏自己的「實力」，坦露或隱瞞自己的「意圖」。其中的詭術就讓國際關係充滿高度的不確定性，從而經常導致誤判及衝突。國內政治民主化後，能夠沾碰國際關係蛋糕的指頭愈來愈多，其中有內行也有外行，不確定性更大幅增加，國際關係乃更難理解及預測。

第五，在這叢林裡，小國的處境最為艱難，生存的壓力最大，要做的功課最多。其中最成功的近例就是新加坡。早年印尼自恃為區域大國，而排斥與美蘇中等境外大國交往，新加坡卻反其道而行，選擇同時周旋於三大之間。筆者親眼所見，新加坡為了接待蘇聯船員，還在獅城特別開闢一條街道，路名、店招、商品全標示俄文。如今它又依違於美中兩強間，左右逢源，透過精巧的頂層設計與嚴格地執行紀律，繼續在區域及全球範圍內發揮超出其實力的影響力，實在難能可貴。

台灣的處境比新加坡更艱難，因為美中在台海的爭奪比在東南亞更尖銳，而台灣又有遠比新加坡更複雜的國內政治制度。另外，或許因為台灣長期被孤立在國際政治舞台之外，我們菁英的國際政治經驗遠不如新加坡。即使筆者也只有涉外的雙邊經驗，完全缺乏參與多邊外交的歷練。所以台灣朝野菁英對國際經濟非常敏感，卻普遍對國際政治相當隔閡。許多人似乎不明白台灣的「迴旋空間」先天遠不如三個大國；它政策工具最少，進退的餘裕也最小，所以絕不應該任性到像陳水扁那樣，以為「只要我喜歡，有什麼不可以」，也絕不能像蔡英文那樣，堅持不與三大之一溝通。更重要的，台灣的「犯錯空間」比三大小得太多。美國在越南及阿富汗灰頭土臉，仍是全球超強。大陸歷經十年文革災難，仍是區域大國。日本經濟停滯四十年，仍在全球排名第二或第三。台灣如何承受得起其中任何一項打擊？所以台灣踏出每一步前，必須先想清楚可能的後果。

既然如此，台灣的處世之道必須加倍審慎，加倍務實，加倍超前部署。要做到這樣，首先，對大環境形勢要有正確評估，這包括對手與友邦的實力及意圖。形勢看錯，後續就一路錯下去。當年蔡英文對「兩國論」以及她近年對美中台形勢（尤其是軍力對比）的評估，都犯了過度樂觀的錯誤，前者當即被美中糾正，希望後者不會最終給台灣帶來無可彌補的災難。其次，即使在民主政治的熱鬧氛圍中，政策方案的抉擇必須兼顧三個大國的因素，不能只考慮國內（如選舉）因素。第三，對「迴旋空間」及「犯錯空間」都較小的台灣來說，「信用」應是台灣最大的本錢，成本最低，效用最大。如果台灣與三大都建立足夠的互信，它的國際空間自然擴大。相反地，「做而不說」、「說而不做」，或「說一套做一套」，即使一時得逞也必將嚴重傷害台灣的對外關係。正因如此，要不要說、說什麼，說到是否做得到，都要先想清楚。

基於以上認知，我在公職期間及離職後，曾經基於書生報國熱忱，大膽提出若干建議，希望讓台灣在三個大國的夾縫中，找到台灣與三大之間的均衡點。每個建議都立基於當時的形勢，兼顧三大及國內需要，也都試圖使台灣面臨的威脅能夠極小化，而機會極大化。它們有的針對大的格局，有的針對具體問題；有的幸運成為中華民國政策，有的雖空留記憶，對我實亦無憾。

建議之一：「一個分治的中國」

李登輝的康乃爾之行後，兩岸經過密使密會與「辜汪會談」而累積八年的善意一掃而空，政治轉向對立，外交開始攻防。針對一九九二年底起，雙方各自善意解讀的「一個中國」核心問題，中共也開始緊縮；而柯林頓政府為降低美中緊張，彌補康乃爾的傷害，立場漸有向北京傾斜的跡象，台灣因此感受到從華府及北京吹來的冷風。與此同時，民主化的台灣對「一個中國」的討論從未止歇，不喜歡中共「一國兩制」及民進黨「台獨黨綱」的各界社會菁英為了找尋新出路，在九〇年代提出各種中間方案，如「一國兩府」、「一國兩治」、「一國良治」、「整個中國」等，不勝枚舉，各個都激起熱烈討論。

我在一九九七年二月的新聞局長任內，乃決定提出「一個分治的中國」（One Divided China）新概念，以兼顧兩岸及朝野不同立場，同時化解美中政治壓力。我的推理很簡單：「一個中國」四個字實際暗示中國並未統一，就好像當時沒有人會說「一個德國」

或「一個越南」，因為德、越都已經統一。更重要的，中共從未在台灣行使治權，台灣人民也從未接受中共的統治；中華民國雖然縮小，但沒被消滅，所以中國實際處於「分治」狀態。因此，對兩岸現狀的最佳描述，不是「一個中國」，而是「一個分治的中國」。

現在回想，我不記得當時曾先徵求李總統或連兼院長同意，或經過部際會議討論就提出此建議；但我也不記得事後李、連或他們的親近幕僚曾私下向我表示異議。或許他們心裡想，「這傢伙的學者性格又犯了」。當時我在官場純屬輕量級，這建議很快就淹沒在眾多更尖銳的爭議中。

一年半以後，辜振甫在九八年十月展開破天荒的大陸之行，並在與汪道涵會晤時重提此一說法。他說，「一個分治的中國既是歷史事實，也是政治現實。」而汪道涵則字斟句酌提出「一個中國的八十六字說明」以為回應，其中最關鍵是最後一句，「台灣的政治地位應該在一個中國的前提下進行討論」。在同一時間舉行的中共十五屆三中全會上，江澤民表示，「完成祖國的統一不能無限期拖下去，總要有個時間表。」顯然兩岸對「一個中國」問題的模糊空間正在縮小，而中共對台政策已漸由「防獨」滑向「促統」。

近一年後，李登輝驚爆「兩國論」，極度震驚的華府立即派遣特使卜睿哲（Richard Bush）來台。他在總統府與李長談。據在場人士說，李特別重提「一個分治的中國」名詞，解釋他「特殊國與國關係」的新宣示並沒有脫離「一個分治的中國」，只是為了打破中共所設定的「一個中國原則」的框架。他特別向卜表示反對台灣獨立，反對所謂「台灣共和國」，並拿出他五月才出版的新書《台灣的主張》（遠流出版）以為證明。他的堅毅表情及手勢令在場人士印象十分深刻。

為進一步化解各方疑慮，「兩國論」處理小組持續聚會。「一（個中國）」和「兩（國論）」中間如何拿捏，如何接軌，如何既維護國家利益，又守住元首尊嚴，就成小組內部的爭論焦點。七月三十日辜老具名的一千字談話，就是內部兩派的妥協產物。它重提「特殊的國與國關係」，但也應辜老與我的堅持，放進「一個中國各自口頭表述的共識」及「一個分治的中國」。另外強調「一個中國」是未來的，而兩岸現在是對等分治。兩天後，小組再決定由陸委會發表說帖進一步澄清。這些努力並未說服北京，但緩和了華府的壓力，卻也意外地在國內引發堅持「兩國論」的李登輝幕僚的公開反彈。《自由時報》的記者鄒景雯自八月三日至九日，以二版位置連續發表七篇措辭嚴厲的文章，批判「海陸兩會高層」（即辜老和我）「失去了方向」。鄒文還特別提到「一個分治的中國」名詞，肯定它是我在新聞局長任內的創見，但強調它已不再適用，因為李已徹底改變了過去的想法，「自七月九日（宣布後）之後，李總統本人曾就『特殊國與國關係』的決策內容，對國內外訪賓連續提出超過十次的闡述」。

顯然「一個分治的中國」是個生不逢辰的小嬰兒。李登輝與民進黨不喜歡「一個中國」四字，中共不喜歡「分治」兩字。既然兩面不討好，自然只有夭折的命運。仔細想想，小嬰兒死活事小，被夾殺的何止是它，所以我不難過，反而學到更大的教訓：一，「鴿派」先天比「鷹派」吃虧，因為「鷹派」只需情感澎拜、勇敢過人，不需太細膩的理性論述，就可以生存壯大，但「鴿派」卻要兩面作戰，一面訴諸國內的理性，一面訴諸國外對手的共同利益，且兩面說詞不能矛盾，以免被認為沒有誠信。二，當兩邊都是「鷹派」當道時，「鴿派」一定無力抗衡。三，一旦「鴿派」被完全排除，兩邊「鷹派」就需面對面戰鬥。此時，大鷹或許無懼，小鷹要如何自處？

建議之二：「九二共識」

「九二共識」（92 Consensus）也生不逢辰，但它的命運卻像洗三溫暖，時熱時冷。它是我在二〇〇〇年四月淡江大學一場國際研討會上，用中文及英文提出的新名詞。當時由於陳水扁以少數票當選總統，兩岸天空頓時「山雨欲來風滿樓」，各界都憂慮中共與民進黨可能擦槍走火，引爆衝突。

我當時即將卸任陸委會主委，回想過去曾參與九〇年代大部分兩岸互動，深感兩岸的和平安定得來不易，而其中最大的關鍵就是國共兩黨能在有重大歧異的「一個中國」問題上找到妥協方案。其實當時包括我在內的大多數國民黨人都不喜歡「一個中國」一詞，因為它是從一九七二年的美中「上海公報」衍生而來，有點像套在孫悟空頭上的緊箍咒，事前沒有經過台灣的同意，卻嚴重限制了它的行動自由。但私下有位友我（含國、民兩黨）且目前仍任職於拜登政府的重要人士，勸台北不要去推翻它，「因為它就像『一個上帝』一樣」。

美國自一九七二年起接受此一名詞，但不願加上「原則」兩字，以免受制於北京對此名詞的解釋。華府後來還習慣在「一個中國」前面加上「我們的」（our），在後面加上「政策」（policy），以為區隔。簡言之，美中的「一個中國」立場有同有異，或許大同小異，起碼至近年為止。

李登輝時期的思維亦復如此，希望在不撼動「一個中國」的情況下，力求區隔，以謀求活動空間。如用英文來簡單比喻，北京希望的是 Yes to One China，民進黨是 No to One China，而國民黨的「一中各表」，就是 Yes, but。其中，Yes 求同，but 存異。陳水扁上台後，如果 Yes 與 No 中間找不出中間方案，兩岸衝突就成必然，過去十年的努力將成泡影。

基於這個憂慮，我開始思考怎麼找到國、民、共三方面都能接受的妥協方案，後來想到的方法是把 Yes、No，及 Yes, but 三者都包在一起。如果三方都認可此共同包裝，就能有妥協基礎，「九二共識」就這樣作為一個新的包裝出爐了。

我選擇用「共識」兩字，是因為它是台灣民主化後才出現並流行的新名詞，常被用來說明不同意見碰撞後磨合出來的結論；戒嚴時期根本沒有這個名詞。它是由英文 consensus 一字翻譯過來。它不像條約、協議、備忘錄等有法律意涵，只是一個模糊的、被賦予政治意涵的普通名詞而已。至於「九二」，因為指涉一九九二到九五年間的兩岸難得緩和經驗，所以基調是溫和的、善意的。既然有善意的模糊，就有一定的包容性，將來國、民、共三方面都可有解釋空間。

最重要的，我的出發點是基於跨黨派、甚至跨兩岸考量，希望藉「創造性的模糊」給兩岸關係找到新基礎，避免走上對抗的老路，所以「九二共識」的四字設計故意不提民進黨痛恨的「一個中國」。我原估計民進黨或許因此較可能接受它，而共產黨較可能排斥；沒想到後來的發展完全相反。

中共觀察了好幾個月，至七月十三日新華社才藉兩岸學術研討會學者之口，帶出「九二共識」四字，表示注意到它的存在；八月底海協會副會長孫亞夫公開同意以「九二共識」為原則，重開兩岸談判，代表官方已正式認可。十一月十五日，國台辦副主任王在希更明確併談「九二共識」及「一中原則」。換言之，經過半年琢磨，中共已同意使用「九二共識」做為民、共和解的包裝，且在隨後二十幾年始終如一，所有重要文件、聲明、領導人講話，包括較近的二十大報告，都提到它。

民進黨對「九二共識」的立場也二十多年始終如一，那就是「反對到底」。現在看來反對的源頭再清楚不過。「陳呂配」當選後、上任前曾在四月分聯袂蒞臨陸委會，聽取我對陸委會業務的簡報。陳提問時第一個就問「一中各表」的緣起，我除了口頭說明外，還特別把事先準備好的厚厚相關資料呈給他們攜回參閱。他上任後的六月二十七日接見美國亞洲基金會訪賓時，表示願意接受九二年的「一中各表」共識；顯然他翻閱了那些資料而且被說服。沒想到才過二十四小時，新任的陸委會主委蔡英文就發出四點書面聲明，否定「一個中國」及「一中各表」。輿論一片譁然，因為「主委」公開糾正「總統」，實屬罕見。但後來陳水扁真的從此轉向反對「一中各表」及「九二共識」，顯然具有思想武裝的蔡英文一定成功地把新近入行的陳水扁好好教育了一番。二〇〇四年陳水扁在與連戰的大選電視辯論中，突然指著坐在攝影棚觀戰的我，點名說我虛構「九二共識」，是「騙了全世界，騙了美國」。我被媒體追問，只好表示，陳高估了我的影響力，全天下沒有人可能同時欺騙美國、大陸及台灣。

二〇〇四年十二月，民進黨的立委選舉大敗。陳水扁想拉攏宋楚瑜，遂於翌年二月與宋共同發表十點聲明，重申了他千禧年的「四不一沒有」並表示願意推動三通；三月，陳更在與歐洲議會視訊對話中點名李登輝說，李當了十二年總統都不能改國號為台灣共和國，所以陳也做不到，「不能騙自己，也不能騙別人，做不到就是做不到」。這些新而重大的訊息讓我及多位國民黨人士感覺時機成熟，乃紛紛在黨內主張應有新而積極的和解政策，包括連主席訪問大陸。

連的「和平之旅」終在四月底實現。這是國共兩黨六十年來第一次領導人峰會。他走訪了南京、北京、西安、上海，並與中共總書記胡錦濤發布五點「共同願景」，包括在「九二共識」基礎上恢復兩岸對話；美國國務院發言人公開表示肯定，甚至小布希總統都透過管道向連傳達，他的訪問對促進亞太和平穩定產生正面積極作用。從此「九二共識」成為國共兩黨互動的政治基礎。

馬英九當選總統後，「九二共識」時來運轉，成為兩岸和解的政治基礎，政府交往與民間交流都因此大幅提升，許多過去不能想像的事現在都成為常態。譬如，九〇年代兩岸兩會協商時，官員不能上場，但馬在位時，兩岸政府官員卻常常直接上桌談判，海基會代表甚至只做個開場白就離席，任由兩岸官員（最高到次長級）直接交手。這是對經常把「九二共識」抹黑為「賣台」或「傷害主權」的民進黨最具體有力的駁斥。

二〇一六年蔡英文上台後，「九二共識」再度被打入冷宮，蔡政府及民進黨更把它作為主要抹黑目標，對它的攻擊力道遠遠超過「一個中國」或「一中各表」，原因可能是「一個中國」畢竟是全球絕大多數國家的立場，而「一中各表」已成過去式；更大的動機應是用攻擊代替防守，以掩飾民進黨「破而不立」，八年提不出一個替代方案的事實。其實明眼人只需回想二〇〇〇年「蔡主委」糾正「陳總統」的官場罕見例外，就理解真正關鍵人物一直是蔡英文。她矢言「兩國論將做而不說」後，就始終堅持要完成當年未竟的大業，根本沒有與中國大陸對話、妥協、和解的意願。「九二共識」只是替罪羔羊而已。所以終蔡八年，我極少出面為「九二共識」申冤，解釋它的意涵，或說明我當初動機其實是想協助初掌政權的民進黨穩定兩岸關係。對一個根本沒有意願的人，講再多也沒有用。

說白了，「九二共識」是個政治符號，不是學術課題，因此不必深究其定義。它只是在兩岸之間搭個橋，讓兩岸可以溝通對話。九〇年代的「一中各表」是當時的橋，被證明有效。內涵更模糊的「九二共識」或許也可以替政治距離更遠的民、共起到橋梁的作用。「要」或「不要」這座橋梁是個政治選擇。民進黨當然有權選擇「不要」，但是「不要」就有一定的後果必須承擔，所以精於算計的蔡英文一直採取的策略是選擇「不要」但不明說，以避開她的負面後果，反而利用「九二共識」的模糊性不斷抹黑，以削弱它在台灣內部的支持度，從而降低兩岸和解的可能性。幾年下來她的策略是成功的。

不過她的成功是表面的。民進黨過度聚焦「九二共識」，以為摧毀了它，就摧毀了兩岸和解，其實沒有任何名詞，包括「九二共識」，可能單獨支撐兩岸和解，「九二共識」不是像「芝麻，芝麻，開門來」的咒語，唸了它石門就打開。它是兩岸對話的必要條件，沒有它絕對不行，有它也不一定行，因為另需有充分條件，那就是「互信」，「互信」是大冰山，「九二共識」只是冰山上的一角。國共兩黨能在二〇〇五年同意以「九二共識」為基礎恢復談判，就是因為國民黨相信中共並不急著吃下台灣，而共產黨相信國民黨不像李登輝與民進黨那樣想搞台灣獨立。在這個「互信」基礎上，「九二共識」只是剛好被選中，做為一個反映國共互信的政治符號而已。

蔡英文集中火力摧毀「九二共識」，又不提替代方案，加上在台灣內部「去中國化」，再加上兩岸政府及民間大幅脫鉤（除貿易），還再加上全力配合美國的「反中抗中」，可說已把民、共間可能的互信摧毀得一乾二淨。即使我們退一萬步說，蔡或其他民進黨高層哪天突然冒出「接受九二共識」的話語，恐怕在北京也沒幾個人會相信。展望未來，「九二共識」的命運終將由島內的與兩岸的政治實力對比來決定，就像過去二十幾年一樣。

建議之三：「邦聯」

「邦聯」（Confederation）的構想嚴格說並非我的個人創意，但我是當時國民黨內推動它的主要力量。它是陳水扁就任總統前後偶然觸發的火花：陳就職前兩個月，言行極為謹慎，先後拜訪了多位國民黨大老，其中前行政院長孫運璿提出以「邦聯制」取代「兩國論」的主張。陳水扁回應說，「邦聯制是具有突破性的新思維。究竟可不可行，必須由朝野形成共識，其中有很大的討論空間。」六月會見美國智庫時，他再表示「邦聯制是新構想、新思維，可做為人民凝聚共識的進一步思考」。這意外的火花點燃了我的興趣。

政黨輪替後，首次失掉政權的國民黨由連戰取代李登輝出任黨主席。連戰很快邀集離職的部分政務官及學者成立「國家政策研究基金會」，作為黨的智庫。江丙坤總負其責，而我兼任國家安全組的召集人。經過多次腦力激盪，國安組認為，夾在主張統一的共產黨和主張台灣獨立的民進黨中間的國民黨，必須要在國家前途的論述上找到一個新而具號召力的想法，才能凝聚民氣，進而引領風潮，東山再起。經過初步研究發現，除了陳水扁不排斥外，各界不少人，包括大陸的汪道涵、美國前國安顧問史考克羅福（Brent Scowcroft）、丘宏達、王永慶、余紀忠等名流，都認為「邦聯」是一個各方不滿意但可以接受的兩岸未來整合方式。其中最特殊的是，在康乃爾訪問前的一九九五年一月，汪道涵接見台灣訪客邵玉銘時曾說，「在一個中國原則下，對香港實施聯邦制，對台灣可實施邦聯制（講到此處，汪立即補充說，此係個人意見，不代表官方立場）」。我乃請國安組同仁針對瑞士邦聯、美利堅邦聯、蘇聯解體後的「獨立國協」（或譯「獨聯體」）及其他先例展開研究；結果發現，歷史上的邦聯有最終走向統一的瑞士及美國，也有後來分裂成兩國的埃及與敘利亞（一九七二至七七）；有長達五百年（一二九一至一七九八）的瑞士，也有短到十二年的美國（一七七七至一七八九）。換句話說，邦聯的彈性使它應有可能適用於統獨爭議嚴重的台灣。

大家決議向連戰提出此一新的構想，黨的大陸工作體系（主任張榮恭）也表示支持。

最後連戰不僅同意，還把它放進他在二〇〇一年一月出版的新書《新藍圖、新動力——連戰的主張》（天下文化）的第二章，而且準備在七月國民黨的第十六屆黨代表大會中正式提出，作為新的政綱。

隨後國民黨內的反對意見陸續浮現。某黨內大老還透過給連的私函，質疑邦聯「似為兩國論的修正版本，為主張台獨者製造口實」。連遂指示黨的大陸工作會及智庫國安組巡迴全島解釋並探詢民眾對邦聯的意見，另請中央黨部進行兩次民調。結果發現大部分民眾根本不能分辨「邦聯」與「聯邦」的差別，而且兩次民調很巧都出現四四比三五的正反比例。最後連戰認為支持邦聯者雖然較多，但領先幅度不足以支撐一個新的大陸政策論述，就決定放棄，不在十六全會上提出。整個邦聯案乃宣告結束。北京也透過外交部發言人正式拒絕「邦聯的構想」。自此以後，國民黨慢慢不提國統綱領；相對於共產黨及民進黨，國民黨也不再提出未來的遠景，只強調「維持現狀」。

建議之四：「空中走廊」

這是二〇〇四年秋季「連宋配」與「陳呂配」選戰熾熱時我提出的構想。當時陳水扁「一邊一國」、「公投」、「正名」、「制憲」的暴衝，不但激起美中的強烈不滿，也在台灣內部醞釀深層不安。同時，二〇〇〇年政黨輪替後，兩岸經貿交流及人員往來不減反增，讓許多人開始對大陸呼籲多年、而台灣卻相對冷漠的兩岸海空直航有了新的期待。於是我就針對空中直航大膽提出「空中走廊」的建議，希望透過兩岸協商，在台海上空劃出一條高度及寬度固定的空中走廊，讓兩岸民航班機「定時、定點、定向」對飛。所有台灣或大陸班機不論自何處飛來，都要穿越走廊才能進入對方地區，否則就有被擊落的危險。

我的靈感來自一九四八及四九年的柏林危機。當時冷戰方啟，美蘇兩強都力圖展現堅強意志，卻還沒有摸索出危機處理方式，更沒有找到彼此和平相處的雙贏之道（像不像現在的美中？）二戰後德國分由美、英、法、蘇四國占領，首都柏林孤懸於東德境內，也一分為四。對西方而言，它政治上極重要，實質上卻極脆弱。一九四八年六月，蘇聯為試探西方國家的意志力，決定封鎖西柏林（即美、英、法占領區）的陸上運輸以向西方施壓。以美國為首的西方盟邦為了展現堅定意志，決定動用大量空軍運輸機，以空運方式向柏林市民運送生活必須的糧食、醫藥、燃料等，它們刻意選出三條空中走廊作為運輸通道，表示不會飛出此一範圍，但如受攻擊必將報復。如此，三十萬架次的運輸機讓柏林市民維持正常生活達一年之久。這場意志角力終在雙方均疲累後回到原點，大量資源消耗，卻沒讓一方有實質收穫。

我的新構想很快獲連戰採納並正式提出，也激起媒體興趣。但正如其他理性的政策構想，常常敵不過感性事件在選戰中的分量，「兩顆子彈」就把它打下來了。

台灣民眾對直航的期待於二〇〇四年大選後持續上升；該年年底，國民黨立院黨團力推恢復中斷一年的春節包機，陳水扁仍然力阻。不料美國此時出手暗助，其目的當然是緩和兩岸關係。當時陳水扁希望藉過境關島以訪問南太平洋友邦，美國遲遲沒有同意，外交部長陳唐山在二〇〇五年一月十三日的記者會還表示「陳總統是否過境關島，未定」。同一天，陸委會宣布春節包機協商將在澳門舉行。總統府隨即於十四日上午宣布陳將出訪過境關島。我綜合這些訊息，在一場電視談話節目大膽臆測，美方用「過境關島」來逼迫陳水扁同意兩岸包機協商。幾天以後一位美國在台協會官員私下嚴肅問我，「看到你的電視發言。ＡＩＴ是否有任何人洩密給你？」

建議之五：「不統、不獨、不武」

這是二〇〇八年大選前我向「馬蕭配」提出的建議。陳水扁八年在對外關係上的橫衝直撞，不僅激怒中共，也讓美國極為頭痛。起先華府尚且規過於私室，給陳保留面子，但他絲毫不知收斂，華府出手就愈來愈重。有位華府涉台核心官員私下說，陳剛上任時，他說什麼陳聽進什麼，後來他說的陳只聽進一半，最後他說什麼陳都不理。所以二〇〇六年九月，我應邀以立委身分去華府附近參加「美台商業協會」（U.S.-Taiwan Business Council）的年會時，就準備透過媒體報導，向美方，也向美中台各界提出一個較新也較溫和的觀點。該會與會者除了台美貿易投資的公司代表外，歷來都有好些政府高官參與並私下與台灣訪客互動。我當時應邀代表在野的國民黨做午餐演講，時任國防部副部長的柯承亨則在早上開幕式做主題演講。這安排也是慣例。午餐致詞時我就首度公開提出「不獨、不統、不武」的說法，把國民黨立場放在中間、溫和、務實的地帶，有別於民進黨。當時美方對民進黨已相當不滿，所以我的表述當場獲得非常正面的迴響。

二〇〇七年十月我奉命陪同副總統候選人蕭萬長赴美訪問，並負責撰寫他的政策講稿。這六個字成為我草稿主軸。馬審閱時接受此新主張，只調整六字順序為「不統、不獨、不武」，後來他訪問日本時還親自重申。這六個字不可能讓希望「統」「獨」「武」的任何一方絕對滿意，卻可讓各方人士放心最壞的情況不會發生，對大局起了安定的作用。就這樣它成為馬執政八年，「九二共識」以外支撐兩岸關係穩定的另一根支柱。

「不統、不獨、不武」的說法在台灣一直符合大多數民意，所以歷久彌新。但因為它對「統」「獨」「武」直接說「不」，所以強烈主張「統」、「獨」或「武」的人很難附和。蔡英文當然不想重複會讓她尷尬的「不獨」兩字，又想接收支持馬政策的中間溫和民意，就聰明地找到變通方法，用「維持現狀」四個字模糊涵蓋六字方針，讓一般人聽了產生「不統、不獨、不武」的想像，以為她仍在維持馬英九的六字方針。因此她就避開「不獨」的束縛，可以用漸進方式推動台獨。至於北京方面，同樣因為馬總統的六個字含有「不統」，所以從來不曾公開肯定這六字方針。二〇二三年八月，侯友宜決定在他擔任國民黨的總統候選人後的第一次出訪中，就在接受日媒專訪時強調「我們有責任在台海穩定上盡最大努力」，並希望回到「不統、不獨、不武」。顯然這六字方針在今天仍有一定的市場價值。

建議之六：「松山與虹橋、羽田、金浦直航」

現在看「松山—虹橋直航」好像非常稀鬆平常，但我不記得當年有第二個人曾經公開倡議這件事。松山與虹橋都屬國內機場，在陳水扁任內連國際機場的直航都絕不可行，怎可能輪到國內機場？我雖在那時負責規劃馬英九的兩岸政策說帖，也還沒有想到這個具體點子。那是在二〇〇七年十一月，陪馬赴日訪問回程的飛機上，靈機一動並立即向他提出的。他為了消除日本人對他反日的刻板印象，為這趟訪問下了很多功夫，包括要與年輕的橫濱市長中田宏比賽用對方語言講足一分鐘的話。在回程的飛機上，緊繃的精神為之一鬆，不知怎麼我們聊起東京成田國際機場離市區如何遙遠，而桃園機場亦復如此。當時我突然想起曾經看過離東京市區很近的羽田機場，即將與上海虹橋機場對飛的報導，直覺這是一個可以複製的概念，於是當下就向馬建議，把台北松山機場與上海虹橋機場、東京羽田機場的直航做為我們競選的主要政見，並在選後盡快實現。他立即同意，並親自把這個創意取名為「黃金三角」，回國後很快就宣布。後來考慮納入南韓首爾的金浦機場，才又改名為「黃金航圈」。

與我早先的「空中走廊」構想相比，「黃金航圈」幸運得多，因為馬英九的勝選讓它能夠實現。它後來把台灣與大陸、日本、韓國的民間往來與經貿交流（尤其是航運業）帶到歷史最高峰，可說是政府與政府多贏，而政府與民間雙贏的政策。私底下太多人向我表示感謝馬政府的德政，我都笑而不語，只默默享受從政的唯一樂趣——成就感。可惜我自己離開馬政府後因為必須禁足三年，以致直航了許久才有機會踏進虹橋機場。

建議之七：博鰲破冰

二〇〇八年大選投票當晚七點半左右，結果已經分曉。馬在競選總部大樓跑上跑下忙著謝票，在總部外還向圍觀的支持群眾發表感謝講話，但他不忘指示主要幹部在晚上十點半到他的小辦公室集合，共同研商該走的下一步。好幾天前我就在思考這個問題，並已鎖定預訂於四月十一日在海南島舉行的「博鰲論壇」，做為勝選後起手式。「博鰲論壇」是大陸主辦的年度大型經濟性質的國際活動，大陸高層固然一定出席（每年的人不一樣），不少國家的現任或卸任元首或高層官員也都參加。台灣方面過去已經多次由「共同市場基金會」的董事長蕭萬長率團參加，該年極可能由大陸國家主席胡錦濤親自出席，所以如能由尚未就任副總統的蕭萬長再次參加，並與胡會晤，將是雙方領導難得的溝通機會，絕對有助於日後兩岸互信關係的建立。我在半夜十點半的會上提出這想法後，立時得到馬總統的許可，隨後與陸方的溝通也十分順利，蕭就如期率領一個龐大的企業家團隊及筆者同赴博鰲。因為團員與媒體人數太多，訂機位的時間太短，大陸方面還特別提供付費專機從香港來回博鰲。

在博鰲期間，蕭胡會了面，還見了國台辦主任陳雲林及商務部部長陳德銘，另外還與美、澳、菲的幾位退休高官做了單獨會談。就在一切圓滿之際，突然傳來大陸商務部的新聞稿提到「在一個中國原則下，盡快建立起溝通協商平台」。我方認為其中「一個中國原則」說法十分不妥，有違雙方默契，就立即表達抗議。陳德銘獲悉後立即下令重發商務部官稿，並表達歉意，新華社也隨即澄清。這個插曲突顯了大陸官僚階層似仍深陷舊思維，但政策高層已向務實溫和方向轉變。對兩岸關係來說，這是一個好的開始。

建議之八：「和陸、友日、親美」

這六個字與「不統、不獨、不武」六字形同實異。「不統、不獨、不武」是台灣基本立場的政治宣示，層次最高。「和陸、友日、親美」層次略低，描述據此基本立場而延伸出的對美、中、日三大國的政策傾向。它是我長年思考的結晶。大意如下：台灣自古是中國的一部分，但因地理位置特殊，一直受到外來力量的牽扯。日本壯大時，台灣變成日本的殖民地；美國變超強，就把台灣納入保護，而轉型期必有流血衝突，如中日甲午之戰與幾次台海危機。台灣作為戰利品，從來沒有發言權，所幸也不曾遭到傷筋動骨的戰爭破壞。如今中國大陸快速崛起，台灣周遭大環境遂同時有美、中、日三個大國，它們的關係必將調整，台灣也必須高度關注大國互動對台灣的影響，以免遭受池魚之殃。

或許有人認為，上述台灣的地理位置是詛咒，是「台灣人的悲哀」，但我認為這是福氣，原因有二：一方面台灣實力不像以前那樣微不足道，而有一定的自主權及與三大國交往的能力，所以台灣不像以前萬事只能逆來順受，只是棋盤上的棋子。現在的台灣也可以是棋手，主動創造對自己有利的大環境。困難的是台灣做為棋手，不是只玩一盤棋，而必須同時下三盤棋，一是民主化後的台灣內政，一是對美國及日本關係，另一是兩岸關係。既然如此，難度當然非常高。但如自己有此認知，並時時高度警覺，操作細膩謹慎，事情仍然大有可為。

另一福氣是，美、中、日剛好是世界前三大經濟體，GDP加起來占全球百分之四十。如果台灣同時與三大交好，台灣可以永保安全及繁榮，如與其中任何大國交惡，台灣必將在安全或（及）經濟上受害。另一個處於類似地緣環境的國家就是南韓，但台灣比南韓更具優勢，因為台灣人的中文及日文水準都比南韓好，更有條件辦好與中日的關係。所以台灣如能把握此地緣優勢，小心下好那三盤棋，與美中日三大國都同時交好，不得罪任何一國，一定可為自己創造最大幸福。

在國安會任內（二〇〇八至二〇一〇年）我就秉持此一信念替馬總統設計對外政策。因為國安會執掌只限於國外，所以我只負責三盤棋中的兩盤。感謝馬總統充分授權，在近兩年任內，我一面協助馬總統近乎災後重建地修補李、陳任內破壞的兩岸及涉外關係，一面在國安會、其他相關部會及民間好友的協助下，全面開展新的兩岸及對外雙邊與多邊關係（詳見第五章）。當時我經常告訴國安會同仁說，國安會要「正派經營，專業至上」；它是總統的大腦，不是手腳，所以國安會要耳聰目明，做好頂層設計、超前部署，及部際協調，但不要把手伸進部會，過度干預它們的執行工作（如鏈震案、巴紐案等）。另外，國安會是總統幕僚，不宜對外發言，所以一向都沒有發言人的設置。我個人上任後立即告訴媒體說我要進入潛水狀態，不再接記者電話，後來也沒再開過記者會，只有在立法院審查國安會年度預算時才應邀前往備詢。

二〇〇九年秋季，美牛案快速延燒，馬總統仍堅持，並在一次美西過境時親自決定「比照韓國模式開放」後，令我當即越洋電告行政院長劉兆玄。不料後來情勢逆轉，輿論不利，我感覺馬似頂不住政治壓力，乃有去職的心理準備，正好當時也確有精疲力盡的感覺：祕書長一職雖在體制上屬院長級，畢竟不是獨當一面的首長，而是幕僚長，去留本就由總統全權決定，並無可爭之處。馬總統給我一個為國服務，實踐畢生所學的機會，我已感激不盡，如他政治考量需我離職，當然也無怨言，更何況我自早年意外跨進政壇後，就一直認為自己是從「學界」平行轉到「政界」，而不是一般以為的「上台」，既如此，如離開也是平行轉回「學界」，而不是「下台」。

但因過去近兩年祕書長任內，一直悶頭做事，沒有對外發言，所以想在結束政府工作前把我的兩岸及外交基本理念講清楚，於是就藉外交部場合，把放在心中已久的「和中、友日、親美」理念做一闡釋，算是天鵝之歌，庶幾無憾。講話前我雖有信心馬總統一定會同意，卻沒事先商量。發表後他甚表贊成，唯一修改是依他長年習慣，把「和中」改為「和陸」。直到今天我仍認為這是台灣「三大之間難為小」的最好策略。

建議之九：兩岸「鬥」「拖」「和」三選項

或許因為長年研究國際關係，筆者始終認為，面對近在咫尺的中國大陸，台灣不能只有鬥爭或戰爭的選項。幾千年國際關係史一再證明，「鬥」以外的路極為寬廣。中國古代即使兩陣對圓，預備廝殺，尚且有溝通管道，更何況如今人貨錢往來密切的台海兩岸。所以台灣除了備戰，一定也要備談。但為了備談，台灣必須「三步走」，缺一不可。

筆者第一次公開提出「三步走」，是在一九九八年二月的民進黨第一次全黨「中國政策研討會」上。應許信良主席的邀請，身為總統府副祕書長的我大膽向民進黨建議，首先在民進黨內部凝聚對中政策的共識；第二，進一步與當時已有共識的國民黨協調出「台灣共識」；第三才進行兩岸對話，找出雙方均能接受的「兩岸共識」。這三步環環相扣，沒有第一，難有第二；沒有第二，不可能有第三。對於第一步，民進黨早有「台獨黨綱」，第二年又通過「台灣前途決議文」，兩者與國民黨差距甚遠，與中共立場更是南轅北轍，所以任何緩和兩岸的努力只能放在第二步。筆者二〇〇〇年「九二共識」的創意也是著眼於此，意圖模糊化國民共三黨的基本差異。

我二〇一〇年離開政府後，漸漸感覺兩岸政治對話雖不迫切，卻也不宜迴避；長期迴避甚至可能對台灣愈來愈不利。於是我在二〇一一年底接手程建人前部長創辦的「台北論壇基金會」，積極向工商界有心人士募款，希望藉此平台先結合「淺藍」與「淺綠」人士，透過共同研討與國內外活動，探討是否有藍綠立場重疊的灰色地帶，可做為第二步「台灣共識」的起點。除了邀請民進黨創黨元老洪奇昌擔任基金會董事外，我還力邀民進黨溫和理性的童振源教授共同辦理多項兩岸活動。

二〇一三年，童與我聯手出版由十七位藍綠學者撰寫的新書《兩岸關係的機遇與挑戰》（五南出版），敦請蕭萬長前副總統與謝長廷前院長寫序推薦；二〇一三、一四、一五年我們合辦了三系列每週一次、各十餘場的「兩岸政策菁英高階班」及「經濟政策經營高階班」，藍綠共治一爐，每週討論一個議題，學員包括十二位分屬兩大黨（國民黨四人，民進黨八人）的立法委員（陳學聖、張嘉郡、呂玉玲、王惠美、高志鵬、陳其邁、姚文智、陳明文、蘇震清、趙天麟、吳宜臻、林岱樺）、十餘位部次局處長、十餘位縣市議員、數十位公司高層主管、若干媒體高層等。授課講師包括蕭萬長、陳沖、張忠謀、江丙坤、林信義、李鴻源、陳添枝、吳釗燮、朱敬一、陳瑞隆、楊念祖、蔡得勝、洪奇昌、陳博志、林正義、林中斌、童振源及我本人等。系列結束後還組團赴北京、上海參訪，會見了包括政協副主席陳元、國台辦主任張志軍、商務部、食品藥品監管總局、住房及城鄉建設部、上海市政府、國務院發展研究中心、中央黨校及多個智庫。

二〇一四年五月，民進黨前主席施明德，加上程建人、洪奇昌、焦仁和、陳明通、張五岳及我等七人，經過多次密集討論，都希望能在台灣內部創造藍綠合作的空間，並同時開啟兩岸政治對話的大門，乃公開倡議「大一中架構」（或稱「處理兩岸問題五原則」），意即「在中華民國與中華人民共和國之上共組一個不完整的國際法人，以共識決處理雙方關切的事務，作為兩岸現階段的過渡方案」。它反對兩國論、台灣獨立，也不支持中共堅持「中華人民共和國為唯一中國代表，及台灣是中國的一部分」的「一中原則」。這倡議類似《聯合報》前總主筆黃年鼓吹的「大屋頂構想」。可惜兩岸三黨均冷處理，「大一中架構」乃無疾而終。當時吳釗燮本也有意加入，最後一分鐘因被蔡英文委以黨祕書長重任而婉拒。可見當時民進黨菁英仍有不少人具妥協傾向。

二〇一四年十月，台北論壇主辦了「台灣內外政策環境的展望」研討會。這是台灣第一次，也是迄今唯一一次跨越紅、藍、綠、美、中、台的聚會。中共學者長期一直忌諱在台灣與美國學者同台論辯，頂多在美國紐約參與美中台三邊研討會，這次是唯一例外，終究還是絕響。

二〇一五年五月，台北論壇再次在台北舉辦研討會，邀請大陸海協會副會長孫亞夫及多位重量級學者參加；台灣也是藍綠共治一爐。二〇一六年二月，台北論壇董事會跨黨派成員組團訪問大陸，由錢復率團，洪奇昌等董事參與，會見了張志軍、商務部副部長及多個智庫。

在這些跨藍綠的場合，我多次口頭說明並在報上寫過好幾篇專文，提出兩岸未來僅有「鬥」、「拖」、「和」三選項的想法。我覺得只有「和」最有利於台灣，「鬥」最不利，而「拖」必有終點；待攤牌時刻到來，台灣仍將落難。「和」最有利的原因是：一，以當時兩岸實力對比，台灣仍有一定籌碼；時間拖愈久，對比將對台灣愈加不利。二，習近平剛上台，正全力打貪及固權；他對台強調「心靈契合」，具相當善意，十分難得，應該抓住此一機遇。三，美國深陷中東泥淖，對中政策以「交往」為主，當樂見兩岸緩和。可惜我接收到的藍綠回應，絕大多數都是，「台灣內部如此分裂，不可能『和』，只有『拖』了。」

二〇一六年蔡英文上台後，立即改以「鬥」為政策主軸，不僅中斷政府交往，也大幅降低民間交流，並加深台灣藍綠的相互敵視。民進黨新潮流系竟以「跟蘇起走太近」為由，把洪奇昌驅逐出系，藉此警告所有綠營人士不得與藍營來往。上述藍綠交流與兩岸交流從此全部停擺，其他民進黨內部原具妥協傾向的人也愈來愈少，多數都被蔡帶著走上抗中路線。整體兩岸關係就一路惡化，直到今天的風雨欲來。

以上九個政策建議，有的成為政策，有的隨風而逝。整體而言，它們反映我的基本理念，那就是「三大之間難為小」的台灣必須設法做到兩件事：第一，對外政策必須在三大之間依其實力對比取得均衡點；失衡對台灣不利。第二，必須言而有信，不能說一套做一套，或「做而不說」，或「說而不做」。如果台灣維持「信用」，說到做到，no surprise，那麼台灣的對外關係就能維持基本穩定。

所以這些建議一方面是依據當時形勢擬定的「政策」，一方面也是針對三大強國而釋放的「訊號」（signal），讓它們放心，不會被台灣民主政治裡的雜音（noise）混淆。「政策」本身失衡（如扁、蔡時期），或「訊號」模糊不清（如蔡時期），都會給三大強國造成壓力，從而也增加台灣自己的困難甚至危險。以下幾章即試釐清這幾個重點。

第四章

台灣沉淪的起點：李登輝、陳水扁

台灣島與海南島是中國大陸外緣最大的兩個海島。據一位人在現場的台灣政壇大老轉述，中國國家主席習近平有次在博鰲論壇晚宴上感慨地說，「我們海南島幾十年沒有建設。當年如果蔣介石決定到海南而不是台灣，今天的海南就會像台灣」。換言之，老蔣總統的抉擇決定了兩島幾十年不同的命運。不管聽者喜歡不喜歡，台灣與海南島的命運確實從來都不是自己、而是被外來者決定的。侯孝賢導演的《悲情城市》裡陳松勇說，「咱本島人最可憐，一下日本人，一下中國人。眾人吃、眾人騎、沒人疼」的這段話最傳神。它孕育了李登輝講的「台灣人的悲哀」，並激起「當家作主」的願望。我們今天用大歷史角度看最近三十年台灣民眾熱熱鬧鬧選自己的總統，開開心心管理自己的事務時必須理解，這是例外，不是原則，而且這個「例外」現正遭到「百年未見的巨變」壓縮，會不會在不久的將來回歸「原則」，答案恐怕很快就會揭曉。

放眼古今中外，沒有一個國家的命運能夠脫離它的歷史及地理。一位紐西蘭駐台大使曾對我說，「台灣和紐西蘭在世界上都很孤立，我們是地理孤立，你們是政治孤立」。他的話沒錯。紐西蘭偏處南太平洋一角，離最大的陸地澳洲有四千多公里之遙，坐噴射機到全世界任何地方都有時差，所以時間一久，它與澳洲雖然同文同種同源，與美國的政經連結也很深，但心態上紐西蘭已經調整自己的認同為「南太平洋國家」。它關心其他南太島國的程度超過自認為南太平洋宗主國的澳洲，也更能以同理心體會島國對氣候變遷的切身之痛。澳洲不同，或許由於更接近東南亞，二戰時也與日軍在鄰近地區貼身搏鬥過，承受的地緣政治壓力較大，所以迄今澳洲眼光更緊追美國及英國的腳步，而不是近鄰的東南亞或南太平洋。不管戰場多遠，一戰二戰時英國打哪裡，澳洲就打哪裡；二戰後美國打韓戰、越戰、中東，澳洲不僅無役不與，而且經常第一個報名。顯然地理位置形塑了澳、紐的認同及行為。

塞翁失馬的政治孤立

台灣亦然。在長達幾千年的冷兵器時代，台灣都是孤懸海外的小島，既不是兵家必爭之地，也不是商家喜歡眷顧的寶地。它與西邊的中國大陸是這麼地近，而且華夏移民很早便落腳台灣，但中華民族安土重遷的觀念如此根深蒂固；而長期苦於洪水氾濫，又埋下不親水甚至畏水的性格基因，以致他們雖然人到了台灣，心仍留在老家。除了明朝鄭和七下西洋的三十年，中國老祖宗一直守著陸地，頂多往北、往西、往南走，但始終沒有往東出海，好好開發鄰近的琉球或台灣，連認真建立海商貿易隊伍都沒有，更別提海軍。元朝忽必烈想要遠征東瀛，急急找不到也造不出足夠的海船，只好徵調各類河船。這些河船一碰到颱風就全部沉入海底。

從台灣朝北看，日本及韓半島是這麼地遠；南邊的中南半島距離更遠，以致一般人講「東北亞」或「東南亞」時，從沒有把台灣算進來。晚近台灣有些人刻意拉長脖子到南太島民中尋找「遠親」，可惜言者有意，聽者無心。所以從地理上看，台灣島除了人最親、地最近的中國大陸，沒有自然的鄰居，表面不孤獨，實際孤家寡人。這地理孤獨還被後來的政治孤立加倍強化。先是日本殖民五十年切斷了台灣與大陸的連結，後有四十年冷戰徹底隔絕兩岸人民的往來。

意外地是，政治孤立反而讓台灣印證了「塞翁失馬，焉知非福」的古諺。第二次世界大戰時，台灣作為日本的殖民地，經歷了它周遭鄰居完全不同的命運。它是侵略國的一分子，不是受害者之一。在日軍鐵蹄下，中國大陸死傷三千五百萬、日本自己五百萬、朝鮮半島三十五萬、菲律賓一百萬、法屬印度支那兩百萬、印尼四百萬人，而台灣大約埋骨異鄉三萬人（二十萬人被徵召離台出征，十七萬人返鄉），包括李登輝的哥哥。就戰爭損害而言，台灣受到的也只是美軍偶爾進行的空中轟炸，比起上述國家的戰損算是微乎其微。美軍最後跳島反攻時，曾經兩度認真考慮奪取台灣作為進攻日本本島的跳板，後來一次選擇奪回菲律賓，放過台灣；一次決定打沖繩，又放過台灣。一位妻子為沖繩人的日本外交官告訴我，許多沖繩百姓在戰敗前相信日軍的說法，以為美軍占領後會大量殺戮沖繩男人（包括用坦克輾壓）、強姦女人，因而集體跳下懸崖，或在山洞裡殺死家人再自殺，或引爆手榴彈自盡，估計百姓死了百分之十五到三十五，建築物毀了九成，迄今許多當地人仍因此對東京懷恨在心。倘若當年美軍登陸的不是琉球，而是台灣，恐怕台灣今天到處都有「慰靈碑」了。

台灣的福氣還不只於此。冷戰期間的韓戰及越戰，給韓、越帶來上百萬傷亡的同時，卻讓台灣更安全、更繁榮。如果沒有一九五〇年的韓戰，兩岸很可能早已統一，如果沒有越戰創造龐大的物資需求，台灣經濟焉能在六、七〇年代藉出口擴張策略，快速跳上一台階？回首那一百年的戰亂時代，台灣好像活在溫室裡，先後被日本與美國庇護著，行動受限，尊嚴有損，但享有基本安全與安定的生活。

溫室效應

說台灣是「溫室」並不誇張。在交通不便的幾百年間，台灣與外地的連結都是淡淡的、淺淺的。交通便利後，台灣身上又罩著一層政治保護膜，外力看得到，但不一定碰得到。溫室外儘管風吹雨打，溫室內的百姓生活尚稱舒適。這個歷史經驗留下三個迄今深植於台灣內心的溫室效應。第一，由於普遍缺乏流血的記憶，台灣人對戰爭的想像非常模糊，以為好日子會一直過下去。我與日、韓、東南亞專家交流時，常常感受到他們夾在美中兩強之間的戒慎恐懼，內心一直在拿捏該國與大國的關係。有位東南亞資深官員曾私下透露，有次年度會議，美國國務卿與中國外長都出席，都想極力爭取東南亞國家的支持。某晚某大國向東南亞遊說，他們回答「當然，當然」。第二天另一大國也施壓，他們還是說「Yes, of course」。相對地，台灣許多人做事發言，好像沒有任何算計，只憑感覺，以為「只要我喜歡，有什麼不可以」。現在全世界都高度關切台灣安全，島上許多人卻出奇地老神在在，應與歷史經驗有關。

然而台灣民眾的態度也不能一刀切。大致而言，以省籍分，有外省淵源的人，或許由於長輩在大陸的經驗，對戰爭較有顧慮；其他人態度則相對坦然。以年齡分，不管經歷過二戰或冷戰，記憶較長的年長者較審慎；習於安全安逸的年輕人較不在乎。

第二，理論上台灣是個對外開放的海島，應該非常關心國際事務。事實卻不然。這只要比較沒有戰爭經驗的台灣與深富戰爭經驗的日、韓，就看得出落差。幾十年來台灣法政科（尤其是國際關係）大學生占全人口的比例一直偏低；大學開設政治系的比例也遠低於日韓。出國念博士學位的學者博士論文許多集中在台灣相關的民主化研究，少數專攻中國大陸。這與日本及韓國留學生截然不同，我碩博班的日韓同學主攻美國、蘇聯、中國大陸、歐洲、中東甚至伊朗（甚至伊朗語）的所在多有，竟沒有一個專修日本或韓國。在日常工作與生活中，台灣民眾關心更多的是國際經濟，而不是國際政治，對國際政治頂多關注美、中、日情況，對韓半島、東南亞、中東、歐洲等地願意略為深入的，極其罕見，更別說非洲、印度等其他地區。冷戰時期政治大學國際關係研究中心尚有足夠的人才及第一手資料，扮演台灣政策研究界對外的窗口。九〇年代台灣民主化後，智庫全部嚴重萎縮，現在檯面上的一些所謂智庫，論人才、經費、國際交流經驗，與日、韓，或中國大陸智庫相差不可以道里計。記得蔡政府上任後大張旗鼓推動「新南向」，辦了一場大型國際研討會，蔡還親自出席致詞，但論文提報人竟然全是外國學者，無台灣本地學者。本國人頂多只擔任若干場次的主持人或評論人而已。專責研究的學術界尚且如此，整體台灣對國際關係認識的膚淺程度，可見一斑。

反觀日、韓，專門研究國際關係的政府或大學智庫所在多有，它們的人才常被政府或政黨延攬、出版品受到重視；它們也常走進國際社會主辦會議或參加研討。但台灣的所謂智庫絕大多數都只為政府或特定政黨服務，幾乎找不到類似日、韓能站上國際舞台的智庫。日、韓的企業家與美國同業一樣，熱中支持研究國際問題的智庫，替國家培育人才，也替民眾提供客觀分析，但台灣企業家肯慷慨資助國際研究的直如鳳毛麟角。日、韓大眾媒體長期派駐國外特派員，就地採訪報導、分析該國重大事件，讓國人掌握國際實際情況；但台灣自從二十年前，各大報及電視台為了節省經費，陸續撤回駐外特派員後，台灣民眾就變得幾乎半聾半瞎，凡事仰賴各種政治傾向明顯的外電，幾乎不再有「台灣人的觀點」。我不只一次在做完專題演講後，獲在座人士（甚至極富國際經驗者）私下示意，「想不到你們念的國際關係也這麼專業」。我猜他們意在稱許，但每次都讓我難過幾天。

第三，或許因為不在乎，或許因為不懂，也或許因為台灣「三大之間難為小」的無力感，許多台灣人不知不覺對能保護自己的強國產生心理依賴與高度浪漫的想像，隨便一個美國政要的發言就可被解釋成「看！美國多麼挺台灣」；日本政要一說「台灣有事就是日本有事」，立即被聯想成日本一定來協同作戰。親綠媒體在大幅宣傳的同時，完全不向台灣民眾說明，美、日分別要經過多少內部討論（包括政治、國內法、軍事、經濟等）才能走出這一大步。這當然也跟台灣的歷史及地理有關。台灣從來都是移民組成的社會，沒有自己的「本體性」。它不像新加坡。李光耀領導誕生的新加坡必須有「本體性」，因為它是被馬來亞趕出來而獨立成國家，必須有自己的「本體性」才能存活於世。台灣也不像鄰近的韓國。許多訪問台灣的大陸友人常會問起，為何同是日本的殖民地，台灣與韓國對日本的感覺幾乎有天壤之別。答案其實就在歷史及地理中。韓國夾在中、日兩強間，歷來不只一次受到日本的殘酷侵略，「耳塚」、「慰安婦」的痛苦記憶深植人心，所以「本體性」極強。但台灣外來的入侵者雖多，卻都蜻蜓點水。葡萄牙人、西班牙人、荷蘭人，最後來的法國人，登島人數都很少，踏足地點有限、停留時間不長，也沒有大規模屠殺留下的悲情記憶。外沒有中央政府馳援，內沒有大規模武力反抗，台灣百姓咬咬牙都度過了。日本殖台五十年，因為把台灣當成東亞共榮圈的跳板，雖有鎮壓，但也有投資開發，台灣人對日本的觀感當然不同於韓國人。所以台灣內在基因對外來者歷來都是順從大於反抗，冷漠大於熱血。

從李登輝講出「台灣人的悲哀」後，以民進黨為主的部分台灣人一直想積極培養、強化台灣人思想上的「本體性」，以配合政治上「一邊一國」及「兩國論」的操作。但一則因為台灣社會及民情風俗實在與中國大陸千絲萬縷，難以分割，一則這種「去中國化」努力引起北京的高度警覺，再加上中國大陸國力的大幅提升，它的實現恐非易事。

溫室與外部風雨

如果台灣是個溫室，可以影響它安全及福祉的因素有二。一，溫室外的風雨是大是小，二，溫室開放或封閉自己的門窗，讓或不讓外界風雨吹進來。從一八九五年中日馬關條約起算，這兩因素的不同組合大致決定了台灣的命運。一九七二年美國與中國大陸簽訂上海公報以前是第一階段，此時溫室外風雨交加，砲聲隆隆，但溫室門窗緊閉，先後有日本帝國與美國第七艦隊的保護，一直有驚無險、平安無傷。第二階段則從一九七二至今，五十年來溫室外的風雨日漸平息，台灣也決定慢慢打開門窗走出去，先走進世界，再進入中國大陸；同時它也迎接外人大量走進台灣。過程中，台灣得到前所未見的安全，感覺前所未有的舒坦，更享受了前所未有的尊嚴。最近第二階段結束，第三階段開始，外界風雨日益嚴峻，呼嘯拍打之聲清晰可聞，而且不管風從哪裡來，好像都直接瞄準台灣。更糟的是，現在風強雨急似乎已到保護者自身站立不穩的程度。此時只見台灣的守門人想關緊西邊的門，卻關不起來；想大開另一邊的門，卻又多所顧忌。無助的台灣老百姓就這樣陷在前途茫茫的恐懼中。

若比較溫室開關與外部風雨這兩個因素，究竟何者更能決定溫室的命運？答案當然是溫室外的風雨。這是依據單純的「實力原則」。我碰過一位曾任聯合國安理會主席的資深外交人士，我問他，在主席任內什麼事讓他印象最深刻？他毫不猶豫吐出三個英文字：power, power, power。他還舉例說，有一次某常任理事國代表發表了一篇義正詞嚴、擲地有聲的演講，說明該國對某議題的主張，會後這位主席特別走過去恭喜他、讚美他；若干天以後，這位代表再度發表一番談話，同樣文情並茂、可圈可點，但立場恰恰相反。主席私下問他怎麼髮夾彎？該代表尷尬地說，「你知道。我們有美國的壓力。」換言之，在「實力原則」前，什麼道德、制度、認同、民意等，全部靠邊站。文字再漂亮也只為國家實力服務而已。還有一次，一位東南亞國家資深官員公開說，歐盟在與東協談判自貿協定時，希望享受與美國同等的待遇。東協的答覆是，「當然可以，如果你們也派航空母艦來這裡巡邏的話。」記得在哥大上課時，還有老師半開玩笑說，「如果小國與小國爭執，爭執會消失。如果小國與大國爭執，小國會消失。如果大國與大國爭執，聯合國會消失。」

簡言之，台灣「溫室」三階段的要害都在美中日大國關係。第一階段大國交惡，先中日，後美日，再美中，台灣雖安全但提心吊膽幾十年。一九七二年起的第二階段，大國關係（即美中關係）由壞轉好，「溫室」終於享受了安定繁榮的幾十年。最近美中關係變壞，「溫室」就進入震盪不確定的第三階段。

台灣多元的集體記憶

「溫室」雖小，故事卻很多。歐巴馬當選總統後，一位美國學術界出身、在小布希政府內擔任高官、對兩岸都有深入研究的專家，在離職前對我國駐美代表袁健生說，「總統當選人歐巴馬不太了解大陸與台灣。如果我奉命給他簡報的話，大概需要兩個小時就可以把大陸情勢講清楚。但解釋你們台灣，要五個小時才夠。」這句話透露他對兩岸的了解非比尋常。大陸雖大，但條條框框一清二楚，要提綱挈領並非難事。而台灣雖小，自一九七二年外部環境日益緩和，內部也逐步開放以後，所有古今、內外、大小、明暗、真假事務都可能對台灣的政治與政策產生影響；要一時三刻說清楚、講明白，實不容易。

冒著過度簡化的風險，或許台灣政治可以由隱而顯、由遠而近，分三個重點來敘述。一是台灣多元的集體記憶，二是特殊的憲政制度，三是民主化至今的領導人。

台灣島居民絕大多數是由中國大陸不同地方、不同時期遷來的移民組成。正如世界其他地區，移民之間因為先來後到，或淵源不同，習俗有異，經常衍生摩擦，乃至衝突。過去的漢番之爭，或閩客、漳泉械鬥，都是台灣成長歷程的一部分。一九四九年台灣居民大約六百萬。國民政府從大陸帶來了一百餘萬的新移民。如此大量人口的注入，新舊移民霎時必須在內部面對彼此語言隔閡、生活習慣不同、信仰觀念差異，及利益分配的矛盾；同時要處理舊大國退出、新大國進入、國共內戰未竟、美蘇冷戰方殷等堪稱百年一見的巨變，站在島上看著新現狀及充滿不確定的未來時，每個人一方面自覺被迫、無奈，一方面又透過自己的記憶、情結、願望的鏡片，看著別人，想著自己和家人。他們中間爆發一些衝突，幾乎是不可避免的。但只要稍微跟其他類似情況比較，譬如美國早期新移民與印地安人間，或新移民不同族裔間的流血衝突，當年台灣涉事各方可說相對克制許多。

最特別的是，晚近歷史在台灣新舊移民間刻下了不同的傷痕。在殖民帝國中，英國的殖民手段是間接治理，即英國人占據重要職位，而次要及基層位置則由當地人擔任。這讓英國可以用最少的人力統治最廣大的殖民地，如在印度以十萬人統治六億人。後來實踐證明，正因殖民母國已經培養了能接班且有經驗的當地菁英，英國的亞非殖民地在獨立後的轉型，相對於其他國家的殖民地更平穩順利。

日本採用的是直接治理，也就是日本人不但占據各個領域的重要職位，而且還一直延伸到相當低的階層，所以校長是日本人，老師也是日本人；警察的中高層是日本人，基層的派出所所長也是日本人（如李登輝父親的長官），各級政府、公民營企業莫不如此。與香港比，台灣菁英的培育及升遷管道也極其狹窄。相對於當時大陸人民多數為文盲，台灣很多人能幸運地進入公學校（即現在的小學）念幾年書，僅止於此。但他們能升上高中的極少，進大學的更是鳳毛麟角。在大學裡，台灣子弟主要也集中在法律及醫學兩個領域，其他名額都保留給日本人。

相對地，大陸新移民來台很類似西晉末年的「衣冠南渡」，除了穿軍服的幾十萬大軍及其眷屬，其餘許多人都是當時大陸各省市、各行各業的菁英，其知識、財富、歷練都遠高於當時大陸整體的水平。他們因為害怕共產黨占領大陸後可能的整肅清算而離鄉背井、跑到完全陌生的台灣找尋新的人生，於是「本省」「外省」兩大族群有點像兩個三角形，一個是正三角形，上窄下寬；一個像倒三角形，上寬下窄。因為它們結構不同，所以關係的互補性超過競爭性。理論上假以時日，彼此從接觸，到接近，到融合，是完全可能的。但凡事在變好前常會變壞。一九四七年的二二八事件發生後，雙方感情出現裂痕，而中間受傷的本地仕紳恰好多是日據時代培養的醫界與法界菁英。這兩行業後來很自然就成為民進黨最大的人才庫，七十年後依然如此。另一個後遺症就是醫界與法界人才長期疏於接觸島外事務，對國際陌生，對大陸也較有情緒上的排斥，不想深入了解。這就使得民進黨在涉及國際與兩岸事務時人才相對不足。有位美國在台協會前處長就曾不客氣地私下說，「他們算助理教授級吧」。記得早年陪李登輝接見外賓時，他曾表示平生只去過大陸一次。「因為躲颱風，船必須停靠青島，就上去走了走。」蔡英文僅僅曾在李的安排下追隨海基會董事長辜振甫，參加第二次辜汪會談的部分活動。其他民進黨領導階層即使曾經訪陸，經驗也十分有限。那些常去大陸交流的人在黨內多被另眼對待，或乾脆冷凍。至於國際交流的情況稍好，但能用外語直接與國際友人深入交談的人還是少數，當然近年冒出頭的年輕人例外。

民進黨因此對涉外事務的理解常常不夠全面，相對偏頗，甚至一廂情願而不自知。最讓我吃驚的是，蔡英文「兩國論」小組針對兩國論提出以後可能的影響評估。我在《兩岸波濤二十年紀實》一書曾寫道，一九九九年七月蔡上呈李登輝的評估結論是，美國經過我方說明以後應該會「諒解與支持」，不致過度為難；而中共固然可能強烈反應，包括攻擊外島並俘虜駐軍，但它官僚體系太龐大，等它反應過來時，兩國論已成定局。這個樂觀評估最後導致李登輝引爆兩國論，隔天美中立即以政治及軍事手段施壓，才讓她們領悟自己誤判多嚴重，就慌忙在危機小組處理過程中設法掩飾並推諉這個錯誤，尤其是推給一直在「兩國論」局外卻在處理危機時被迫站上第一線、時任陸委會主委的我。李登輝與她們這些「金頭腦」會在當時集體做出這麼大的誤判，根源應就是深植體內的偏頗基因。

站在最高峰的李登輝

李登輝執政的十二年把台灣帶到歷來安全、繁榮、尊嚴的最高峰。但他權力登峰以後，潛在的傲慢與偏見也讓台灣開始快速向下沉淪。他的「功」、「過」、「罪」將來自有定論。我個人以為他的「功」固然有個人條件，但更重要的是當時台灣的內外大環境。外部環境指的是一九七二年起的美中和解。因為美中和解，老蔣總統才願意也能夠從「軍政」向「訓政」，再向「憲政」過渡；大政方針從「反攻大陸」向「七分政治、三分軍事」，再向「三民主義統一中國」（即非軍事）過渡。同時美國還頻頻假「民主」之名施壓國民黨「放權」。內部環境則是蔣經國的接班。他在蘇聯、贛南、台灣的閱歷讓他性格更草根、更親民、更開放，反映在用人上就是更願意放權給黨政體系外的人。李就是在這樣的內外大環境下嶄露頭角。可以說，沒有大環境的變化，就沒有後來的李登輝。

關於李的資料以及李離開政府後在台日兩地自己出版的書籍非常之多，他的面貌因此愈來愈清晰，極可能超越蔣經國當年對他的理解。他的血緣究竟如何，坊間多所猜測，我不敢妄議，但他書中自述二戰期間，曾在一九四五年三月東京大空襲時被美軍燒夷彈砸到受傷，他的小隊長被燒死；戰後他被派到名古屋擔任高射炮「帝國少尉」。一般來說，有這種參戰經驗（且在日本本土）的年輕人，他對日本的感情一定比其他台灣人更深厚。我在總統府副祕書長兩年多的任內陪他接見無數外賓，他對日本訪賓展現的熱誠，說話態度的自然親切，都是我在他會見別國客人時看不到的。

一般公認，他自己也承認，「經國學校」對他後半生影響至深，但他的權謀性格應是與生俱來。其中最關鍵的就是他永遠「要贏」、「要主導」的個性。為了贏，他不斷變換身分也毫無障礙。沒人能決定自己的家庭與出身，李也不例外。日本殖民後期把台灣民眾「皇民化」後，絕大多數人並沒有轉換身分，但李選擇變成皇民，取了日本名字「岩里政男」，在台灣屬於絕對少數，但以他當時家庭狀況論，仍在情理之內。後來幾次轉身都在他成年以後，應完全自主決定。二戰結束，國共內戰開始，國民黨節節敗退，共產黨步步爬升，李登輝也受到馬克思思想吸引，參加讀書會，並於二二八事件後的十月加入中國共產黨，第二年六月退出。國民黨撤退來台，站穩腳步後，李就加入國民黨。

最終爬到國民黨及中華民國的最高職位。退下總統職位後，自己成立了「台聯黨」以繼續操弄政局。這四個身分、三次「變臉」絕非常人所能，因為一次次「變臉」後他都必須說服旁觀者相信：新的李登輝是真正的李登輝。這背後需要多大的野心、意志力、忍功，及操作技巧。他後來的名言「我不是我的我」恐怕是他畢生最簡潔的自述。

蔣經國不但造就了他的「人」，也玉成了他的「事」。李登輝後來最引以為傲的「民主化」、「務實外交」、「兩岸和解」，每一個都是由經國先生起頭，再由他接手完成。「民主化」的起點是蔣在一九八六年十月宣布即將取消戒嚴令，及九月默認新的民進黨建黨。「務實外交」也從一九八六年開始。那年亞洲開發銀行決定通過北京入會，並把創始會員國的中華民國國名改為「Taipei, China」。依照行之有年的「漢賊不兩立」原則，中共只要加入某國際組織，我國就會立即退出。但那年蔣經國破例決定「抗議而不退出」亞洲開發銀行，且仍履行繳交會費的義務。「漢賊不兩立」從此走進歷史。「兩岸和解」的決定最艱難，直到蔣生前最後兩個月（一九八七年十一月）才拍板開放第一步的大陸探親。

這三件事可說個個破天荒，個個足以動搖國本。如果不是蔣經國逝世前先起了頭，以李登輝接班初期的艱難處境，任何一件都可能在政壇掀起軒然大波，小則讓他一事無成，大到甚至可能影響他的接班。但蔣既鋪了路，就沒人敢有異議。李登輝接了上位，順手做下去，最後開花結果，再百分百收割，就很自然。所以經國先生不但是拉拔李登輝的貴人，也是他日後成就的恩人。

「經國學校」的畢業生不少，但李的機緣、性格、歷練，讓他學到最透澈的權術與治術。經國先生逝世後，李雖有接班的先發優勢，高層仍有不服。李結合美國的暗助及黨內的部分力量很快成功達陣，然後立即展開他人生最艱苦的爬升。在明的權術部分，李三面出擊。首先，他深知舊勢力絕非鐵板一塊，而是有黨政軍三大塊，就利用他們中間的矛盾拉兩塊打一塊。他先提名政府系統的俞國華續任行政院長，誘使黨軍系統圍攻。果然俞僅五個月就黯然下台。黨系統的李煥接任後，其他系統續生不滿，僅一年就由軍系的郝柏村接任，條件是他必須卸下上將職。這些內鬥讓舊國民黨高層根本不能團結和他作對。二，他繼續反獨促統，甚至發揮創意設立了國統會及國統綱領。李曾向訪問他的美國學者郝志堅（Dennis Hickey）坦承，二〇一五年在日本他最後的記者會上亦公開承認，他九〇年代的這些「戰略作為」是為了堵住黨內保守勢力的嘴巴，以鞏固他的權位。三，他還把觸角伸出黨高層的小範圍，極力拉攏開放後的民間社會。當時由於士農工商學媒敏銳感到權力「大風吹」的時代來臨，音樂響起，眾人慌忙起身搶位子，搶不到就沒飯吃。這遊戲的上半場在一九九三年二月連戰就任新的行政院長時結束，標示外省大老掌控台灣政局的時代終結。隨後三年，本省籍的林洋港結合外省籍的郝柏村形成新的更大挑戰，直到一九九六年李登輝贏得總統直選為止。

李登輝權術最陰暗的部分就是他與民進黨的關係。如看「陽」面，他與民進黨似乎站在權力的對立面。但當時一則民進黨根基欠穩，有人沒錢，而李登輝有權有錢有人；二則黨際關係遠不如現在疏離，連民進黨人都不忌諱走訪大陸，所以李與民進黨如有「陰」面的往來，實不意外。多人甚至戲稱李是「一個半黨主席」。我在政壇聽過好些關於他們人、錢、事的傳聞，不宜細數，但親自經歷的只有一次，那就是李的「兩國論」於一九九九年五月完稿，七月出爐，而民進黨的「台灣前途決議文」恰於五月公布，兩者核心內容幾乎完全一致。李當時的核心幕僚張榮豐私下坦承，李曾嚴斥負責文稿的張不應走漏消息，讓民進黨占了先機。但以大陸政策對兩黨重要性而言，事情應不是「走漏消息」那麼簡單。李登輝在當時應與民進黨多所聯繫，而且彼此已達某種信任度，才會有核心幕僚在核心議題上無忌憚地連結。正因如此，李的愛將蔡英文後來出任陳水扁的首任陸委會主委，政壇鮮少人意外。或許有這層「陰」的長期關係，李登輝才會對陳水扁後來不再「尊李」高度不滿。

李的優勢不只權術，還有他的治術。在蔣的時期，李已經深自浸淫於政策研究，去過他家書房的人莫不驚嘆他藏書之豐，而且中英日文俱全。對各個政策領域，他也自政學商媒延攬人才，一則吸收建言，二則培養執政班底。這些遍布社會的菁英，加上他在黨政內部培養的幹部，形成對抗「林郝配」的巨大助力。他能夠聚攏黨內外人才也與當時台灣大環境有關。蔣開啟、李承接的民主化、務實外交與兩岸和解，形塑出一個整體對外開放、內部改革的氛圍。他既然是推動這個台灣版「改革開放」的領導人，自然就最符合社會期待，最易贏得新生菁英與群眾的支持。

用歷史的眼光看，一九九六年前的幾年，也就是李登輝把自己權力的「私利」與台灣民眾福祉的「公益」結合的時期，既是他個人成就的最高峰，也是台灣有史以來最閃亮的時期。論「民主化」，台灣是大陸「天安門事件」的尖銳對比。論「務實外交」，邦交國從他上任的二十三國暴增到三十一國；李本人不但走訪新加坡、泰國、印尼、馬來西亞，甚至搶在江澤民之前訪問了美國。論「兩岸和解」，他促成兩岸密使會面，海基會、海協會的「兩會商談」，新加坡的「辜汪會談」及簽訂四項協議。論「經濟奇蹟」，台灣還是四小龍的領頭羊。以上四件大事，除了經濟奇蹟，都是過去難以想像的成就；其中「民主化」更可說是整個中華民族前所未有的實驗。

獨特的「民選國王制」

可惜他在九六年總統直選達標後，他的「私利」開始凌駕「公益」，並快速連環推出重大變革。首先是透過九七年修憲把行政院長降格為總統的執行長，賦予他自己及以後所有總統為所欲為、毫無制衡、近乎古代君王的莫大權力，卻對外號稱是「改良式的雙首長制」。接著由頭頂諾貝爾光環的李遠哲主導「教育改革」，企圖從思想上改造下一代。另外還積極推動其定義隱晦到當時連身為總統府副祕書長的我都不敢確定的「心靈改革」。最近看了國史館出版的「李登輝總統訪談錄」才知道，他當時的定義是「以前大家說『我是中國人，也是台灣人』……簡單說心靈改革就是喊出『我是台灣人』」。最後他在下台前一年，用「特殊國與國關係」的宣告翻轉兩岸關係定位，同時藉再次修憲（憲法第四條的「領土範圍」）確立「台灣脫離中國」。當時國民大會揣度李登輝的「國王」夢，還醞釀再度修憲，把總統任期延長三年一個月，並雨露均霑地把國大代表也比照總統延長三年一個月，把立法委員延長一年五個月。如果不是李的「兩國論」激起美中對李登輝擴權的高度警覺，台灣輿論當時縱多不滿，恐也無力擋住他再次幕後操縱修憲。

後來實踐證明，這五記連環拳，除了「再修憲」最終沒有發出外，其他四記的打擊力道都極大。由此亦證明「頂層設計」多麼重要，而李登輝當年又多麼深謀遠慮。

李登輝能如此為所欲為，因他在台灣已經打遍天下無敵手，年長及同輩的全部出局，剩下的都是他的晚輩。就像他平素敬仰的德川家康一樣，李幼年學習日本劍道領悟的「忍」字，終於有了回報，從今而後可以放心實現內心的理想。事後看來，他的布局實在細膩，當時包括我在內的絕大部分黨政官員都沒看出來。我在一九九七年秋天從行政院政務委員調到總統府擔任李的副祕書長，記得他在邀我出任新職時，特別單獨召見並叮囑我有空讀讀《浮士德》，我當時無法體會他的意思，也不方便問。直到一九九九年七月他驚爆「兩國論」，我才赫然明白原來他要我必要時出賣靈魂，像浮士德與魔鬼做的交易一樣，而他的伏筆早兩年就已埋下。從後來《自由時報》在二版連發七篇措辭嚴厲的文章，批評我與辜振甫看來，我在「兩國論」危機的表現一定讓李大失所望了。

李的連環拳中對台灣衝擊最大、最該為台灣後來長期沉淪負責，卻也最沒人注意的，就是他一九九七年的修憲。修憲前中華民國總統的權力雖大，仍然很大程度受到行政院長、立法院及國民大會的牽制。總統任命行政院長，需要立法院的同意。行政院副院長及部長的任命，主動權在行政院長，不在總統。總統發布法律、公布命令，需要行政院長的副署。所以早年總統得自憲法賦予的權力相當有限。總統對人的領導、對事的指揮，常常透過執政黨黨主席的身分才能貫徹。一九九二年起，李登輝還每年要向國民大會作國情報告並聽取上百位國大代表的國是建言；那一定是他當時每年最痛苦的時刻。

時任國大議長錢復在回憶錄中記載，李的九七修憲完全是突襲達成的。國民大會於五月五日開議，至六月底跨黨派「修憲審查委員會」的修憲提案已經進入二讀；六月二十五日李登輝突然遣人私下送來新版本，「完全是層峰憑個人喜好，不考慮實際運作情形，也不在中常會和修憲策劃小組討論，已嚴重偏離民主政治和政黨政治的運作規則」。錢復擬辭職抗議未果。

根據七月十八日通過實施的李登輝版本，總統權力大幅擴張：他可以隨意任免行政院長，不需要立法院同意；任命其他官員，不需要行政院長副署；任免司法、考試、監察院長等，須經立法院同意，但還是不需行政院長的副署；甚至解散立法院，都不需要先經過行政院長的副署。換言之，總統掌握全部的行政大權，而行政院長徹徹底底淪為總統的幕僚長，還要每年兩次在立法院代替總統承受所有政策問題的質詢。連黨主席的身分都不再必要。後來國、民兩黨都曾有總統不兼黨主席的例子。

不誇張地說，修憲後的總統權力不僅超過內閣制（如英日）的首相，甚至超過總統制的美國總統。一般民主國家的中央政府權力都是分享的，絕不由一黨或一個人獨享，因為分享，才有制衡。譬如，內閣制的首相身兼國會議員，不論人事、預算、政策，都受到其他政黨的牽制，即使同黨議員都虎視眈眈，隨時可以用不信任票取而代之，因此首相本人很難恣意妄為，必須經常全方位協調。美國總統制則是三權分立又相互制衡，而地方政府則高度自治。白宮主人的人事權、預算權、締約權、戰爭權雖然大於內閣制的首相，但他的這些權力都受到國會參眾兩院及司法部門經常且巨大的掣肘。所以行政立法的協調也是每天的必要功課。

更讓美、英、日、德、法等領袖嫉妒的是，我們的總統不但權力超大，而且責任超輕，簡直就像「民選國（女）王」。選民對他（她）唯一的節制就是四年一次的總統大選。中間四整年，總統幾乎可以躲起來為所欲為，不需要像內閣制首相常常去國會報告並辯論，也不需要像美國總統必須常常召開議題全開的記者會（拜登兩星期一次），向媒體及民眾說明並答詢。換句話說，我們的總統具有元首崇高的權威，也有最高行政首長的無上權力，卻完全可以像古代帝王一樣從幕後操縱全國政策，不必面對立法院、媒體及民眾的監督。這個「民選國王制」在全球民主國家中，即使不是獨一無二，也極為罕見。既然沒有制衡，政治品質就下降了。

事實上，在九七修憲前三年，國民大會已經在另次修憲中確立了中華民國總統副總統的選制是「相對多數制」，明定「以得票最多的一組（候選人）為當選」。換言之，不是必須得票過半的「絕對多數制」。九四修憲時李登輝尚未權傾一時，有意問鼎大位諸君子恐怕內心也不喜歡「絕對多數制」，所以各方一致同意此增修內容。問題是，一旦把總統大幅擴權的「民選國王制」加在「相對多數制」頭上，台灣政治就完全變了樣。總統大選從此變成「百米賽跑」，只要贏幾票就贏，就能擁有帝王般的權力達四年之久，不須得票過半，不須擁有多數民意就能執政。權力既沒有分享，只有「全贏」或「全輸」，而勝負又只取決於極少數票，台灣政壇從此就淪為你死我活的權力競技場。只要進到場內，本來可以妥協的政黨變成拚死拚活的寇讎；本來是君子淑女，也變成小人。以前的理性決策、經濟奇蹟、社會和諧全部煙消雲散。整個台灣開始一路滑坡到今天。

制度相乘相加的惡果

「民選國王制」及「相對多數制」相乘相加後，惡果來得又快又大。第一，它把台灣多少人引以為傲的民主選舉快速惡化為只求勝選、不擇手段的「割喉戰」。令人訝異的是，迄今發生在投票前夕的四件重大怪案，最後的受益人都是民進黨候選人。一九九八年，修憲才滿一年，高雄市長選前就突發「錄音帶」事件，把國民黨籍的市長吳敦義以五千票的些微差距拉下馬，讓位給民進黨的謝長廷。幾年以後，這「錄音帶」被驗出造假，但結果已定。二〇〇六年，高雄市長選舉再度在投票前夕爆發「走路工案」，又是國民黨輸給民進黨，差距僅一千一百票。後來法院宣判該案作假時，已不能挽回。知名度最高的當然非二〇〇四年的「三一九槍擊案」莫屬：選前一路落後的陳水扁竟因選前最後一天的「兩顆子彈」，在一千三百萬選票中以兩萬九千票翻盤，迄今被外界譏為「經典之作」。即使遲至二〇一九年，為求勝選的非常手段仍然出現，那就是投票前兩個月在澳洲突然爆出的「王立強」共諜案。年僅二十六的大陸人王立強，公開在澳洲媒體自稱受到大陸國安單位派遣，持數十億人民幣來收買台灣媒體，而人在台灣旅遊的向心夫婦則是他的聯絡人。此案在選前經大肆炒作，明顯對國民黨候選人韓國瑜不利；蔡英文勝選後不久，王立強就被證實為詐欺犯，一如北京當局聲明。但向心夫婦平白在台灣被留置了四年才無罪釋放，不僅「共諜罪」，連後來補上的「洗錢罪」也不成立。此事重創的不只是台灣司法，更是國人對台灣民主的信任。

第二，「民選國王」不受任何制度性制衡，自然就產生恣意妄為的總統。李登輝當選後擅自操弄「戒急用忍」、「國安密帳」、「金援馬其頓」、「兩國論」等；陳水扁任內更連環驚爆「一邊一國」、「正名」、「制憲」、「公投」、「入聯」等，都是最明顯的例子。國民黨雖占立院多數，根本無力阻擋。李扁偶爾不能稱心如意，都不是台灣憲政制衡或民意發揮了作用，而是美中兩強赤裸裸出手干預。

第三，「民選國王制」也讓台灣政治菁英養成好鬥的性格。二十多年來，即使沒有選舉，也要準備選舉；沒有裂痕，也要敲出裂痕；沒有敵人，也要製造敵人。其淨結果就是「內鬥內行，外鬥外行」。對內心思只放在如何「割喉割到斷」，而不是經濟建設，改善人民生活福祉，對外無以團結全民對抗威脅。西諺有云，「住在玻璃屋的人最好不要向外丟石頭」。但台灣有些人不僅熱中於互丟石頭，還特別喜歡向外猛砸。他們似乎忘了一旦「溫室」破洞，如何期待屋內的人齊心協力抵禦外患？

第四，「民選國王制」硬生生把台灣島撕裂成藍綠兩半。本來每個人身上多少都有偏頗基因，民進黨絕不是唯一。同樣基因的人如果永遠抱團，偏頗就易極端化。但不同基因的人如能交叉聚集，偏頗就會趨向中間溫和，從眾多的「主觀」融合成「客觀」。二二八事件以後的五十年，通過聯姻、共同學習、工作、生活的經驗，台灣的兩個三角形本來已經完成了相當的實體與心靈融合。不幸九七修憲後，藍綠分裂變成常態。

第五，內部撕裂如此，台灣自然難與大陸和解。我在不同時間公開提過，兩岸關係的和平解決，必須分三步走。一，兩黨內部先凝聚黨內的兩岸共識；二，兩黨之間進一步協調出「台灣共識」；三，兩岸協商彼此都接受的「兩岸共識」。李登輝原本促成了「一中各表」、「辜汪會談」，但他九七修憲後，藍綠為了爭奪「國王」的甜蜜果實而無休止地惡鬥，「台灣共識」自然無影無蹤。沒有「台灣共識」，自然不可能透過兩岸協商產生「兩岸共識」。兩岸和平自然脆弱。

李登輝的「民選國王制」重手，給台灣帶來無盡的禍害。所有政治菁英興奮地在新的競技場中大玩一輪又一輪的爭權奪利遊戲。話愈講愈重，行為愈來愈脫離規範，彼此仇恨愈結愈深，心裡愈來愈沒有民生，也不在乎國計。台灣的經濟開始陷入二十年的停滯；民主品質惡化，民心渙散無以團結；兩岸關係也風波不斷，幾度瀕臨危險邊緣。現在的台灣既不能「和」，也無力「鬥」，未來命運如果再度被大國擺弄，重演李登輝自己說的「台灣人的悲哀」，實不必意外。這一切證明古訓「謙受益，滿招損」的智慧，也驗證了西諺「絕對的權力，絕對的腐敗」。李的「傲慢與偏見」最終害了台灣。或許這才是台灣人真正的悲哀。

失格的「台灣之子」：陳水扁

憲政新制的第一個受益人就是自稱「台灣之子」的陳水扁。二〇〇〇年他拜連宋分裂之賜，也拜「相對多數制」襄助，得以少數票入主總統府。他不像李有國王的政治實力，也沒有李長年在政壇打滾培育出的權謀與治國修為，但他後來卻以實踐證明了李登輝「民選國王制」的巨大威力。當然他對台灣造成的傷害也是罄竹難書。

由於民進黨在立法院屬於少數，所以他執政的內部環境先天不利。但外部環境與李時期相差有限。美中和解依舊；美國挺台依舊；中共雖已警惕，仍未放棄溝通。所以評價陳水扁執政最關鍵的是他的個人因素。論執政準備，李、扁相差不可以道里計。李登輝上台前已經內外雙修，而陳水扁與整個民進黨卻都「大姑娘上轎，第一回」，完全沒有執政經驗。如前章所述，民進黨的家底在醫師與律師兩塊，這兩路人馬長於對內，拙於對外，打選戰有餘，執政卻左支右絀，尤其碰到經濟、兩岸、外交、國防、情報等重大議題，陳可用的「自己人」人才少得可憐，這就使他一而再、再而三地誤判情勢，犯下一個又一個比李「兩國論」決策時更大的錯誤。

拙著《兩岸波濤二十年紀實》對陳的兩岸與外交政策已經多所著墨，在此不再贅言。大致上，他的錯誤起點是他上任第一年發生的「南海撞機」事件。就任伊始他還小心翼翼地端出「四不一沒有」，試圖維持當時的和緩氣氛，但次年「南海撞機」讓他誤以為美國新總統小布希改弦易轍，從和解轉為抗中，而他可以趁勢轉趨對中強硬。孰料半年後「九一一事件」爆發，小布希立刻回到「和中」以全力「反恐」，但陳水扁卻沒有審時度勢，反而繼續勇往直前，甚至多次不理會華府「規過於私室」，像匹脫韁野馬一路奔騰到他任期的終點。他這八年坐實了北京對整個民進黨的深層疑慮。

為了不讓民進黨連續掌權到第三任，根據扁政府最後一任國防部長蔡明憲的回憶，解放軍雖然自知當時台海軍力對比不盡有利，仍積極準備在萬一謝長廷打贏二〇〇八年選戰後對台動武。兩腳陷在中東泥淖裡的美國對扁也深感頭痛，極度不希望台灣不停製造麻煩。一位華府高官在會見馬英九上任初期往訪的王金平院長時，就證實蔡明憲對「台海危險」的憂慮，並說事實上過去八年，美國都不知道如果中共武力犯台，美國應如何防衛台灣。所以後來華府非常樂見馬英九的「和陸、友日、親美」及其「可預測性」。陳下台入獄後，我私下也鮮少感受美國友人對他有一丁點同情。

被國際定性為「麻煩製造者」的陳水扁橫衝直撞七年之久，在黨內、在國安高層沒人能夠勸阻或緩和，這或許因為他個性極強，希望超越李登輝，做出「一邊一國」的新成績；也或許他的幕僚及支持者心底本來就認同他，心想「試試也好」。不論如何，「民選國王制」的無窮威力在陳身上毫不掩飾地展現。受過「兩國論」重挫的李登輝在旁觀之餘，不知做何感想。

不過，除了衝撞台海現狀外，陳水扁最令台灣民眾難忘的，還有他家屬與親信的貪腐以及「三一九槍擊案」。他家族的貪腐像連續劇般，撼動台灣民眾（包括綠營支持者）對他的信心，不僅多位資深民進黨立委辭去職務以示抗議，號稱百萬人參與的「紅衫軍」還在台灣遍地開花要求倒扁。如果不是領導的民進黨前主席施明德顧及民主大義踩下煞車，台灣歷史可能改寫。至於「槍擊案」，官方雖然宣布結案，但至今民間信者恆信，不信者恆不信。陳續掌大權，但貪腐與槍擊案讓他的第二任幾乎完全喪失了治國的道德權威。台灣引以為傲的民主化也被大陸民眾與一些外國友人恥笑為負面教材，成為更大的受害者。台灣的藍綠鴻溝比以前更深，更不能奢言團結。他的八年，台灣整體實力與國際形象都跌下了一層樓。

陳水扁失了人格，台灣也失了國格。

第五章

台灣沉淪的逗點：馬英九

如果說李登輝的機緣、性格、歷練與理想把他帶上台灣歷史的最高峰，然後不自覺地把台灣推下滑坡道，那麼自認繼承李登輝的「台灣之子」陳水扁，在條件遠不如李的情況下橫衝直撞，最後重創自己及台灣的名聲，實不必意外。但內外條件皆有利的馬英九，最後不僅沒有挽救台灣於頹勢，還落得政績幾乎被下任總統清洗乾淨的下場，這恐怕不是任何人在二〇〇八年能預料到的；怎麼會這樣？

同樣是台大法律系的高材生，馬英九與陳水扁卻是兩個不同的典型。陳水扁像律師，靈活、好辯、氣勢凌人。馬英九像法官，保守、拘謹、謙卑自省。馬是我高中大學時期的舊識，是我們這群朋友裡最有家教、最愛國（中華民國）、最守法、最勤勞、最廉潔的人。他比我早幾年回國服務，早進入政壇。彼此職涯近三十年無交集，唯一例外是他猶豫是否參選台北市長時，我曾去他政大教授休息室略加勸說。他與王金平競爭黨主席時，絕大多數立委都站在王這邊，只有吳敦義與我等十名立委選擇支持馬英九。他找我幫他打二〇〇八年選戰時，我義無反顧答應。選後承蒙他看得起，邀我擔任他首任國家安全會議祕書長。我的政壇意外旅程走到這一步，實在僥倖又榮幸。

由於沒有共事經驗，彼此不了解對方的工作習慣，上任不久發現他喜歡半夜打電話討論事情，有次我忍不住直言，「我肝不好，醫生交代十二點後一定要睡覺。」他從此就沒再打過半夜電話。後來聽說其他祕書長常常接到午夜急電。有次坐車出去公務途中突然接到他電話詢問對某新聞稿的文字意見，我回答後補了句，「這種小事我們不必管吧。」以後他不再電詢我類似問題。有次我密訪東京，拜會包括安倍晉三在內的幾個眾議員，結束後在大樓門口等車，隨興進入旁邊的小禮品店，看到一個擺飾用的圓盤，價格不高，上面卡通式畫了明治維新以後的歷任首相，並附了他們的任期起訖年份。我心想這是很好的參考資料，放在書櫃裡很容易查考，就買了兩個，準備一個自用，一個送馬。不料送進他辦公室的第二天就接到圓盤及他的便條，「抱歉，蘇起兄，我不收禮。」這些都是他的獨特風格。

或許由於他的法官性格，他對司法獨立及公正特別堅持。記得他上任不久就率領包括我在內的相關官員巡視幾個重要情治機關，在每個地方他都指示從此不准再對國內人民進行監聽，除非獲得法官允許；他對最高法院特別偵查組也極尊重，強調辦案不分藍綠。但我也有不解之處，因為重返政府後發現，民進黨若干人的貪腐程度遠超過外界理解。我恰巧知道一些鐵證如山的案例，他好些身邊人極力主張揭露，但馬不但不同意，還要求我們知情者全都封口。時至今日，我看到他離開公職後一直被司法追殺，包括那些被馬私下「特赦」的民進黨政客，常想他為何堅持老子的「以德報怨」，而不是孔子的

「以直報怨」？民眾不也有知的權利？

馬英九的政策成績單

綜觀馬英九的八年，他對的是政策，錯的是政治，而其根源是他的領導統御與風格。由於陳水扁同時得罪了美中兩強，馬上台後施政的重中之重就在國安領域，而遭到重挫的民進黨在所有傳統強棒都退縮的情況下，選出黨資歷淺、但曾任陸委會主委的蔡英文出任新的黨主席，所以國家安全立時成為台灣內外的最大焦點。

馬英九的初期交出了一份還算不錯的成績單。他的重點同時放在美國與中國大陸，但因為美台交往是常態，而兩岸互動是創新，所以鎂光燈多打在兩岸。恰巧四月的「博鰲論壇」替尚未就任的蕭萬長副總統與胡錦濤主席提供了見面的機會，厚冰既破，後續的聯繫就相當順暢，並在馬總統的第一任完成兩岸、外交、國防領域的以下事蹟（僅列舉部分）：

◎宣示「不統、不獨、不武」的基本主張。「不統」讓擔心兩岸要統一的人不必擔心。「不獨」讓憂慮台灣搞獨立的人不必憂慮。「不武」讓害怕兩岸動武的人不必害怕。

◎「和陸、友日、親美」的定位兼顧到對台灣最重要的三個大國。美中日的GDP總值占全球的百分之四十，如果台灣能夠與三者同時交好，它的長期安全與經濟繁榮完全可以預期；台灣也就進入一個全新的黃金時代。另外唯一與美中日近鄰的只有南韓，但台灣條件比南韓更好，因為台灣的中文與日文優勢遠非南韓可比。一切就看政策取向，而馬走出了關鍵第一步。

◎兩岸在「九二共識」的基礎上恢復商談。海基會與海協會進入歷來工作最繁忙的時期。台灣江丙坤董事長與大陸的陳雲林會長多次輪流在兩岸會面。有次陳訪台時，還在台北賓館會見了馬總統，歷來第一次。

◎兩岸隨後陸續開展許多民眾期盼甚殷的直航。當時陸委會民調顯示，百分之八十九的民眾支持兩岸有條件三通。

◎開放台北松山機場與上海虹橋、東京羽田、首爾金浦等國內機場的直航，大大便利民眾往來。

◎成功透過司法互助，解決困擾蘇貞昌內閣多時的跨海電話詐欺問題。

◎北京主辦的二〇〇八年奧運，大陸同意官方用台灣常用的「中華台北」，而不是過去有貶抑意涵的「中國台北」來稱呼我代表團。

◎兩岸兩會在二〇一〇年六月簽署「海峽兩岸經濟合作架構協議」（ECFA），後來陸續達成二十二項協議，嘉惠兩岸民眾。其中絕大部分至今仍在執行。

◎除了兩岸兩會外，兩岸溝通管道因這些協議而逐步增加到二十個左右。據了解，當時美台管道共約六十個，而美中官方管道數目高達九十。

◎ECFA 簽署後，台灣很快就與新加坡及紐西蘭簽訂「自由貿易協定」（Free Trade Agreement）。事實上，這兩協定早已談判完畢，進入「結束但未完成」（completed but not concluded）狀態。等 ECFA 一通過，政治條件成熟，兩協定立即簽署。

◎九〇年代的兩岸商談，我方官員一向不參加，只由非官方人士上桌。但馬時期業管官員，甚至次長，都能直接上桌與對岸對等官員商談。

◎至二〇一二年五月，共有二十一位大陸省市級首長來台訪問。

◎常因訪問各國而使該國關係與北京急凍的達賴喇嘛，在二〇〇九年八月應邀來台為「八八水災」受災民眾祈福，竟然船過水無痕，恐為全球唯一例外。

◎馬八年在小布希與歐巴馬任內共取得四次重大軍購，總值約二〇五億美元，超過扁政府的一〇六億美元，略高於俄烏戰爭前蔡政府的一九三億美元。

◎馬第一任共出訪六次、十七個邦交國，其中四次過境美國西岸，會見政要，進行必要活動，為後繼的蔡英文立下先例。

◎超過兩百位現任與卸任美國官員來台訪問。

◎困擾我國對美出口二十幾年的美國貿易法特別三〇一條款，台灣首度被除名。

◎在扁時期，台灣曾經因人選爭議而缺席的亞太經濟合作會議（APEC），在二〇〇八年破天荒由前副總統連戰代表出席，與各國領袖歡聚。他後來又參加了四年，接著則由蕭萬長前副總統出席三年。

◎二〇〇九年首次由衛生部長以觀察員名義出席一年一度的世界衛生大會（World Health Assembly, WHA）。後續七年亦然。

◎二〇〇九年七月加入「政府採購協定」（Agreement of Government Procurement GPA），自此可以參與競標每年總額高達一兆美元的會員國政府採購案，替當時深受全球金融風暴之害的國內產業開啟一扇大門。

◎二〇〇九年一月，世界衛生組織首次同意接納台灣加入「國際衛生條例」（International Health Regulations, IHR）的多項運作，其中最具突破意義的是我國取得與世界衛生組織的直接溝通管道，不必再像過去由中國大陸間接傳遞。這項變更延續至今，對台灣民眾健康維護的意義重大。

◎改採「活路外交」，兩岸有默契不再互挖邦交國。邦交國數目至馬卸任不變。唯一例外的甘比亞因其總統個人因素與中華民國斷交。北京遲至蔡英文任內才與甘比亞建交。

◎自一九九六年一直久懸未決的台日漁業問題，在二〇〇八年六月意外由「聯合號海釣船」事件引爆。日本巡邏艦在釣魚台海域撞沉「聯合號」，經過密集協商，最後以日本道歉賠款落幕。台日持續關注此問題，終於在二〇一三年初達成「台日漁業協議」。自此台日漁業糾紛幾成絕響，台灣漁民可以安心到相關海域捕魚。

◎免簽國數字在馬八年任內從五十四增加到一百六十四。

◎我國在外駐點不減反增。譬如，為服務赴北海道旅遊民眾，日本同意我二〇〇九年十二月在札幌增設辦事處，並由立法院王金平院長出席開館典禮。中共未曾抗議。

◎某國際組織召開大會，把台灣列為執行某國際規範「有重大缺失的考量名單」，該制裁案一旦通過，將對我經濟金融產生重大影響。由於我方不能與會，無能辯解，不料大陸代表竟主動在會上發言，謂其證據不足以懲罰台灣。最後台灣被剔除懲罰名單之外。

◎我國媒體及非政府組織參加聯合國活動時，免持「會員國發的證件」。

◎二〇一〇年友邦海地發生大地震，災情慘重，台灣決定派 C-130 軍用運輸機滿載救援物資馳援。C-130必須降落太平洋四個美軍基地及洛杉磯添加油料，美國同意，中共沒有反對，軍用專機乃順利往返。

這些在馬英九上任前都是完全不能想像的事。可惜馬總統的第二任，其中多項慢慢打了折扣，唯一的突破就是二〇一五年十一月在新加坡舉行的「馬習會」。那絕對是兩岸空前，也極可能是絕後的一場歷史性會晤，對馬本人意義十分重大，習近平也藉此展現他對馬八年兩岸關係的肯定，並暗示期待下任總統能夠延續「沒有馬英九的馬英九政策」。可惜蔡英文上台後，馬的多數突破均退回從前，八年光陰彷彿一匹馬在海灘走過，望似蹄印深深，然海水一洗，留下的只如飛鴻之指爪而已。

馬英九的領導統御

馬英九的問題不在政策，因為這些政策當時既受國內民眾歡迎，也難能可貴地得到美中的一致肯定，讓他順利擊敗蔡英文的挑戰連續第二任。但他的領導統御及風格自第一任起就開始侵蝕民眾對他及他政策的支持度，第二任帷幕方啟已舉步維艱。

其中最惹人議的，就是他剛上任就指定曾在扁政府國安會任職、台聯黨籍的賴幸媛博士擔任關鍵的陸委會主委。陸委會的關鍵性在於它是中華民國大陸政策制訂、執行、協調與宣傳「四合一」的樞紐。「制訂」及「執行」，其理至明，不必細表。「協調」牽涉到對上面的行政院、國安會，對下面的海基會，對橫向的各部會，與外部的工商界、民間團體、媒體等的協調工作。「宣傳」則是面對民眾與國際社會，解釋政府所有與大陸有關的政策及民間交流事項。由於兩岸事務幾乎涉及每一個部會（如國防、外交、內政、交通、農業、衛生等等不勝枚舉），所以陸委會雖然人員預算不多，但能量非常大。它的主委與三個副主委都是政務官，每人手上都握著一支超大的麥克風，任何發聲一定引起各方重視。馬英九、蔡英文，及我都在陸委會任職過，對它的「四合一」都有深刻體認。

但馬出乎各方意料，竟把陸委會主委要職交給一個對他兩岸政策理念既不理解也不認同的賴博士手上。馬告訴我這項任命時，我當即反對，告訴他國民黨內足以勝任的大有人在，但他說「我可以管得住她，你只要幫我看住她就好」。後來事實證明，這項錯誤的任命是讓馬政策白忙一場最主要的原因，因為賴的「四合一」全部不及格。

賴的政策「制訂」角色不是只靠她一人。她在陸委會內部聚攏了一批與馬及國民黨完全不同思維的人馬，其中以後來蔡英文當選後立即入府隨侍左右的詹志宏、傅棟成兩位為核心。在陸委會外，賴還用大量經費補助李登輝時期「兩國論小組」核心成員成立的民間團體，從旁協助陸委會若干業務；換句話說，賴領導的陸委會潛伏了類似美國所謂的「深層政府」（deep state），延續從李登輝「兩國論小組」至今的思維與政策。這二十幾年總統在換，政黨在輪替，但「深層政府」紋風不動，對大陸態度始終保守退縮，對和解始終抗拒，對民間交流始終稀釋。或許馬從別處聽到相關傳聞，曾要我安排他去陸委會「訓話」，也曾要求換掉詹、傅兩人。但冰凍三尺，非一日之寒，馬出手時，傷害早已造成。

「執行」面亦然。記得有次兩岸兩會相約互贈禮物，大陸送台灣貓熊一對，台灣送大陸一對長鬃山羊及梅花鹿。動物出入境本就不易，保育類動物出入境程序更難。有次我被告知，海基會已辛苦走完全部流程，只剩挑選航空公司載運的問題；而華航與長榮都有意願，且都不需政府出錢改裝機身內部以容納動物，「只是公文送進陸委會兩個月，卻沒下文」。我也好奇，有次藉會議之便順口問了陸委會與會次長級官員，究竟他們傾向交由哪家公司承辦，竟答「我們沒有意見」。沒有意見卻壓著公文兩個月不答覆，已不是一般的官僚怠惰，而是故意不作為來拖延政策。

「協調」問題更大。我初到陸委會擔任副主委時，同仁就開玩笑說，陸委會是「以會養會」，因為它的業務牽涉到幾乎所有部會，從主委以降的官員必須不斷約集相關部會，針對特定議題商討對策。賴的協調似乎問題特大。本來陸委會就該解決的事，卻經常推到國安會來協調，我不僅常接到別的部次長的抱怨電話，有時還必須親自出馬協調她與別的部會的矛盾。電話常打得我耳朵都發熱。

不過賴的以上三大缺失加起來都不如她的「宣傳」怠惰來得嚴重。「制定」、「執行」、「協調」的問題多多少少都可由其他單位或官員補實，但「宣傳」的麥克風幾乎全在陸委會手上，她不做，別人很難代行。我領導的國安會本職是總統幕僚，是馬總統的大腦而不是手腳，更不是嘴巴，總統的兩岸及其他理念只有靠陸委會代為向外說明。這工作在馬英九的頭兩年尤其重要，因為經過陳的八年，馬當然需要向民眾解釋他為什麼要營造外部新環境，以及新政策將如何促進台灣整體利益；有了民眾的理解與支持，後續的政策才容易推進。前文列舉馬英九的近三十項重大政蹟，陸委會都有不可迴避的責任向國人說明，讓民眾知道馬的意向是「和陸、友日、親美」，是全方位改善台灣處境，而不是只改善兩岸關係，而且確實成功改善了對美、對日、對邦交國的關係，參加了好些多邊國際組織，給台灣帶來更大的國際能見度與尊嚴。

可惜馬任命的賴幸媛卻一直不作為，不但自己不發聲解釋政策，還下令陸委會其他官員少說話。記得馬英九與行政院長劉兆玄曾多次在閉門會議中告誡她「文宣做得太差、太少、太慢」，但她走出會議室仍繼續怠工。結果馬的政績沒有幾項留在民眾心中，多數人似乎只看到熱鬧的兩岸交流，且由此累積出馬向大陸傾斜的印象。最弔詭的是，或許因為蔡英文曾任陸委會主委，並與某些陸委會「深層政府」人員私交甚篤，每次蔡講話批馬，賴與陸委會上上下下都躲得遠遠的，以致蔡的批馬言論似入無人之境。馬曾多次在高層會議上直接點名賴必須針對蔡的某個批馬言論加以回擊，事後仍不了了之。蔡很幸運，她四年黨主席任期恰與賴的四年主委任期完全重疊，兩位女士兼有留學英國的情誼，內外夾擊，把馬初期超高的民意支持一點點吃掉。回過頭看，馬可說自作自受。

同樣「經國學校」畢業，馬的權術與李登輝相差不可以道里計。李的初期根基尚淺，但他從經國先生身上學到要抓緊黨政軍特四大塊才有實權，辦得成事。所以李登輝一面排除競爭對手，一面利用「總統」與「黨主席」身分藉「有福同享」方式逐漸凝聚四大塊的向心力；他還青出於藍、更勝於藍，擴大向體制外爭取立法院、媒體、工商界，及在野黨的友好力量。

相對李的做「人」，馬的八年似乎一直勤於做「事」，疏於做「人」。他似乎假定所有人都跟他一樣秉公、一樣無私、一樣誠實、一樣勤勞；尤其同在黨政軍特體系內的人，不須「有福同享」，不須特別獎勵、感動，或拉攏，就會把事情辦好。他相信只要他潔身自好、拉開他與陳水扁貪腐的距離，加上勤勉為國、戮力從公，多數官員就會有樣學樣，多數國人也會肯定並支持。他假定治理國政就像治理台北市政一樣，可以用「直銷」方式直接訴諸里長及民眾，不必間接透過政府（如當年市府）或政黨的層級組織，憑他個人的魅力，就能得到更大的支持。正因如此，他寧願花時間去地方鄉鎮走透透，而不喜歡與菁英朋友歡談交心。去過他總統官邸的人都發現，官邸客廳及餐廳的布置幾乎只有「家徒四壁」四個字可以形容。有位美國在台協會處長就曾如此私下直言。對馬而言，官邸不是交朋友或放鬆自己的地方，而是另一個會議室。

就是在「事」的拿捏上，他似也重「小事」、輕「大事」。他講話喜歡引用數字，具體提人名，邊聽發言邊做筆記等，都反映這個傾向。記得有篇雜誌專訪，他竟具體引用數字、人名達三十幾次之多。他忘了這些其實都是幕僚該做的事。領導人該做的不是低頭做筆記，而是抬頭傾聽別人的講話，直視別人的表情與眼神，揣度別人的政治意圖與需要。他可能不知道他做筆記的習慣，讓好些官員敢在他主持的會議上公然滑手機；更失策的是，他自陷於細節中，喪失了領導人看大看遠看久的高度。記得我在就任國安會前曾不自量力給他上了一個說帖，建議他國政不同於市政，不宜凡事親力親為，宜以簡馭緊，慎選並緊抓十個人即可，每個人負責管理一個大的領域，如黨、行政、立法、經濟、國安等等；這十個人再管好十個人，就有一百個人替他辦大事；而他自己就能做更全面而前瞻性的思考，創造福國利民的大業。這份說帖後來石沉大海，沒有任何回音。我離開政府後，有一年春節前以朋友身分與他當面談到我對他「人」與「事」，及「大事」與「小事」失衡的觀察，建議他在大年初一及初二給民眾發完紅包後，找個地方休息幾天並深思大局，春節結束就以新的風格重新出發。後來觀察他在那個七天假期照樣南奔北跑，馬不停蹄，完全沒有沉澱反思，就決定以後不再進言，終其任內不再出席總統府資政會議或其他餐會。

當然在「人」的部分，他最失策的就是與王金平院長的關係。二〇一三年九月的馬王之爭標示馬政治生命「結束的開始」。第二年春天以立法院為主舞台的「太陽花學運」更讓他徹底跛腳。如果他與王院長關係沒有僵到那個地步，兩件事都不會發生。以我在立法院三年不分區立委的觀察，王院長應是馬總統可以合作的對象。他雖像許多政治人物一樣有不少問題，但他也有很多長處。以王在立法院的分量，以馬對立法院的陌生度，馬王如能協調合作，對馬總統的執政絕對是利大於弊。倒退到二〇〇五年七月馬王第一次競爭黨主席時，馬在全台各地（包括王的家鄉）黨員直選中大幅領先獲勝。競選時雙方偶出惡聲，但選後馬如能主動伸出善意的手，馬王關係、馬總統的政績、台灣後來的政治發展就完全不一樣。

馬對王的看法其實反映他對整體民意代表的不信任。他深怕走得太近，他們在地方的人錢糾葛會拖累他清廉的令名，所以立法院只需「外包」給王院長及國民黨團就萬事無虞。既然「外包」，馬對立法院的掌握就遠不如李陳蔡三位總統。他施政所需的立法很少在立法院通過，他似乎也不在意。每個會期初始，國民黨團都會訂下一些必須在該會期通過的優先法案，但最後只有極少數完成立法。馬因自己沒有立法院經驗，好像連追究都不知如何追究。

這個「潔癖」甚至延伸到同黨的縣市長，以致他八年的內閣人選多半從事務官及學術界取材，極少栽培有民選經驗的縣市長或民意代表，讓他們有轉換舞台歷練並更上一層樓的機會。有次一位治績甚佳且內閣某部專業甚強的地方首長有意出掌該部的懸缺，我私下也支持，但他仍然拒絕。有位自馬市長任內就一路效忠並已展現管理長才的女性民意代表就曾私下語帶哀怨表示，「馬總統好像不喜歡我們這些人耶」。馬對事務官及學術界人才的依賴原則上不算錯，因為他們多半穩健溫和清廉，善於執行政策與管理部會。問題是他們多半短於政策攻防必須有的膽識，而這正是民選縣市長及民意代表的優勢。馬順風時，大家相安無事；逆風時（如馬第二任），該出頭的常畏首畏尾、潔身自保，而敢出頭、能出頭的早已心灰意冷而袖手旁觀。最終馬的「潔癖」還是害了自己。

吃力不討好的馬總統

影響更大的是他的「政治謙虛」。他不像蔡英文嘴巴講「謙虛」甚至「你可以拍桌子」，但做的卻完全相反。馬英九的「謙虛」發自內心，且展現在好幾個方面。

一，他忽視基本盤。他的出發點是善意的，他想彌補藍綠鴻溝，想做「全民總統」，所以刻意不照顧自己人，反而以禮相待民進黨，即使蔡英文領導的民進黨自始就「逢馬必反」，他也不改其志。問題是他後來的諸多言行，讓包括我在內的多數支持者，都覺得他似乎因為自己是國民黨員、是外省人而感到心虛，才覺得要特別多做些什麼來淡化自己的基因，減少自己的原罪。他好像忘記自己的基因其實多麼值得驕傲，論對台灣安全、繁榮、尊嚴的貢獻，與其他人相比，即使無過之亦絕無不及。記得他上任前我曾給他上過一份說帖，建議他不要像民進黨那樣刻意區分閩南人、客家人、外省人、原住民。民進黨涉外人士還特別喜歡把族群一詞英譯為 ethnic groups，好像是他們的民族血統有異。依此劃分，我說，「閩南人覺得被外省人欺負，外省人覺得被閩南人欺負，客家人覺得被以上兩種人欺負，原住民覺得被以上三種人欺負。」當每個人都自覺被欺負，都有「悲情」，這個社會就永遠有戾氣，有鬥爭。所以我建議他多強調台灣是「移民社會」，像美國一樣，只有先來後到之別，沒有族群之分，既然有緣聚在一起，就可以共創新的未來。這份說帖同樣石沉大海。他後來就職演說的一句話，「我尤其感念台灣社會對我這樣一個戰後新移民的包容之義、栽培之恩與擁抱之情」，感動了很多人。可惜後來他的「感念」與「謙虛」似乎失了分寸，導致今天對他怨懟最深的都是「自己人」。

二，他不重視論述。國父孫中山先生早有名言，「思想產生信仰，信仰產生力量」。可惜自認是國父信徒的馬英九，在任內似乎絲毫不重視論述對他執政、乃至國家大計的重要性。李登輝不管在固權時期還是獨霸時期，都非常重視思想與論述，很多倡議與政策的背後都有一群人事先下了很多功夫，並暗中推動輿論。「兩國論」的出爐就是最好的例子。民進黨幾張「神主牌」，全黨上下會自覺地宣揚它們。但國民黨自九〇年代一分為三後，明顯變成一個沒有中心思想的政黨，黨中央既不設法凝聚也不宣揚黨的理念；在野時只重視選戰，執政時只重視管理。我在馬擔任黨主席前就曾親耳聽某黨內高層當著眾人面前說，「能拉到選票最重要。寫幾篇文章算什麼！」馬競選時許多人熱心提供創意性建言，但他上任後好像只忙著管理，既不設法導正過去幾年餘留的錯誤觀念，也不樹立自己新政策賴以茁壯的思想基礎。多人建議他重視課綱修訂，他似乎相當漠然。即使在內部高層會議中，他也只論「事」，不談「勢」。我偶爾提提，很快就被具體議題打偏。這個重大缺失加速馬英九「被領導」的趨勢，也讓「文化台獨」先「法理台獨」在台灣社會生了根。

三，他不重視培養國民黨的後續人才。他的思維重心似乎一直在政府而不在黨。對他這位黨主席，黨似乎只是選舉機器，要選的時候動員一下，不用就打入冷宮。即使為了選舉，他的關愛似乎也只在文宣，不在其他部門。過去一般人均假定民進黨擅長打空戰（即文宣），而國民黨長於陸戰（即組織戰）。但馬任內國民黨組織戰的能量似遭嚴重削弱。不過國民黨在馬任內最大的內傷就是人才培育的斷層，不只年輕人才的引進管道狹窄，就連中年可用人才的晉用也十分消極緩慢。

四，他遇挫即縮。多少重大政策只要在野黨起鬨或民調不利，他就主動煞車。廢核四、停國光石化，及廢除軍法審判是最好的例子。一位美國在台協會前處長曾私下說，「可以理解民進黨要搞台獨，但不懂他們為什麼要廢核能。」馬不能堅持自己的重大政策，既打擊支持者士氣，也鼓勵民進黨加力「反馬」。

五，他憂讒畏譏。媒體如對他批評，他會要求更正，這老習慣早讓媒體給他「馬更正」的綽號。任期屆滿前沒幾天，某外國評論家撰文評馬，馬還要某政府高層特別致電澄清。某電視談話節目名主持人私下對我說，馬曾多次主動打電話給他「澄清」一些事情。「這些電話讓我們更想批評，因會得到更多的總統電話。」私下還聽到馬對自己黨政高層這個那個缺點的抱怨，而少有稱讚他（她）們的優點與貢獻。顯然他也愛聽小話。

六，他傾向棄車保帥。從他第二年「八八水災」輕易犧牲了行政院長劉兆玄及祕書長薛香川以後，一大批歷經政府歷練的優秀政務官紛紛陣亡。相對於蔡英文力挺部屬到底的作風，馬似乎覺得台灣的一流政務人才取之不盡，用之不竭，以致他卸任後，長期號稱人才濟濟的國民黨似已大幅凋零，對蔡施政的監督力道，甚至比蔡在野時還孱弱無力。他可能以為「謙虛」是美德，殊不知台灣民眾也有個特殊性格，那就是內心深處的不安全感。李登輝的強人形象有助他在台灣呼風喚雨。馬英九凡事道歉退讓，遇挫立斬大將於陣前，久而久之民眾開始擔心：他會不會面對共產黨時挺不直腰桿？這個軟弱形象累積到他第二任時，已積重難返了。

馬英九的分身金小刀

馬的起落與一個人脫不了關係，那就是眾所周知的金溥聰，俗稱「金小刀」。他與馬共事時間最長，對馬性格及做事風格的了解絕對遠超過任何人。他最先在馬主持的行政院研考會擔任專員，後來金陸續出任馬英九的台北市新聞處長、副市長，黨的祕書長，競選總幹事、駐美代表，及國安會祕書長等職務，馬的多次選戰，他幾乎無役不與。我曾當面問過馬，「外面對你和金的關係多有傳聞，我都不信。但為什麼你要給人這麼親密的印象？」他沉吟一會兒答，「因為他幫我打贏選戰」。這句話證明前章所述的「民選國王制」真的讓包括馬在內的所有政治人物，都把選戰看成第一要務。金既是頭號戰將，馬當然看重他。

但馬只對了一半。難道金是馬勝選的唯一或最大功臣？更關鍵的，「打天下」的人一定也能「治天下」？這就牽涉到金的兩個獨特高明之處。金一定深知馬的謙沖性格，所以金的一貫做法是「以退為進」。他幫馬打贏選戰以後，絕不立即追隨上任，而是刻意隱身幕後，避開鎂光燈。這舉動會讓馬覺得他謙沖自牧，不求聞達。等到馬有難，金再以「救援投手」之姿上場，馬自然感激涕零。早年馬任台北市長時，金就先幕後再台前；馬當選總統後，金同樣宣稱「不入府，不入閣」，甚至遠去香港、美國，好像不問國事。事實上所有與馬共事的人都知道，不管金用什麼頭銜、人在地球何處，馬凡事最常諮詢的對象就是金溥聰。我有次被告知「這件事馬總統與蕭副總統都已同意」，幾天後再被告知，「抱歉，金祕書長已經另有安排」。後來知道不只是我，好些高層官員都曾相互抱怨，他們本來認定已與馬敲定的事，結果又翻轉；大家均估計中間插進了金的異議。可見他的陰影多大。

為什麼馬重視金到連「治天下」都要聽他的？因為他有另一個高明之處：他知道馬長年最重視自己形象，特別看重民意調查，所以他就以民調專家的身分緊緊掌握全台官民各家民調，然後集中向馬匯報並解讀以掌握他的思維。過去歷任總統都重視民調，好幾個黨政單位同時進行訪查，平行上呈總統參考，由總統自己得出結論。不同單位當然會較勁看誰的打擊率最高，以獲取總統的最大信任，所以沒有一個單位或一個人能夠壟斷總統的耳目，連包括我在內的國安會祕書長，都不一定看得到全部民調。金上任國安會不久就高調視察幾個情治單位，當即遭到前祕書長丁渝洲的批評，認為破壞體制。但金不為所動，繼續利用馬對民調的超高倚賴，與他自己對官民各家民調的深度掌握，衍生馬、金兩人對「政策」與「用人」的共識，從而不著痕跡地從「打天下」滑向「治天下」。

金的幕後角色類似李登輝時期的辦公室主任蘇志誠。但金比蘇更有企圖心，他最終還是想從幕後走到台前，像在市府時期一樣。記得二〇一二年大選前幾個月，時任駐美代表的袁健生返國述職。我私下給他一個大膽預言：「我不知道馬會不會成功連任。如連任，我也不知道（時任國安會祕書長的）胡為真何時卸任。但我敢說胡離職後，接任祕書長的一定是你，而接替你駐美代表的一定是金溥聰。等到金什麼時候覺得華府資歷累積夠了，就是你離開國安會讓位給他的時候。」後來的演變百分之百如我所料。金終究成為中華民國歷來最有權勢的國安會祕書長，橫跨國安政策與國內政治兩大領域，享受總統的信任與權力，還不受媒體及立法院的監督。可惜這樣的幹才為馬執行任務多年，而不是建功立業。他或許成就了馬英九，但國民黨與政府團隊的離心離德，最後兵敗如山倒，他也有一定的責任。馬重用金溥聰到如此程度，他領導人的威信及形象自然更加弱化。

馬英九的逗點

回過頭看，馬英九沒有讓台灣振衰起敝，一半是他的因素，一半是整體社會的責任。他謹小慎微、憂讒畏譏的性格，他祕書、市長、選舉的歷練，過度重視民調的習慣等等，都使他缺乏大開大闔的思考與大破大立的膽識，以致他空有大權，實際卻「被領導」多於「領導」，完全不能藉由「頂層設計」，翻轉李陳以來的台灣頹勢。

同樣重要的原因是：台灣整個社會在馬時期陷入虛幻的安全感。馬英九八年在美中之間左右逢源，讓台灣首次沉浸於台海安全、直航、民間大量交流、ECFA、免簽，與國際參與帶來的喜悅與尊榮。台灣民主經過兩次政黨輪替似已更加穩固，一邊有美國總統稱讚「台美關係歷來最好」，一邊有習近平籲求「兩岸心靈融合」。許多往返大陸的台灣民眾結交了好些大陸友人，常聽他們說「台灣最美的風景是人」。於是台灣社會變得愈來愈自戀，覺得自己是「被追求者」，多少可以更放縱點，「只要我喜歡，有什麼不可以」（廣告詞）。

最奇怪的是那八年台灣社會與大陸密切交流，卻不深入關注大陸的快速崛起。這與台灣缺少高質量的智庫當然有關（請見第四章），但也因為台灣民間交往的多半是比較親台的官產學媒界中的溫和派，接觸不到比較鷹派的解放軍與其他部門，所以他們從大陸傳回台灣的絕大多數是善意溫和審慎的訊息。但我從其他國家官員口中及智庫研究卻一再感覺，各國對大陸的態度愈來愈有敬畏成分。美國在台協會某處長在一次餐會上就對藍綠學者大聲說，「你們台灣怎麼沒人研究中共海軍？你們不知道他們已經擴張到什麼程度了嗎？」我是在座唯一應答的人。台灣各界只與大陸溫和派交流，加上自身研究範圍的局限，到今天還影響台灣很多人的思維。

台灣應對大環境變遷的怠惰及被動，也與第七章分析的大眾媒體及立法部門有關。在「民選國王制」的環境下，掌握民主第二權的立法院及第四權的媒體完全改走世俗草根路線，不再關心未來，只看眼皮底下的小事；不再理性監督，只會黨爭或討好選民；不再深入研究大的、遠的趨勢，只求過一天算一天。筆者自二〇一四年起再三呼籲國人注意國際與兩岸新趨勢，希望大家多看「基本面」，少看「消息面」，並提出「鬥」、「拖」、「和」三抉擇的概念（詳見第三章），始終言者諄諄，聽者藐藐。

馬英九「不統不獨不武」創造的安全環境後來被蔡英文承接。她聰明地避開其中「不獨」的具體承諾，改用模糊的「維持現狀」四個字來涵蓋，可見她雖想偷偷改變「現狀」，卻不想打破已深入民心的「現狀」幻覺。畢竟那是挺舒適的幻覺。

所以那八年是馬英九的逗點，也是整個台灣的逗點。

第六章

台灣沉淪的終點：蔡英文

蔡英文是比李登輝、陳水扁、馬英九都成功的總統。李終身追求權力，卻只享受四年最高權力；陳想要錢，馬想留名，最後都空留遺憾。唯有蔡英文，因為繼承了李的理念，學習了他的權謀與治國術，避開了陳的躁進與馬的軟弱，結果成為台灣最有權力、不必貪錢、名氣響亮的「民選女王」。不過她也有困境，而這困境恰與一九九九年的「兩國論」如出一轍：她打贏了內部所有戰役，卻因對外部大局失算，最終極可能輸了戰爭，全盤盡墨。差別是，上次她是幕僚，這次她是「女王」；「女王」輸，整個台灣連帶全輸。

像白雪公主的「女王」

蔡英文成功之處有三。第一，她一手掌握所有的權力，除了行政權力。她還緊緊掌握立法、司法、考試及監察權；她馴服了軍、公、警、特等系統；她控制九成的電子媒體、絕大多數的金融機構，及多數的學校。最重要的，她用各種釜底抽薪的手段把在野的國民黨弱化到幾乎奄奄一息的地步。在許多國際人士眼中，蔡英文像被邪惡女王無情打壓的「白雪公主」，殊不知她在台灣內部的形象最像那個「女王」，包括許多民進黨人私下都如此承認。

二〇一八年哈佛大學的兩位教授，李維茲基（Steven Levitsky）與齊布拉特（Deniel Ziblatt）出版了一本巨著《民主國家如何死亡》（*How Democracies Die*，時報文化）。該書研究九個國家（如俄國、土耳其、匈牙利、委內瑞拉）如何從民主選舉走到獨裁的過程。作者用球賽做比喻，說明民選領導人最常用三種手段邁向專制，一是抓住「裁判」，二是摘除「對方明星球員」，三是改變「遊戲規則」。在西方觀察家一片讚美聲中，蔡英文全做到了。

首先，台灣民主化後，輿論普遍把一些政府單位視為超出政黨競爭的獨立機關，歷任總統也多半遵守這一潛規則，但蔡上任後毫無顧忌地把這些「裁判」一一收入囊中。譬如，她任命她當年「兩國論小組」的「親密戰友」許宗力出任司法院長，掌握司法體系重大人事。因外界多半不知蔡、許的祕密連結，許穩坐大位至今。由許主持、全部或大部分由蔡親點的十五名大法官自然也再三配合蔡的意旨，通過她想要的決議。中選會主委過去多由無黨籍、社會形象良好的中立人士擔任，蔡英文卻不顧輿論非議，堅持由曾任雲林縣長與幾個部會部次長的資深民進黨員李進勇出任。在二〇二二年九合一選前，李還絲毫不顧中選會中立職掌，替民進黨候選人站台。職司政府風紀的監察院更不避諱由爭議甚大、且曾任蔡大內祕書長的陳菊主掌。其他如公平會、國家通訊傳播委員會（NCC）也都塞滿了親綠色彩強烈的委員。此外，蔡上任不久就急著廢除最高法院檢察署特別偵察組，並量身訂鑄了隸屬於行政院下的「不當黨產處理委員會」與「促進轉型正義委員會」兩把利劍，假「轉型正義」之名，行政黨鬥爭之實。

其次，她打壓「對方明星球員」也毫不手軟。在野政黨、婦聯會、農田水利會、其他民間團體（只要有政府捐助款），甚至最捍衛台灣安全的軍公教人員，蔡都全力打壓，不屑給予任何尊重。她還利用媒體的財務困境逐步收編媒體，其中以電子媒體的綠化最為嚴重，任何對蔡或民進黨不利的事幾乎都輕描淡寫甚或完全消失。中天電視台支持蔡的大選對手韓國瑜，選後立即遭NCC清算下架。工商界私下經常抱怨被行政「查水表」或金融及司法「穿小鞋」。

再次，主導「遊戲規則」的中選會既在手中，選舉相關的諸多細節就全由民進黨掌控：哪一天選？參選人資格是否符合規定？選舉與公投是掛鉤還是脫鉤？投開票規矩？票數認定？所有這些關鍵問題完全民進黨說了算。過去台灣引以為傲的公平、公正、公開選舉，今天是否存在，要打個大大的問號。事實上，中選會已經公開展示過它的綠色威力。民進黨長年主張「公投綁大選」，因為預估公投有利動員支持者出來贏得大選。

但二〇一八年十項公投綁縣市長選舉，對民進黨不利的七項公投，如「反萊食」、「反核食」，竟然全部通過，於是蔡英文決定三管齊下：一方面行政部門拒不執行公投結果，一方面立法院修改「公投法」，提高公投的通過門檻，並匆忙通過中選會新主委李進勇的任命，一方面讓李安排在非選舉年的二〇二一年再次公投，最終輕易達到擊退「反萊食」、「反核食」的政治目的。換言之，蔡英文及其掌中的中選會隨意操縱「遊戲規則」，就像捏弄陶土一樣。這種跨行政、立法兩院與「獨立」機關、不達目的誓不罷休的政治操作，馬政府不但做不到，恐怕連想都沒想過。由此可見蔡英文的權謀算計、操作能力，及決心毅力高過馬英九不知凡幾。

她還有幾個異於前任的「女王」特色。一，她是台灣民主化後最不喜歡召開記者會或接受國內媒體專訪的總統，只有國際媒體才能得其青睞。二〇一九年「論文門」爆發後，國內媒體更與她絕緣，最高紀錄曾經連續七百四十天不曾開過記者會。這絕對是所有民主國家中的異數。蔡上任後兩岸對撞的可能性日增，她手握方向盤，乘客卻連開口詢問的機會都沒有，這不是「女王」，是什麼？

二，如眾所周知，她用社交媒體養了大批打手（所謂的一四五〇），時而咬人，時而圍事。這些螞蟻雄兵用匿名方式（換言之，不必負任何責任），藉他們熟悉的電子傳播工具，肆意進行政治攻擊，包括人格謀殺。連她的副總統賴清德都曾吃過大虧。一般不知的是，她還在政府各部會塞進許多編制外的年輕人，占據辦公空間，分享及分配資源，參與內部會議，並影響正常公務運作，許多公務員都敢怒不敢言。

三，馬英九一反陳水扁的貪腐，不僅高標律己，而且嚴待自己人，經常不惜犧牲部屬以示大公無私。蔡英文則反其道而行，政策常常髮夾彎，卻不僅不認錯，而且刻意維護部屬，絕不輕易換將。這作法在民主時代絕對違反責任政治的常理，但卻能使部屬肝腦塗地、誓死效忠，因為即使犯錯，女王仍只會賞，不會罰。

以上加起來，她可能實現了李登輝九七修憲時的「理想國」。總統像國王，幽居於旁人難以窺視的深宮重院，在四年一次的大選中間，沒有任何責任，卻有至高無上的權力，指揮全國大局；不論人、錢、事，她都有無可挑戰的決定權。難怪二〇二〇年蔡當選連任後，第一個就去拜望李登輝，感謝他的設計與提攜。

一面倒向美國

蔡英文第二個成功之處是台美關係。是的，沒有成功的台美關係，就沒有今天的蔡英文。馬英九與蔡英文都喜歡強調他（她）任內台美關係最好。兩人都沒錯。我在馬任內聽美國訪客說過不知多少次。他們對蔡說同樣的話，一點不必奇怪，原因是馬蔡恰好符合美國國家利益階段性的需要。馬英九任內，美國需要與中共「交往」，所以華府喜歡馬，不喜歡蔡，蔡與親近幕僚對此應該點滴在心頭。記得有位歐巴馬政府高官下台後來台訪問，親口對我抱怨蕭美琴對他非常不禮貌；兩人會面時，她沒等主客坐定就開始數落歐巴馬政府當年對蔡不盡友善。蔡任內，美國改與中共「競爭」，自然喜歡蔡，不喜歡國民黨。一切從美國國家利益出發，無涉馬蔡個人，道理就這麼簡單。

美台關係有美國與台灣兩個面向——美國部分另有專章分析——在此僅簡單地說，美國政策的轉變是從二〇一八年（即川普的第二年）三月的美中貿易戰開始，所以蔡英文第一年就像陳水扁的第一年一樣低調且小心翼翼。但川普變臉後，就像「南海撞機」之於陳水扁一樣，蔡英文也大膽強硬起來。她運氣超好的是，陳水扁強硬抗中才五個月就碰到迫使小布希回頭的「九一一事件」；而蔡英文卻喜迎美國幾十年來首見的兩黨反中共識，以致美台「反中鷹派」相濡以沫至今。

如果美國的「天時」是必要條件，蔡英文的對美布局就是充分條件。對美關係本是蔡相對於民進黨其他要角的絕對優勢所在，其他人對她一個外人憑空跳接黨主席，心中再不服氣，碰到美國因素，只有認命。她不只有英語對話能力，還有李陳任內與美國官員及智庫打交道的經驗。二〇一六年上任後，蔡英文基本關上了所有與大陸黨對黨、政對政、二軌對二軌交流的大門，動用全黨與整個政府的資源強化對美關係。

她政府內有「鐵三角」，即國安會、外交部、駐美代表處。這三單位各有職司。國安會人少、錢少，但在總統身邊，最了解蔡的意旨，透過行之有年的「特殊管道」，台美可做最直接的高層溝通。外交部人多，缺點是口雜，難防洩密。為了補救，就派所謂的「口譯哥」趙怡翔直接到華府第一線；敏感的美台談話內容從此不需外交部層層傳遞，不會留下記錄，而可直接上呈給蔡或她指定的人，達到絕對保密。外交部也錢多。李登輝為了營造有利的訪美氛圍，曾重金聘僱華府公關公司卡西迪遊說國會議員，為了維護邦交（如南非），或結交新朋友（如馬其頓），他還動用大筆祕密經費，包括事後鬧了好幾年才勉強了結的「國安密帳案」（又稱「鞏案」）。因為我邦交國多半國窮人少，所以這段時期援助如達一、兩千萬美元，已屬龐大項目。到陳水扁時，兩岸關係吃緊，有的邦交國一開口就是好幾億美元。馬英九要求外交部對邦交國的援助不能予取予求，而必須符合若干條件，替台灣省下了不知多少這類的冤枉錢。有些邦交國或許因此而企圖靠向北京，結果它們全碰壁，因為北京告訴它們，「我們與台北有休兵約定，不方便破壞」。蔡英文任內兩岸重啟外交爭奪戰，蔡處絕對劣勢，邦交國行情直線看漲，至今蔡丟了九個邦交國，僅剩下十三國。為了穩住這局面，究竟燒掉了幾個甚至幾十億美元，恐怕只有將來文件解密才能獲悉。

美國是蔡外交的重中之重，外交部在美開銷一定遠高於以往。除了國會公關外，我駐美代表處付出大量金額給華府各大智庫，如布魯金斯研究院（Brookings Institution）、傳統基金會（Heritage Foundation）、美國企業研究院（American Enterprise Institute）、美國進步中心（Center for American Progress）、新美國安全中心（Center for a New American Security）、戰略與國際研究中心（Center for Strategic and International Studies），與哈德遜研究院（Hudson Institute）等。其實蔡的對美外交超越李馬之處不在錢，而在人。馬對美只靠「陽」的外交系統，蔡卻額外結合了四股躲在暗處的「義勇軍」：一是駐美幾十年、人脈充沛的民進黨駐美黨部；二是長居各州的台灣鄉親。這些鄉親一方面在居住地出錢出力拉攏該州參眾議員，一方面組團去華府的國會山莊，地毯式清掃各個議員辦公室。三是由旅美台僑捐款、在華府蛋黃區成立的「全球台灣研究中心」（Global Taiwan Institute），它除了以台僑為主力的理事會外，還成立由華府政策圈名人組成顧問團及工作小組，並藉大量研討出版活動積極影響華府政學媒界的台海議題討論。四是由外交部出錢、藉「台灣民主基金會」與台灣其他民間團體，向國際媒體及民間組織投射出去的反中愛台論述。這四股「義勇軍」的熱情，結合美國的反中情緒，再加上國民黨的自動棄權，很容易就在華府塑造對民進黨幾乎一面倒的支持度，其廣度與強度連李登輝都要自嘆弗如。

二〇一八年川普反中號角響起後，蔡立刻換下外長李大維，改派「自己人」又曾任黨祕書長的吳釗燮，從總統府祕書長降級擔任外長兼對美「正規軍」總指揮，以更有效、更貼心地用錢，用人力支援這些「義勇軍」。至今正式邦交兵敗如山倒，任憑輿論如何惡評，吳穩如泰山，其理在此。

去中國化與反中抗中

蔡英文第三大成功就是與中國大陸政府與人民脫鉤，而且她做得比美國更早、更全面、更徹底。至今除了經貿關係（包括一千億美元順差）仍然維持外，政府間（包括海基、海協）的互動幾乎全部停止。民間的交流，不論文化、宗教、傳播、學術、教育等，也減到歷來最低。對台灣安全傷害最大的，是兩岸人民之間的相互敵意達到歷來最高，不僅台灣民眾對大陸惡感增加，就連過去認為「台灣最美的風景是人」的大陸民眾也普遍傾向「武統台灣」。

外界不知的是這一切其實都是照著一九九九年李登輝指示、蔡英文主持的「兩國論」一步步走過來的。「兩國論」被美中逼退後，蔡在接任我陸委會主委前曾親口對我說，「今後將只做而不說兩國論」。由於外界完全不了解「兩國論」內容及相關人事，她又很擅長玩弄文字遊戲，所以外界很難看透她的思想主軸。她任總統初期，多數政學商媒人士從蔡的法律經貿歷練及競選言論看，還都認為她「維持現狀」的承諾是可以期待的。但我一路觀察她在陸委會、行政院、立法院，及主持民進黨時的一言一行，發現她的言行不但隱含「兩國論」思想，甚至暗扣她當年的路線圖。這中間隱含的意志及毅力實屬罕見。她上台後任命「兩國論小組」成員的林碧炤為總統府祕書長，並把創造「特殊國與國關係」名詞的許宗力放去主持全國司法，更透露她的核心用人理念正是「兩國論」的思想正確。所以當時我力主她的「維持現狀」只是過渡性的偽裝，因她有其他民進黨政治人物不具有的「思想武裝」，最終一定會走到「兩國論」。令我遺憾但不意外的是，我這看法在蔡任內多數時間屬於絕對少數，即使在國民黨內亦然。

現在看這一切都太清楚了。她的「兩國論」思想與主張其實二十多年沒變。當年

「兩國論」推出後被硬生生喊卡，對蔡及其他相關人員都是「心中永遠的痛」。記得當年在兩國論危機處理小組開會時，她們不肯放棄，最後因為海基會董事長辜振甫及我堅持只有用「一中各表」來包裝她的「兩國論」，才能避免危機惡化；她們最終讓步，但始終心有不甘，《自由時報》連續七天在第二版批評「海陸兩會高層」偏離李登輝路線，後來她們還特別請人撰文，以李登輝之名投書《外交事務》（*Foreign Affairs*）季刊，該文年底刊出後《自由時報》立即呼應說，該文反映的是「原汁原味的李登輝」。二〇一四年七月她接受《天下雜誌》獨家專訪時，不經意透露對自己信念的強烈信心，她表示，只要民進黨打好那年的九合一選舉，中共必會朝民進黨的方向來調整政策；換句話說，民進黨不需做任何修正。

所以蔡的執政，從某種意義上說，是「女王復仇記」。她只是聰明地從陳水扁及李登輝身上學到要避開他們犯下的錯誤。一、也是最重要的，避免像陳水扁那樣由總統本人直接且公開地衝撞北京紅線，這樣就可避開美國政府及國際媒體的眼光，她就被認為是「維持現狀」。所以她把兩岸關係推向對立，把民間交流脫鉤，在台灣內部「去中國化」，從來都不由她本人宣布，而是由各部會或由黨部及民間團體（如協助香港抗中活動）一步步執行。二、她的每一步都大到對兩岸政府交往或民間交流起到實質降低的作用，但小到不會引起美國政府及媒體的注意，讓北京恨得牙癢癢卻無由發作，這就是大陸指控的「漸進台獨」。她聰明的是所有動作都在雷達螢幕下進行，引起國際最少的注意，卻達到兩岸及國內最大的實質效果。三、從李登輝推出再收回「特殊國與國關係」的遺憾中，她學到必須「事先」與華府充分溝通，讓美國人 no surprise，因為沒有意外才較易得到信任。

這位「棋手」低調審慎卻高明的操作，不外希望達到三個目的：一，理性上讓台灣人民與國際社會相信，台灣與中國是兩個分開的國家，台灣不是中國的一部分。既然如此，馬英九的「不統不獨不武」裡面含有「不獨」，所以不能再提，改以「維持現狀」四字含糊帶過。「一個中國」、「一中各表」、「九二共識」、「國統綱領」、「一個分治的中國」等等全部丟進歷史垃圾堆。「中華民國」名稱暫時保留，但必須少提；即使提，要強調「自一九四九年起」，而不是「自一九一二年起」；要多提的是「台灣」或「中華民國台灣」。

二，更重要的，也是蔡英文超越李登輝最重要之關鍵所在，就是感情上把「台灣人」與「中國人」區隔開來。這區隔不曾直接從蔡或同黨高層同志嘴裡說出來，以免被中共抓到把柄，卻落實在民進黨的所有對內論述中。台北市長柯文哲一提「兩岸一家親」，就被蔡及民進黨視同寇讎至今，就是明證。「台灣人」、「中國人」的區隔看起來是小事，實際卻強化了兩岸人民的對立。以前兩岸爭辯「誰代表中國」「主權」、「治權」，常爭得面紅耳赤，但一般民眾多半無感，覺得議題太遠太玄。現在台灣民眾認為「台灣人當然不是中國人」，而大陸民眾覺得「台灣人居然不認自己是中國人」，兩邊的草根敵意立刻上升。

第三個目的就是讓台灣與中國大陸徹底「脫鉤」。蔡在學者時期就寫過「建立國家安全網」的文章，擔任陸委會主委後開始陸續建構此安全網，當上總統後更成為整個政府的施政重點。譬如，二〇二〇年一月通過的「反滲透法」，就用定義模糊的字眼來限制兩岸民間的正常交流，何謂「（中共）所屬組織、機構及其派遣之人」，何謂「滲透來源之指示、委託，或資助」，似乎全憑主管機關的認定。巧的是，該法付諸實施沒幾天就爆發新冠肺炎疫情，迅速且有效阻隔了兩岸人員的往來。疫情期間，蔡政府針對「小明」、台商、口罩、疫苗等等的表現，無不彰顯其「逢中必反」的基本態度。

綜觀蔡作為兩岸「棋手」，而不只是「棋子」，能成功的很大原因之一是她的思想及意志堅定，二十多年不變，其次是她權謀手段遠比陳馬高明；更難得的是她低調、不喜聲張的性格，當然這也因為「民選國王」制度允許她這樣做。這低調相對於北京這些年在國際上的高調作為，再配上她培養的國際人脈，讓她作為台灣歷來最有權力的「女王」，竟在國際上享有完全相反的「白雪公主」形象，彷彿她是兩岸關係中無辜的受害者。就戰術操作而言，她絕對是上乘的棋手；某種程度上，甚至美國都是她操弄的對象。

問題是她對更大棋局的算計卻全盤錯誤。她高估了美國，低估、錯估了中國大陸。蔡英文如此區隔兩岸、阻撓交流，再加上媒體、社交網路、學校的長期配合，以致連台灣民眾對兩岸關係的立場都愈來愈趨近「兩國論」，這讓蔡英文自信到忍不住在二〇二一年國慶演說宣布「中華民國與中華人民共和國互不隸屬」。事後台灣全島鴉雀無聲，包括在野黨在內的輿論似都把「互不隸屬」視為當然。對北京，這意味不只台灣「政府」明顯台獨，連「人民」都變心，走到大陸的對立面去了，它當然暴跳如雷（如二〇二二年的八月圍島軍演），並提出「完全統一」的說法以沖淡「和平統一」。蔡英文費了九牛二虎之力終於全盤控制台灣這個「溫室」，但溫室外面烏雲蔽日，風強雨驟，溫室裡面的人準備好了嗎？

蔡英文八年：「民有」「民治」「民享」大倒退

現在回頭看這二十幾年，內心特別感慨，因為它非常符合本書「前言」提到的海明威名句，即從「慢慢破產」到「突然破產」。本來台灣擁有絕佳的地理優勢：它是美中日三大經濟體的最佳連結點（超過南韓，因它缺乏台灣的中、日語優勢）、東亞交通的最佳樞紐，及大陸文明與海洋文明接軌的最佳橋梁。如果在九〇年代繼經濟奇蹟、民主化、兩岸和解及開放國際之後，台灣選擇發揮它的獨特地理優勢，絕對可以把台灣提升到更高的境界，為自己也為東亞區域開拓更安定美好的大環境。當時李登輝曾採納「亞太營運中心」構想，預計自一九九五年起分三階段付諸實施，結果李自己改變優先順序，陳蔡隨之，一致拋棄地理優勢，操弄歷史記憶，以為台灣可以繼「本土化」、「民主化」以後，走到「去中化」、「台獨化」。他（她）們沒想到接力二十幾年的執政，最後卻把台灣帶到今天的存亡邊緣。

台灣沉淪的起點是一九九七年李登輝擅自作主的九七修憲，中華民國總統從此在「相對多數」選制上擁有「民選國王」有權無責的絕對優勢後，政治人物有太強的動機爭權奪利、罔顧民生，把原本善良上進的台灣徹底變了樣。

首先，台灣變成內鬥不斷的沙場。李登輝還在任，黨際與黨內廝殺就已刀刀見骨。後來更是愈發激烈，手段更加極端，話愈講愈重，仇愈結愈深，政治殿堂與大眾媒體每天充斥著負面能量；爭權奪利的少數菁英還用人情、名或利，把愈來愈多原本與政治無涉的普羅大眾拉進競技場，同類的人相擁取暖，非我族類的就全力排斥。

其次，台灣變成分裂的台灣。任何選舉、任何地方，每選一次，就多撕裂一分。即使在文質彬彬的大學校園，每選一次校長，校園就分裂一次；幾次下來，大學已不復以前的和諧。同樣地，台灣也在美國政黨兩極化前更早就出現「藍」、「綠」新名詞。台灣的分裂也遠比美國嚴重。美國紅藍爭的是政府與政策，而台灣藍綠吵的除了政府與政策，還包括層次更高的國家，及內心深處的歷史與民族認同。所以美國兩黨起碼還有一致認同的政治符號，如國名、國旗、國歌，與廣受尊敬的古人與今人，台灣卻沒有。

內鬥與分裂的立即受害人就是台灣民主的品質。國人原來對民主的期待是它能「選賢與能」，而政黨間能有君子之爭，但大家很快發現，台灣的文化土壤完全不同於西方個人主義孕育的選舉環境。同樣是投票，台灣選民的傾向常常感性重於理性，關係重於是非，甚至意識形態重於一切，中間的獨立選民占比遠比美國要少。此外，台灣特有的「民選國王制」還接連刺激出「錄音帶事件」、「三一九槍擊案」、「走路工案」、「王立強案」等國際罕見的重大醜聞，充分顯示受益者為了達到目的不擇手段的居心；更糟的是，台灣政黨之間幾乎沒有其他民主國家政黨間的基本尊重與溝通。二〇〇四年前國、民、親三黨尚且虛情假意幾番，但「三一九槍擊案」後，國、民兩黨幾乎完全互視為寇讎，「逢〇必反」；是「敵我矛盾」，不是「人民內部矛盾」。蔡英文上台後更直接對國民黨刨其根、奪其產，絲毫不留任何餘地，不做任何溝通，且言談間不屑之情溢於言表。黨爭至此，豈有民主的基本修養？

更糟的是，「民治」也嚴重受傷。國人原來以為民主化後，政府決策與執行將更理性，結果卻看到治理品質每況愈下：總統不再費心「頂層設計」一些福國利民的長遠大計，反正「四年以後不是我的事」；政黨時刻在想下次選舉如何「割喉割到斷」。政務官關心短期評價超過長期專業貢獻，常任官夾在藍綠中間，只好「多做多錯，少做少錯，不做不錯」。代表民主第二權的立法委員沒有檢討廢除陳年法條、制定符合實際需要的法律，反而熱中政治鬥爭及早晚跑攤。第四權的媒體也從「觀察者」及「資訊提供者」轉身變成實際政治的「參與者」，不惜隱瞞、扭曲，甚至製造假新聞以引導視聽大眾的認知。台灣言論自由了二十多年，但好像只看到問題不斷被提出來，卻年復一年看不到解決；政黨再輪替，輿論批評再強勁，似乎也不能提升政府決策或執行的品質。

台灣作為一個天然資源高度缺乏的海島，其生存及成長百分之百依賴人力資源，沒有僥倖。政府遷台四十多年間，穩穩抓住這個支柱，一方面普及教育、開啟民智，一方面公平公開公正取才，讓各界菁英都能一展身手，才讓台灣「溫室」在極困難的內外環境下創出驕傲的經濟奇蹟。可惜李登輝「九七修憲」一刀砍的正是「人」的這根支柱。他釋放出人性裡最壞的爭權奪利基因，讓各界菁英不再「求好」，而是「討好」，寵壞民眾而不悔。整個政壇經過如此長期的自我耗損，許多真正有能力為民服務的人早已望之卻步，以致從政人才從早年的一流，一直退步到後來的二流甚至三流。我在馬政府工作時曾奉命找人進政府擔任政務要職，有個空缺我問到第四位才答應，當時我已深感訝異。不料林全自曝任閣揆初始，他有個重要閣員缺竟然獵到第七位才同意。台灣「民治」的惡化可見一斑。

「民享」的圖像也不好看。既然「民選國王」遊戲的果實如此甜蜜，當然沒人再去關心國家建設或人民福祉。台灣經濟在九七修憲後停滯了二十幾年，一點都不必奇怪，不僅政治菁英紛紛投身競技場，以求光宗耀祖或升官發財，它還創造了龐大的選舉產業與財富重分配商機，吸引許多基層民眾投入。連過去協助創造經濟奇蹟的經濟菁英，都把他們的思考重點從「生產」移向「分配」或「消費」，淨結果就是台灣二十幾年的經濟發展最後變得只有電子通訊業一枝獨秀。製造業沒有重大建設，服務業缺投資、缺創新、缺出口，農業嚴重老化，中產階級向下流動，民間薪資普遍停滯不前，貧富差距拉大。九〇年代台灣許多人對民主寄予厚望，以為可以隔海引領大陸風潮，西方世界也普遍有此期待。二十年後的今天，大陸經濟建設長足進步，台灣則連「一白遮三醜」的電子業都被地緣政治拖累，出口引擎也有熄火跡象，似乎只剩在精神上自我滿足的份了。

馬英九本來有機會恢復台灣民主的生機。他一反陳水扁的「貪腐」與「大破」，律己甚嚴，尊重體制。在權力領域，他既不鬥人，也不自衛，所以台灣政壇天空的戾氣大幅消散，民間稍可休養生息，經濟活力也略復甦。可惜他仍逃不出權力新遊戲的邏輯：他關注民調與聲望的起落，超過國家的長遠建設；他不「大破」，卻也沒有「大立」，甚至如核四與軍法審判等重大政務，都在他憂讒畏譏、遇挫即縮的決策風格下輕易被犧牲了。

新的台灣：「兩隻狗搶的骨頭」

蔡英文上台，立志吸取馬英九的教訓，嘴巴講「謙卑再謙卑」，實際卻絕不憂讒畏譏，絕不遇挫即縮。她八年的獨斷獨行很明顯加速了上述台灣在各方面的沉淪。但即使如此，如果沒有她另兩個專擅抉擇，台灣頂多複製日本近四十年的衰退與「小確幸」，尚不致有生死安危的疑慮。或許台灣的沉淪，反而會鼓勵大陸內部對台溫和的人誠心主張不必對台動武，以為台灣的沉淪加上大陸的崛起，總有一天會讓台灣這個難題「水到渠成」或「瓜熟蒂落」。

蔡英文兩抉擇改變了全局，很可能把台灣從慢慢破產推到突然破產，其中之一就是全方位推進「兩國論」，切斷政府對話，大幅削減民間交流，終致宣示兩岸「互不隸屬」，只差沒有正式宣布改變國號。另一就是全力配合美國的反中抗中政策，幾乎到亦步亦趨的地步。前者讓北京對台灣幾乎完全絕望，後者則逼它把解決台灣問題的緊迫感推升到史上最高點。

兩者相加就徹底改變了台灣的內部與外部環境。內部變的是民心。本來體質已經愈來愈虛弱，民怨愈來愈深，社會愈來愈分化，政黨愈來愈敵對，如今加上外來的巨大存亡壓力。蔡英文與美國想要激勵台灣民眾奮起抗中，卻發現台灣軍民根本不能團結，沒有戰鬥意志。蔡英文於是夾在她自己製造的兩難困境中，一面要安定人心，「沒事！台灣是安全的」，一面卻要激勵人心，「有事！希望大家一起保衛家園」。可惜被虛幻安全感催眠已久的台灣民眾，已經不願用「備戰」來取代現在的「小確幸」生活了。

外部變的是台灣在美中之間的位置。美中鬥鬥和和本是歷史常態，周邊各國也都在不斷微調它們與兩強的關係，即使在美中「競爭」激烈的今天，身為美國盟邦並有美軍進駐的日韓，也沒有一面倒到美國這邊，總是與北京維持官方溝通管道、高層互訪、經貿往來與民間交流。李陳馬總統當家時，台灣曾用它的特殊優勢，做到「一條尾巴搖兩隻狗」：筆者分析一九八八至二〇〇八兩岸關係的英文專著，*Taiwan's Relations with Mainland China: A Tail Wagging Two Dogs* (NY, NY: Routledge, 2009) 就是以「一條尾巴搖兩隻狗」做為副標題，意即這二十年間不論緩和性的（如一中各表、九二共識、兩會商談等），或刺激性的（如兩國論、一邊一國、制定新憲等）的兩岸創意，都是出於台灣的政策主動，而美中兩強被迫反應。如緩和性，則讚許或配合；如刺激性，則群起反對或壓制。但蔡英文一面倒向美國後，台灣立即失去它左右逢源的關鍵地位，變成「兩隻狗搶的骨頭」。在美中兩強的武鬥文攻中，台灣必定受傷，甚至萬劫不復。二〇二四年大選就將帶來第一個致命的考驗。

第七章

台灣要害部門的沉淪

九〇年代初期，台灣逐步民主化後，被戒嚴體制壓抑幾十年的政治菁英開始全力投入新的權力爭奪遊戲，力圖在新棋盤上搶占有利位置。李登輝的「民選國王制」確立後，四年一次的總統大選立即成為這場「權力大風吹」最大的目標焦點，哪個政黨及候選人贏了大選，就可以任意玩四年。於是兩黨菁英及其支持者不但在選前盡力「割喉割到斷」，在選後也立刻竭心準備下一場戰役。他們在權力遊戲上投注的精力及思考是如此之多，常常忘了自己從政的目的應該是為人民謀福利，為國家謀發展。有趣的是，許多民眾也因為享受選舉遊戲的快感，沉浸於民主光環在國際上帶來的關注及尊嚴，甚至樂於利用政治人物討好選民的心態謀取私人利益，而忘了注意台灣的經濟奇蹟正不知不覺銷蝕不見，社會價值也點滴流失。李扁交替時，台灣的經濟總量是全中國大陸的四分之一，二〇〇七年被廣東省超越，然後江蘇、山東、浙江等省陸續追上，到二〇一九年時已被全大陸排名第八的福建省趕上。今天台灣只占大陸的二十五分之一，也就是說以大陸目前百分之五的年成長率，它一年就可以長出一個台灣。若與同時啟動民主化的南韓相比，二十年間台韓 GDP 從並駕齊驅，跌到台灣只剩南韓的四成。等大家發現不妙時，為奪權而奪權的選舉遊戲已經上癮，戒不掉了。

我們好奇的是，「民選國王制」究竟對台灣哪些要害部門造成了哪些傷害，導致整個台灣「溫水煮青蛙」式墮落？值得檢視的部門非常之多。譬如教育，幾乎所有受過教育的人都認為，台灣教育水準從李登輝交由李遠哲主導教改後直線下墜；再如經濟，二十年來台灣經濟幾乎可以用「一白遮三醜」來形容，被讚為「護國神山」的台積電光芒四射，帶動電子業的昌盛，讓整個台灣產生虛假的光榮感，但大家忽視了，台積電的成功遮掩了其他製造業百般呼籲而政府卻始終不去解決的「五缺」（缺水、缺電、缺地、缺人才、缺工）困境。它蓋住了約占就業人口七成，卻生產力低落（只占GDP六成）且長期低薪的服務業。至於農業問題，像農地荒蕪、農民老化、糧食自足率降到三成、遠低於鄰近的中日韓等等問題，輿論連討論的興趣都沒有。限於篇幅，本書只把觀察重點放在三個與政治權力最相關的領域，一是立法院，二是大眾媒體，三是國防，前兩者是民主制度的第二權與第四權，分量極重，又最能彰顯台灣告別戒嚴、走向民主；國防則因直接攸關當前國家存亡的威脅，理應重視。

虛有其表的立法院

任何一個號稱民主的國家都會有一個足以反映民意、監督行政部門、提出創新法案的立法部門，可惜台灣在戒嚴時期沒有，民主化以後還是沒有。現在的立法院雖然不再是橡皮圖章，但立法的質與量都沒什麼提升。

立法院的失能必須從更大的角度看。九〇年代初期，恰好是台灣內外環境同時大翻轉的時期，台灣社會從保守封閉走向開放多元；經濟從過去的農業、輕工業、重工業向高科技轉型；政治更從一黨專制變成兩黨競爭，而兩黨都把民主、法治、公民社會視為追求的理想。與此同時，台灣不但大幅放寬與國際社會的連結（如開放觀光），還首次與大陸對岸進行民間經濟文化交流及政府間的溝通。變化之大，必須內部的方方面面都快速調適，才能同步向新境界推進。

其中立法是個重要關鍵。它可以「作為」以協助推動歷史的巨輪，也可以「不作為」以牽制巨輪的前進。在所有民主國家，不同於專制國家，立法動力只有一部分源自行政部門，至少一半動力是來自於民間力量（地方需求、利益團體、知識社群等）以及立法委員。通常國會與國會議員的角色是透過平時接觸、公聽會、焦點訪談、各式研究來蒐集民意民情，經過一定程序最後形成全民及政府必須遵守的法律。為了讓議員諸公能夠善盡職守，各國國會都會設置堅強的法律、會計、研究團隊來協助立法，並建立不同專業的常設委員會，讓國會議員能夠依自己專長、興趣及選區需要，選擇專攻的立法領域，以提升立法的品質，有利國計民生。

可惜筆者遠距（自學術界）、近距（自行政部門）及親身（三年不分區立委經驗）觀察的結論卻非常負面。一般人以為立法是我們立法院的主要角色。錯！它的主要角色是做為政黨惡鬥、利益交換，及立委個人政治表演的平台。三十年來多少人抱怨：為什麼戒嚴時期的這個那個法律一直沒有修改？為什麼對外如此開放，相關法律還這麼保守？為什麼高科技產業愈來愈重要，台灣法律仍然綁小腳，對高科技設置各種障礙？即使只論立法數字，台灣每個立委平均一年只通過兩個法案，其中絕大多數還只是個別法條的修正而不是全新法案的創立。比起其他民主國家，這絕對是非常難看的數字。

記得李登輝及蔡英文一九九九年推出「兩國論」，除了宣示「特殊國與國關係」外，還責成當時的國大議長蘇南成全力推動「修憲」案。時任民進黨立委的沈富雄統計，把中華民國「領土範圍」縮小的修憲案一旦通過，共有二十三個法、一百五十八個條文需要修正。兩國論胎死腹中後，修憲修法當然隨即踩了剎車。二十多年至今，什麼時候看到哪個政府、哪個政黨、哪個立委，曾經針對哪個攸關國家進步的關鍵項目，做了類似一整套的修法或立法設計？

立法院虛有其表的大缺陷是結構性的，不因換黨執政而改變。最大的因素是「權力大風吹」給眾多政治人物帶來許多出頭機會，及隨之而來的不安全感。戒嚴時立法委員因為不必改選，所以被譏為「萬年立委」。九〇年代初「大風吹」音樂響起，各地有志政壇的英雄豪傑紛紛湧進競技場一較高下，希望藉立委光環以光宗耀祖或謀取特定利益。他們的競爭激烈以致二十幾年來絕大多數立委難得連任三屆；連任六屆以上的屈指可數。這與先進成熟的民主國家成鮮明對比：它們的國會議員連續服務二十年以上者比比皆是。對各該國菁英而言，國會議員的光環沒那麼閃亮，經濟利益也沒那麼巨大，可以另尋高就的地方甚多，所以選戰不像台灣那麼慘烈。小土少民的國家（如瑞士、比利時）還規定議員必須在首都停留多少日子以專心立法。在幅員遼闊的國家如美國，選民多半不期望議員長途飛行返鄉服務。但在台灣，立委當選人從當選那天起，就要開始注意有哪位市鎮長、縣市議員或政治素人可能成為自己下一任的挑戰者。他們人在台北，心在選區，加上高鐵通勤極為便利，對立委又完全免費，所以他們常常當天來回，返鄉參加婚喪喜慶，所謂「早上送人上天堂，晚上送人進洞房」。再加上台灣的選民特別看重「人情」、「面子」，使得立委更不敢隨意缺席。北北基桃的立委沒有地理距離做藉口，應酬次數每天上看十趟。有人坦承，每晚跑攤喝酒常要挖喉嚨清光肚子再拚下一場。諸君子淑女如此消耗體力，怎可能專心立法，為生民立命，為國家前途開太平？

對於那些想要認真立法的委員而言，立法院的結構也沒有幫助。先進國家的國會都配有專業度高的法律、會計、研究團隊，有的屬於全院，有的專屬常設委員會，搭配龐大的圖書館或資料庫，協助所有議員立法，不分黨派。台灣立法院狀似五臟俱全，實僅聊備一格，無論質或量，都遠遜別的民主國家。外國的委員會或議員個人也都有相當數量的行政及立法助理，家鄉也配有若干助理，均公費。台灣也有，但論數量也還是聊備一格，除非個別議員向外募款以擴充陣容。在後勤支援極度匱乏的情況下，實在很難期待個別立委，即使夠勤奮，能提出什麼重大法案。

既然立法委員不能認真立法，重點只好放在「監督」，起碼讓他（她）的選民感覺他（她）有在做事，於是產生總質詢及後來增加的「國是論壇」。平心而論，總質詢是中華民國民主制度最特殊也最荒謬的設計。就筆者所知，沒有別國有類似的機制。它原是戒嚴時期的餘緒，為了維持民主的假象，每位委員每會期有四十分鐘（現為三十分鐘）專屬時間可以當面質詢行政院長。民主化後仍然延續至今。因為院長可能需要部長的協助才能回答委員的提問，所以所有三十幾位部會首長必須全員到齊，分坐立院院長兩側，每星期兩個整天，每年二十到四十個工作天，整天枯坐立院大議堂，等待被某位立委青睞後站上質詢台。私下不少立委用非常不雅的話形容它就像「逛妓院選小姐，很爽」。立委覺得「爽」，又能向選民交代自己為民喉舌，台灣的民主得到彰顯，這機制設計的目的就達到了。

它的代價是行政院長及所有部會首長的寶貴公務時間及機會成本。由於只有少數首長可能被點名上台接受質詢，絕大多數基本就坐著消磨幾十天。有人批公文，有人看報或看書，有人滑手機，只要不挖鼻孔或做不恰當動作，引起對面二樓電視鏡頭的注意就可以。有位比較「冷門」的政務委員坦承，他幾年下來還完成一本新書。我沒那麼幸運。擔任新聞局長及陸委會主委期間，我發現別的首長幾乎一看到站出來的立委是誰，就知道自己又可以混四十分鐘，因為一般立委不太可能跨專長去質詢。唯二的例外就是我擔任過的兩個職務：新聞局長是行政院長的發言人，只要院長站在那裡，局長就要全神貫注，以備會後必須詮釋院長講話；而陸委會主管的兩岸關係，牽涉到幾乎每一個部會，不管是內政、外交、國防、經濟、交通、農業、衛生、教育，甚至原住民等等，任何立委都可能話鋒一轉指向兩岸關係。為了確保院長不出差錯，陸委會主委必須高度警覺，即使沒被院長叫上場代答，也要準備隨時給他打個小抄。後來在總質詢外增加了一個每週半天的「國是論壇」，讓有話要說的立委有更多吸引媒體的機會。

在先進國家，常設委員會通常是立法重鎮。議員選擇加入某委員會，多半基於選區、專業，或興趣考量；愈資深自然培養出愈高的專業度，在全國也累積愈高的威望。他們的座位也被安排在前排，最可能出任委員會的主席。不同政黨議員在委員會討論、折衝、妥協，最後形成法案送大會表決。但台灣的做法與國際主流大相逕庭。為了機會共享，立院委員會都有兩個召集委員，分屬不同政黨，每人隔週主持會議。委員會沒有外國常見的資深制（必須由連任屆數最多者出任委員會主席），我僅擔任一屆不分區立委（在國防外交委員會），就有幸在六個會期中的兩次出任召集委員，這在別國是不能想像的事。擁有一一三位委員的立法院共有八個常設委員會，每一個委員會大約有十四位委員，既然大多數委員公「私」繁忙，所以只要五人出席就算滿足法定人數。換句話說，只要三個委員（包括召集委員）就能決定某法案的命運。最特別的是，召集委員隨時可以邀請一位或更多相關部會首長，到委員會來報告並當場回答質問，他們不能拒絕，除非請假理由正當；如果某個議題持續火熱，部會首長在總質詢外，一年多花十幾天在立法院，也不必意外。最最特別的是，報告與質詢過程完全開放給媒體，這就把委員會再次變成表演舞台，而不是嚴肅冷靜的討論場合。最最最特別的是，去質詢的委員不只限於該常設委員會成員，可以是完全不相干的其他委員會立委。提出的問題五花八門，極可能小到雞毛蒜皮的程度。所以應召的部會首長通常都有大批人馬隨侍左右，以備應付各種亂箭，結果浪費的不只是幾十位首長的寶貴時間，還有幾百位高層官員的公務時間。在這樣的常設委員會，實在很難期待能冷靜討論、折衝、妥協出什麼法案。

既然立法委員無心立法、常設委員會不能立法，法案生死掌握在哪些人的手裡？答案是立法院長與各政黨大黨鞭組成的所謂「黨團協商」。二〇〇八年前，每個政黨要在立院有五位委員才有資格派黨鞭參加「黨團協商」。那年放寬成三位。「黨團協商」可以應主持人立法院長的邀請在固定密室隨時舉行，不受時間限制，不像總質詢與常設委員會必須於固定日期舉行（前者為星期二、五，後者為星期一、三、四）。密室協商中決定的法案可以逕送二讀、三讀成為法律。據我個人經驗，絕大多數最後通過的法律，絕大多數立委別說沒看過內容，連名稱都不知道。這個「黨團協商」實施多年，完全黑箱作業，屋外的人完全不知道裡面講什麼、如何做成決定。馬政府時期各界質疑黑箱的聲浪升高，才規定協商過程必須錄影存證。但據了解實情的人說，實際情況並沒有太大改變。

表面上，設立「黨團協商」的好處是可以加速立法，避免九〇年代部分立委「一夫（或一婦）當關，萬夫莫敵」以癱瘓議事的弊端。真正奧妙的好處是，它讓所有立委可以「不務正業」，從事無關立法的「選民服務」或政黨鬥爭。每次我與外國議員講到我擔任立委時，每會期只在最後一天參加馬拉松式的投票（一天約十幾個法案），其他時間完全不需出席大會或委員會投票，外國朋友聽到無不羨慕不已，因為國會開議期間他們必須身在國會或附近隨時準備進場投票。據悉（但沒看過）美國國會議員每人還有一個特殊手錶，投票鈴聲在錶上響起，在多少公尺內他們聽到，必須放下一切趕去投下神聖的一票。「黨團協商」讓台灣立委擺脫投票及研討法案的義務，享有最大的行動自由，可說受益無窮，它自然屹立不搖至今。但從「壞」處看，它給立法院長與各黨黨鞭等屈指可數的極少數人極大的操弄權力。既然所有法案的生死都在他們手上，完全不透明，中間有多少來自利益團體或私人利益的祕密交換，實不難想像。法案如此產出，政策研究重要嗎？國會辯論重要嗎？廣大民意重要嗎？國家發展前途重要嗎？如果把「黨團協商」稱為台灣民主最黑暗的角落之一，應不為過。

它的另一個隱性弊端是閹割了最大政黨的權力。因為不管立院席次多少，所有政黨在「黨團協商」內席次對等，所以占多數席次的政黨與立委人數只有三位的少數黨完全平起平坐，沒有絲毫優勢。這在蔡政府時期完全不是問題，因為游錫堃院長對蔡總統的配合度極高。但在馬前總統執政時，王金平院長不一定與馬總統同心同德，兩人自二〇一三年九月起甚至完全翻臉，於是國民黨雖在立院占人數優勢，卻等同完全跛腳，不可能通過賴以施政的法案。二〇一四年三月「太陽花學運」占領立院大議場就是最好的例子，它的嚴重程度遠超過二〇二一年一月六日，美國川普總統徒眾不服大選結果而衝擊國會大廈的事件。該事件雖有死傷，但國會警衛奉議長之命，當天就讓國會恢復原狀，逮捕八百多人，並起訴了好幾人，求刑十幾年。反觀台灣，一邊有立法院長拒絕命令立院警衛進入大堂、逮捕或驅趕占領群眾，反而冠冕堂皇地要求「立院警衛不得侵犯立委身體」；一邊有民進黨立委分批分時段輪流以身體擋住議場幾個大門，讓警衛不敢也不能推開民進黨立委，進入大堂逮人或驅趕。太陽花學運就這樣在立院院長及民進黨立委一虛一實的保護下，占領立法殿堂長達二十四天之久。有位先進國家的駐台代表就曾對我私下直承，類似攻擊公務機關而不遭制止且不受罰，在該國是絕不可能發生的。但台灣卻能。「太陽花學運」領導人之一的林飛帆後來還成為民進黨的副祕書長，這中間雙方當事人的微妙默契只有他們最清楚。他們傷害的豈止是他們的共同敵人馬英九，更是台灣民主法治以及立法院的尊嚴。

民主化後，立法院總算脫離「萬年國會」之譏，但它頭頂「民主」光環三十年的新面貌卻離民眾期待甚遠，與其他民主國家的實踐更相差不可以道里計；它主要淪為「民選國王制」下政黨惡鬥的主戰場之一，次要為立委個人的表演舞台，最低優先才是為民謀福利、為國謀發展的立法。而貫穿全部的則是「黨團協商」及其他各式各樣看不見的政商黑箱利益交換。立院三年經驗告訴我，以前學的「為大我，不為小我」格言都是騙人的。如果立法院是台灣政治的縮影，願上天保佑台灣。

立法院對台灣近三十年的沉淪絕對有重大貢獻。一般人對此有警覺的似乎不多。長期習於「行政至上」的民眾，本來對立法院就沒有太多期待。民進黨領導階層幾乎全都出身立法院，但國民黨至馬英九為止沒有一人曾有立委經歷，完全外包給立法院長與立院黨團，根本不知如何讓立法院配合施政。媒體置身立院，透澈了解上述種種，卻因依賴立委作為每天消息來源，不便揭露真相；立場客觀的學術界隔好幾層，只能看到它的陽面而非陰面，自然難以落筆。而號稱監督國會的民間團體，完全搔不到癢處不說，出手的時間還常讓人感覺其出發點有固定政黨傾向。

立委諸君子淑女放在古代任何國家，都是與聞國是的貴族或國之大公，在任何現代民主國家也絕對是國家社會的中堅骨幹，分享國之名器，理應承擔國家社會進步的重責大任。當這些菁英集體只為己為黨奮鬥，卻不為國家盡心盡力，且三十年如一日，這個國家不沉淪才怪！

貧乏又墮落的大眾媒體

民主制度之所以可貴，除了定期選賢與能外，就是言論自由了，而最能彰顯言論自由的，就是大眾媒體的多元開放。但做為第四權，大眾媒體既有權利，也有義務。它的權利是監督政府的其他三權（行政、立法、司法），它的義務是傳播國家社會需要的知識及訊息，以利政府與民眾的理性思考及決策。不幸的是，台灣民主化後，大眾媒體的角色先盛後衰。走到今天，媒體數量愈多，品質卻愈差；理性成分不斷下降，感性成分直線上升；假資訊充斥到許多人難分真假；部分媒體更毫不忌諱自己是政黨打手。

九〇年代大概是台灣媒體最風光的時期：言論受限、資本有限的戒嚴時期終於結束。民主百花齊放，百家爭鳴以後，媒體作為政治菁英發聲的主要管道，立時從被管制的對象搖身一變成為政治新寵，大報負責人側身國民黨中常會與李登輝的國統會，就是明證。但在默默影響政治與政策的同時，當時的大眾媒體也向閱聽大眾提供最快、最多、最正確的國內外資訊，主要的報紙及電視台均派遣優秀的資深記者長駐大國首府（如華府、倫敦、東京等），他們不但向國內供給第一手的國際新鮮事，還常透過深度訪談，讓國人了解新聞事件背後的脈絡，多數媒體從業人員也以國外權威媒體為學習對象，以監督政府官員的施政為榮。而行政部門除了發言人例行記者會外，高層官員通常樂於接受報紙專訪或上電視節目向民眾解釋政策。在那幾年，大部分關心國事的民眾因此都能很快說出部會首長的姓名。

「民選國王制」激化了權力競爭後，政治變了，媒體也變了。當然這個轉變是緩慢的，如不注意或不比較，甚至不會察覺。我在學術界除了偶爾接受記者採訪外，極少與媒體聯絡，但九三年底參加政府工作後，雙方接觸開始頻密，初始我極不習慣。有次美國政府剛發表對中國大陸情勢的研判，時任陸委會副主委的我被某記者問道「大陸將來可能怎麼發展」？我答「預測性題目我不適合回答。不過上任前我曾寫過相關論文，或許可以參考」。那時我對大陸情勢提出三個學術性的預測，「如果……則……」結果那位記者的報導只選了符合美國研判的那項，而且刪去了我的「如果」前提。我感謝他讓我看起來很權威，更感謝他讓我學了一課：媒體與學術完全不一樣，學術追求客觀，媒體則是選擇性的主觀，而且常常不一定是受訪者的主觀，而是它自己的主觀。後來更多的例子讓我見識到媒體的威力，以及它們之間的高度競爭。有次某記者發文報導內閣改組消息，內容非常離譜，後來別的記者私下告知原委，才知道那位記者小姐在同行間人緣不佳，有次缺席記者會，進記者休息室時有人調侃她錯過重大新聞，並隨口捏造幾個新內閣人事；不料她竟信以為真，且未加查證就發稿，釀成大笑話。當時我心想，讀者的權益何在？他們要如何判斷新聞真假？台灣雖然民主化，但媒體報導與戒嚴時期一樣，仍有自己的「主觀」，沒有絕對的「客觀」，差別只是有無政府的手而已。

千禧年之後，媒體角色更加扭曲。九〇年代的「主觀」起碼保有「部分客觀」，但最近二十幾年，媒體愈來愈墮落成「完全主觀」，甚至以「政黨打手」為榮。社交媒體盛行後，匿名制把人性的醜陋面發揮到極致，讓原本溫和善良的台灣社會充滿戾氣及仇恨。這個演變受到幾個因素的影響。

首先是政黨惡鬥。「九七修憲」後立即爆發連扁宋爭奪大位，讓台灣民眾見識到政治原來這麼好玩。透過媒體報導出來的故事，不管是大的明爭暗鬥，小的口舌之爭，或風流韻事，都會立時成為普羅大眾茶餘飯後最津津樂道的話題，其娛樂性絕對超過早期李登輝爭取大位時相對嚴肅的戲碼。這場大戲結束，緊接著連宋合、陳水扁反中、「兩顆子彈」，一齣接一齣不斷推陳出新，直到蔡英文兩次勝選後的今天，整個台灣好像天天在上演劇情曲折迷人的權力連續劇。在這過程中，包括每位總統在內的每位政治人物，早上起來第一件事就是查看前一天的「輿論」。他們幾無例外都僱有專人替他們收集各家報導，並負責經營媒體關係，以爭取最有利的媒體版面；媒體自然就成為政客們最不可或缺的盟友。就這樣，它們慢慢被政客「寵壞」而忘了自己最基本的社會責任，輕的甘於被利用，重的反過來利用政客，以達到自私的政商目的。

第二就是經濟的腐蝕。這裡指的不是有錢以後的腐敗，而是沒錢人的貧乏。百家爭鳴後，各方英雄豪傑紛紛跳進媒體圈以出名、牟利，或獲取政治影響力。但被政客冷落的台灣經濟開始下滑，媒體賴以維生的廣告大餅也隨之萎縮；與此同時，台灣的經濟結構逐步向服務業與高階製造業轉型，服務業要求貼心的服務，不太需要在大眾媒體打廣告，高階製造業的客戶也多半不是國內大眾，根本不需買廣告。於是新的媒體經營環境對媒體老闆就變得非常不利，一方面廣告大餅變小，一方面搶食的人變多，結果許多媒體就吃不飽、餓不死。此時手上掌有龐大廣告預算的政府就身價看漲。聰明的扁政府洞燭機先，立即下令不同部會的廣告預算可以合併進行「置入性行銷」。這在當時是違反民主原則的劃時代創舉，眾人皆曰不宜。但台灣經濟持續疲軟，廣告環境益形惡劣，大家對政府「置入性行銷」從批評，到勉強接受，到習以為常，最後甚至視之為衣食父母。換言之，經濟愈不好，政府透過廣告及其他手段（如司法、金融、行政）對媒體的掌控力度就愈大，媒體的自主性就愈低。到蔡政府時期，當權者已經毫不掩飾絕大多數媒體（尤其是電子媒體）綠化的事實。由於蔡政府「看不見的手」藏得很深，包括華府及眾多國際媒體仍然高聲歌頌台灣的「言論自由」及「民主化」。他們不知道多少曾經參與爭取言論自由及媒體自主的台灣資深媒體人，內心不斷淌血。

第三是媒體人的墮落。他們本是政客與媒體老闆的下游，為了個人志趣，也為了生活，選擇在媒體工作。九〇年代我接觸或知道卻沒接觸過的媒體人員，絕大多數都是有理想有抱負的年輕人，他們相信民主、相信言論自由、相信台灣會有美好的未來。但隨著政客的率先墮落，有的媒體老闆就從「文以載道」的文人，轉型成計較成本的商人，甚至是呼風喚雨的政客，部分媒體人也從政治舞台的觀察者，一躍上台成為參與者。《蘋果日報》從香港進入台灣後，以羶色腥為號召，以低價為行銷策略，更是徹底顛覆台灣的媒體生態。為了競爭，台灣的平面與電子媒體全都被迫捨去「陽春白雪」，改走「下里巴人」路線。隨著社交媒體的發達，許多記者懶得跑新聞、查證事實，乾脆直接從臉書、推特、YouTube 裡面找材料。

走到今天，電視新聞最是慘不忍睹。每天看到的都是過幾天換個人名、地名就會再發生的車禍、吵架、火災等所謂「新聞」，跟台灣發展息息相關、稍有深度的重大消息全都靠邊站。慢慢地，政府官員退出螢幕，至蔡時期連總統自己都不開記者會、不接受國內媒體專訪，其他官員自然也全面從電視絕跡，以致今天鮮有人能叫出部會首長姓名。

最近幾年連立法委員都逐漸退位，接手的全是所謂「名嘴」。他們不但遊走各台，而且手舞足蹈，無所不知，無所不談。據了解實情的人透露，他們幾乎是「演員」，製作單位要他們說什麼，他們就說什麼。雖然他們可能是為了生活而賣力演出，實有可憐之處，但他們彰顯的現象鮮活地突顯台灣媒體的墮落，及台灣民主內涵的貧乏。

某大陸學者曾直指台灣電視新聞「腦殘」，許多台灣人聽了情緒不平，但我始終記得一位不懂中文的歐洲資深記者對我說的話。她說，「我看了兩晚你們的電視新聞，就知道它全是垃圾。」我自己曾在一次早餐時看到螢幕出現一個馬桶充滿糞便的畫面，原來有信徒向某宮廟抗議它的公廁長期失修——這也是值得廣為周知的新聞？而且，非要放到早餐時段來播？

有這樣的大眾媒體，如何期待台灣百姓有國際宏觀，認知台灣正處於「百年未見的大變局」中？如果台灣是個「溫室」，最近二十年的大眾媒體最大的功能，就是在溫室裡不斷放送迷迭香，讓人時時感受迷人的香氣，渾然不知溫室外的狂風暴雨。

「爹不疼、娘不愛」的國防

稍稍涉獵國防事務的人都知道，在冷戰期間兩位蔣總統都高度重視國防，國軍戰力及士氣也一直維持在高昂狀態。在美國先進武器的協助下，我空軍在台海多次接戰中都以極大差距痛擊共機，以致從一九四九年起整整半個世紀，共機鮮少飛出大陸沿岸；台海彷彿是中華民國的內海，民航機可以隨意進出金馬外島，軍機可在台海上空任意巡航或訓練，根本不必顧慮什麼「海峽中線」。根據美國國會二〇二一年公布的報告，那五十年中華民國完全不需美軍協助，就能單獨打敗來犯的共軍。

一九九九年「兩國論」後，一切都改變了。那兩個月共機幾乎每天都派多架次飛進台海，偶爾還穿越海峽中線。我方雷達當時還能掌握對岸塔台向飛行員的呼叫，「你過頭了，趕快回來」，當然我方也一定會以不少於共機架次的戰機升空驅趕。但自二〇一九年起共機開始經常穿越海峽中線，而我國防部卻不再對外公布我方反應的實況。更重要的是，受到「兩國論」刺激的北京開啟加速建軍，至二〇〇八年時，解放軍已能局部封鎖台灣，至二〇一五年可以全面封鎖台灣，及發動網路作戰。相對地，台灣的國防則從早年的「反攻大陸」退到陳水扁的「決戰境外」，經過馬英九的「防衛固守，重層嚇阻」，再退到蔡英文的「濱海決勝，灘岸殲敵」，甚至島內巷戰。防守戰線如此內縮再內縮，豈止「沉淪」兩字可以形容。扣掉中共解放軍的長足進步，難道台灣沒有該自我反省的地方？

平心而論，台灣國防的沉淪，國、民兩黨都有責任，且責任的源頭都是政治，不是軍事。表面上看，陳馬蔡三位總統對國防的態度幾乎一致，他(她)們都宣示重視國防、關心國軍，該視察的地方都去視察，該參加的演習都全程參加，該主持的典禮都主持，該買的軍購都極力爭取。但把兩黨三人的政治考量（不只兩岸政策）放進去，國防的戰力及士氣真的一年不如一年。

照理說，陳水扁在擔任立委時長期鎮守國防委員會，應該對國防最了解，但他的政黨屬性使他對國軍的忠貞度始終懷疑。這在平時不明顯，但在二〇〇四年「連宋配」強力挑戰他的連任時就曝露無遺。在投票前夕，「三一九槍擊案」挑動了全國敏感神經，他命令國防部長湯曜明執行他打破慣例的命令，不允許留營官兵分批出去投票，頓時把可能參與投票的軍人人數減半，事後他還懷疑部分軍中高階將領擬進行「柔性政變」。凡此均重創將帥互信，並在將領間種下不和的因子。

更不幸的是他「公投綁軍購」的操作。本來對美軍購一向是兩黨共識，根本不是黨爭話題，但陳水扁把軍購議題變成公投項目以後，它就不再是政策共識，而成了影響大選的政治議題（當然這正是陳水扁的原始動機）。記得包括我在內的藍營多人，都曾在選前不同的公私場合苦勸民進黨，不要把軍購議題政治化，尤其剛通過的「公投法」還規定，凡公投未過的項目，三年內不得再提出。換言之，一旦「軍購公投」失敗，軍購就成了政黨競爭的犧牲品，三年內不得提出，將直接影響建軍工作的進行。可惜當時民進黨在「民選國王制」的誘惑下，仍決定全力「割喉割到斷」，不放過任何一個可能增加票數的機會，即使毀了三年軍購也不在乎。所以我在不分區立委任內就偕同其他國民黨立委共同阻擋軍購案三年，以維護「公投法」的法律尊嚴。許多國軍將領在那幾年紛紛來找我遊說，都無功而返，因為我相信「民主」及「法治」絕對高於三年軍購，尤其身為立法委員的我們更不該帶頭違法（即違反公投法），更何況公投前早已有言在先。後來三年期限一滿，國、民兩黨就聯合通過了相關的軍購預算。這次交鋒讓我對「民選國王制」能夠驅使政客「因私害公」有了更深刻的認識。

如果說陳水扁讓「政治」高度介入國防事務，馬英九則是「非政治」到幾乎「反政治」的程度。他的「非政治」部分表現在他的人事任命上，除了極少數政務次長偶有文人外，部長一直全由職業軍人（除了一位任期極短的文人）擔任。事實上他對外交部人事的態度亦然，包括駐外使節，幾乎全部提拔長期任職各該部會的事務官為政務官，唯一「反政治」例外，竟是把關鍵的陸委會主委，交付給政治理念完全不同的前台聯立委賴幸媛。他的「非政治」作法本身沒有大錯，因為長期任職政府的事務官原有許多相當優秀的人才，但問題是他們多半長於管理，有利於政府體系的穩定；但短於說明與辯護政策。這在太平時期無可厚非，甚至優點大於缺點，但在政黨惡鬥的環境下，馬的執政理念就沒人向民眾做權威性地闡釋，更談不上後來蔡政府所做的「大內宣」了。連帶的後遺症是，許多理念相近、有膽識敢辯護的專業人士慢慢離心離德，到馬第二任處處挨打時，一方面出身官僚體系的現任部會首長怯於挺身捍衛政策，一方面民間力量袖手旁觀，孤家寡人的馬總統終於嚐到自己「非政治」的苦果。

針對先後任國防部長，我曾兩次推薦文人，兩次都被打回票。據我親身經驗，中華民國國軍將領素質很高，但不幸的是他們通常軍種本位主義過重，哪個高階職位專屬哪個軍種，哪幾個必須輪流幹，幾十年早已形成慣例，很難打破。它的好處是穩定性高、易於管理，壞處是各軍種之間有道無形的牆，彼此各自為己，協調不易，嚴重妨礙國軍「聯合作戰」的成功開展。

美軍在越戰後的八〇年代開始走向「聯合作戰」，不但作戰時要求軍種密集協調，而且在軍官養成階段就輪調至不同軍種，以熟悉牆外事務。有次我藉訪美之便順道去海軍上將布萊爾（Daniel Blair）的府上拜訪他，沒想到這位最知台的海軍上將退休後，竟然選擇到陸軍戰院執教。不僅如此，美國連國務院與國防部都跨部會互換單位工作。我聽過太多的實際案例，印象最深的就是，一位五角大廈的人說，「起先我們開內部會議時發現國務院的人也在場，大家就說『這小子怎麼在這裡』？後來習慣有他在場，一旦不在，我們還問『他怎麼沒來』？」

我更震撼的是，資料顯示連起步甚晚的中共解放軍，都開始把某軍階以上的軍官調到別的軍種歷練。我心想，既然國軍必須也走向「聯合作戰」，一定要在養成階段落實，讓三軍熟悉彼此，不然所謂的「聯合作戰」就是玩假的，好像把三個雞蛋放在同一個碗裡，假裝它們「聯合」，其實仍不相干；必須把雞蛋打出裂縫，相互交融到一定程度，戰時才能發揮聯合戰力。要進行這樣的改革，任何軍種的將領恐怕都難勝任，只有從文人裡面找有威望，且管理及說服能力都一流的人才行。可惜馬對國防的重點放在管理，不在大幅革新。

或許他有更大的格局考量，這點我也支持。選戰期間我幫他設計過一套論述，即兩岸關係兼具「威脅」與「機會」：為台灣的安全福祉著想，執政黨應追求「威脅最小化」

及「機會最大化」。陳水扁八年頻頻衝撞紅線，讓台灣的安全威脅驟增，美中兩強都極度不滿，馬的責任就是盡快創造機會、降低威脅，尋求新的平衡點。威脅一旦降低，國防轉型（如改行募兵制）就有餘裕；換句話說，「七分政治，三分軍事」最能兼顧台灣安全及台海穩定。準此邏輯，在台灣民意強烈支持下，馬的施政重心乃放在開放直航、民間交流，與政府間的經貿協商，而非大幅度的國防改革。

馬的「非政治」也表現在「軍購」上。他不像陳水扁，連兩黨一致的對美軍購也不惜政治化。馬的軍購完全照慣例走，先由國防部提出需求，再由國安會彙整後對美交涉。由於這是事隔十六年後的第一次大宗軍購，台美雙方都極為重視，我在華府接觸的相關官員層級及人數都超出預期。據了解，其中一位曾在接見王金平院長時，說過類似「過去幾年如果中共犯台，我們還真不知道要怎麼辦」的話，這顯示二〇〇八年的解放軍已經不是吳下阿蒙，我方對美的軍購訴求理應針對此一新態勢、先提出我國新的「整體」作戰構想，再提出符合新構想的軍購需求。出門前我深感意外的是，國防部準備的軍購說帖讀起來像三份報告，而不是一份說帖：三軍各自陳述本軍需求及其理由，卻沒有這些新的軍購項目如何在當前台海新的軍力對比下，彼此搭配並與現行武器系統共同發揮「整體」戰力的說明。後來我根據自己的理解整合出一份說帖，並順利爭取到華府的支持，這經驗讓我更確定國軍迫切需要打破三軍本位主義，建立「聯合作戰」的能量。

可能的軍購項目中，「潛艦」最特殊。它匿蹤性強，故最具戰術突襲性。扁政府時期，我國現有潛艦年歲已高，政務高層乃極有興趣購置或自製潛艦，甚至包括多艘「小潛艦」；後者因軍方內部反對聲浪甚大而作罷，前者則因被納入公投項目而遭擱置三年。馬執政後，潛艦問題再度浮上檯面，我們也更有能力評估它各面向的意涵。首先，國防部自身評估已顯示問題重重，除了艦身外，本國的自製能力非常有限；如果量化，大概只有三分之一的能量，而且多半是低科技的項目，其餘三分之二必須依賴美國協助；別的有能力的國家完全抵擋不了北京的壓力，幾乎沒有可能。第二，即使是美國，在當時美中和解的氛圍下，可能性也極低。除了美國自己早就停止製造柴油潛艦而必須轉委託給他國的技術問題外，華府還有深層的政治考量。有美國官員私下說，「潛艦是高科技，又有很強的攻擊性。我們怕民進黨當權時會亂搞，破壞台海和平，而國民黨執政時若兩岸統一，這科技就掉到中國手中。」日本專家的意見很委婉，但也夠清楚，「這附近海域，中國有六十艘潛艦，日本二十艘，南韓十艘。已經有點多了吧！」

第三，如前所述，我曾赴布萊爾上將府上向他請教，他首先表示對我潛艦官兵的素質非常敬佩，「我會樂意與他們一起共事」。但對購置潛艦，他說，「你們要注意成本。

它最終的成本會是建造潛艦本身的三倍，因為除了潛艦外還要有非常多的相關設備與艦艇（如救難艦）來配合才行」，「如要建造八艘（扁政府構想），必須要有三個港口才容納得下。」

綜合各方意見，馬政府最後就擱置了潛艦自製。蔡英文上台後力推潛艦自製。雖然我仍對前景極不樂觀，仍決定不再多言。或許由於美中關係轉變，她們真的克服了美國的心結，獲得了關鍵的高科技？或許我國自己的能力也有所提升？或許蔡政府對相關配套已有規劃？由於資訊不足，我無從判斷，只好保持沉默，但內心始終質疑：潛艦自製案耗資幾千億，為什麼蔡政府從來不向台灣民眾說明？她到底想建幾艘、港口夠嗎？其他配套艦艇有眉目嗎？如果成本最後真的是造艦的三倍，政府財政能支撐嗎？潛艦需很長時間才能形成戰力，如今兩岸風雲日緊，它來得及成軍嗎？獵雷艦案已經爆發嚴重弊案，經費更肥的潛艦案難道毫無瑕疵？為什麼可以向國防部索取更完整資訊的立法院，對這個大案卻視若無睹？為什麼在野黨也默不吭聲？八年間這些問號一直是問號，沒有答案。凡此只證明，蔡英文「女王」的權力大得可怕，已到為所欲為的程度，而政策的不透明及在野黨、立法院的跛腳，依稀已經回到戒嚴時期。

馬在國防問題上的「反政治」在兩件事上看得最清楚，一是取消軍公教的年終獎金，二是洪仲丘案爆發後廢除軍法審判。我因早已離開政府，無從猜測他如何決策。表面上兩者都有理由，但都不是黑白分明，非此不可的決定；難道內部沒有經過充分討論，就在民進黨壓力下迅速低頭？前者自砍手腳，任何從政的人都不會輕易為之，後者更是完全不顧比例原則，因噎廢食，傷害國軍戰力至深。不知他後來午夜夢迴，可有懊悔之意？

蔡英文的邏輯也是「七分政治，三分軍事」，軍事跟著政治走。只是她的「政治」與馬英九大不相同。她的是「漸進式台獨」，即在「維持現狀」的表皮下，逐步推動「去中國化」及「兩岸脫鉤」，切斷兩岸官方接觸及民間交流，但在時機成熟前不碰「法理台獨」，以免引爆台海戰爭。她深知這個新主軸必然在大陸激起不滿、在台灣內部引起不安，所以她的操作必須擺出「陰陽臉」，讓台灣內外看到截然不同的兩個面貌。她的「大外宣」強調台灣多麼危險，「大內宣」卻強調台灣多麼安全。幾年下來，她的「大外宣」成功地營造出台灣「白雪公主」被對岸霸凌的悲情形象。蔡英文與外交部長吳釗燮頻繁接受外國媒體專訪，都在強力放送這個訊息。微妙的是她及相關部會首長從不現身「大內宣」，以免與她的「大外宣」正面衝撞。「大內宣」完全由她掌控的平面、電子媒體及網軍負責操作，向民眾灌輸兩大訊息：一，「中共不會打」（理由包括「中共快要崩潰」，

「打不過美國」，「害怕成本太高」，「希望爭取台灣民心」等等）；二，「美國會來救」（理由有「美國可以輕易擊敗中共」，「台灣民主價值高」，「在第一島鏈的戰略地位也高」，「美國對其他盟邦必須維持信用」等等）。

既然在內部要維持台灣安全無虞的假象，她對國防就不能大修大補，否則民眾就要懷疑她守不住馬英九的安全現狀，從而質疑她的新政治路線。因此不管美國政府如何敦促，直到中共圍島軍演，蔡政府上下絕口不提改募兵為徵兵，絕不大幅提高國防預算，也絕不進行任何可能被民間解釋為「備戰」的部署，譬如：武器及彈藥的儲存，作戰人員的訓練，戰時醫療資源的規劃，糧食能源的儲備，機場、港口、基地抗炸性的加強等等。這幾個方面只要一有風吹草動，絕對紙包不住火，蔡苦心營造的安全假象就會破功。只有民眾覺得可以「馬照跑，舞照跳」到永遠，他們才會安心支持她的「漸進式台獨」。所以相對於烏克蘭從二〇一四年克里米亞被俄國占領起就開始準備可能的俄烏大戰，台灣完全沒有「備戰」心理，遑論任何實際準備。

現在兩岸風雲日緊，大陸壓力倍增，蔡的醜媳婦終於要見公婆。可憐即將被推到第一線的國軍官士兵，可能還不知道他們是「女王」新政治路線的犧牲品。然而國軍走到今天這般田地，過去兩黨三任總統都負有或多或少的歷史責任。

綜觀以上三大部門，如果把它們近況與九〇年代相比，很容易就看出二十餘年來各自沉淪了多大幅度。如不與台灣的過去比，也不與台灣的鄰居比，每天還是能夠享受「小確幸」的。問題是台灣「溫室」外烏雲密布、雷電交加，已經容不得台灣繼續閉眼撞鐘過日子了，台灣必須更用心關注外在美中兩強的動向，因為台灣民主化三十年，自己當家作主，卻只顧著玩權力遊戲，結果把自己玩進大國的霸權遊戲，非常諷刺地再度回到命運由大國決定的歷史宿命。下面三章就將分就美國、中國大陸及台海軍力對比加以剖析。

第八章

美國因素

不可否認，這幾十年美國一直是台灣的保護國。沒有它，我們這代都是「紅衛兵」，而「林飛帆們」都是紅衛兵的後代。如果說台灣人是全世界最親美的一群人，應不為過。或許正因台灣對美國的長期依賴，台灣人對美國的理解，常常添加了遠多於其他歐亞國家看美國的浪漫成分。在蔡政府厲行抗中政策後，這浪漫情懷更是瀰漫全台。

沒錯，美國的確是一個得天獨厚的幸運國家。地理上，它四面都是「朋友或魚」(friends or fish)，完全沒有足以威脅它的敵國。內部水多、田多、礦產多、山少，不論面積、緯度、溫度、土壤肥沃度，在全世界都是稀有的寶地；更難得的是，它是近代人類發展幾千年最後才發現的處女地，完全沒有歷史的包袱。它脫離英國殖民地身分而獨立後，長達一個半世紀的時間裡，幾乎只過自己的日子，專注於自己的擴張及發展。後來免不了捲進兩次世界大戰，但打了四年的第一次大戰，美國在第三年才參戰；打了六年的第二次大戰（指歐戰），美國也在第三年才加入。它參戰時，歐洲舊帝國已經相互大量耗損，而美國不僅狂吸逃離各國的資金與像愛因斯坦這樣的人才，還大發軍火財，搖身一變成為全球的製造大國。它立國後的成長史非常像個每天在健身房奮力鍛鍊的年輕小伙子，長期不問世事，一出山就躍居武林冠軍。從「孤立主義」轉身成「全球霸權」，美國是人類史首例。

另一個人類史先例就是美國經濟實力的全球占比。以一般常用的「國內生產總額」（GDP）計算，美國在二十世紀中葉GDP幾乎等於全球一半；換句話說，所有國家GDP加起來，才等於美國。古代中國最強的十幾個世紀也沒到這境界。其他國家陸續從二戰復興後，美國占比才開始下降，但最近三十年仍在全球兩成至兩成五間擺盪，沒有繼續萎縮。這絕對是極可觀的實力。另外，美國學者曾計算美中「財富」（wealth）對比，發現累積財富上百年的美國，今天整體財富仍是中國大陸的兩倍。換句話說，無論就絕對值或相對值而言，美國並沒有衰落，還是家大業大，它的衰落只是與中國大陸的快速崛起相比較而得出的印象。其真正根源是美國自身內政的紊亂，以及「內有挑戰，外有追兵」兩者相加所產生的恐懼。換言之，是心理面多於實質面：擔心未來更多於憂慮當下。另外，由於中國大陸體制、種族、文化、思想與美國全然不同，美國一時不能像以前對付日本及蘇聯那樣，立即找到順手的壓制之道，以致內心加倍疑慮焦躁。美國這種心情尤其體現在眾多菁英身上，相信近幾年常與美國政經軍菁英接觸的國人，應該都有同樣的體認。

回顧二戰結束才三十年，日本就率先崛起，一度逼近美國GDP的三分之二，甚至買下了紐約市中心的洛克斐勒中心，大大刺傷了美國的自尊心。透過一九八五年的「廣場協定」，美國把日本壓了下去，讓它至今沒能翻身。做為美國保護傘下的「小弟」（junior partner），日本根本沒有抵抗能力。接著蘇聯藉由強大的核子及傳統武力取得與美國平起平坐的地位，但蘇聯共產制度頭重腳輕，竟在一九九一年底活生生自我解體。沒有了蘇聯，四十幾年的冷戰對抗驟然終止，那時的美國志得意滿到以為「歷史已經終結」，從此美國可以像羅馬帝國一樣獨霸幾個世紀。同時興起的「第三波民主化」（包括台灣、南韓、墨西哥、希臘等）浪潮讓許多美國人以為民主真的是普世價值，而民主制度一定會是永遠的世界主流。

這就是為什麼中國崛起讓美國感到非常驚訝、震撼，而不能接受。怎麼才三十年光景，中國大陸就從「一窮二白」積攢出美國三分之二的GDP？怎麼中共不僅沒有隨著蘇聯老大哥垮台，還茁壯得這麼快？這三十年美國怎麼完全沒有警覺，還常有意無意伸手拉北京一把？為什麼美國篤信的「經濟成長促進政治民主化」定律，在中國大陸完全失效；不僅如此，大陸還愈來愈專制？最受傷的是，中國大陸的獨門實踐向廣大的發展中國家證明，民主制度不是美國所強調的唯一成長靈丹；「現代化」不等於西方化，別的制度一樣可以現代化，經濟成長更好，治理更有效。

美中興衰的轉折點

這個轉折點最終只有由歷史學家來決斷。筆者傾向把落點放在世紀之交。那時小布希總統以少數票入主白宮，他代表的「新保守主義」意氣風發，力圖大展身手。他看不起八年前打敗他老爸的柯林頓，不只因為柯林頓在白宮門牆內鬧出難看的性醜聞，更因為柯林頓虛度了好不容易才因蘇聯垮台而出現的美國獨大的戰略機遇期。老布希雖只做了一任總統，但在蘇聯還未解體的一九九〇年就敢出兵教訓入侵科威特的伊拉克，而有幸獨享唯一超強光芒的柯林頓，卻在八年任內對外事務謹小慎微。小布希及其「新保守主義」團隊認為，美國既成唯一超強，就不必在全球過於忍讓，該出手就出手；歷史既已證明民主制度絕對優越，就該把它推廣到更多國家，順我者昌、逆我者亡。

德國前駐美大使依申格（Wolfgang Ischinger）在回憶錄中透露，他曾勸小布希的國安顧問賴斯（Condoleezza Rice）不要妄想伊拉克強人海珊垮台後，民主會在伊拉克落地生根，不料她竟回答，「我們曾教導你們德國人，還有日本人，怎麼建立一個民主制度。為什麼伊拉克做不到？難道你是種族主義者？」這種「傲慢與偏見」很自然把美國帶進阿富汗及伊拉克的泥沼，二十年脫不了身，平均一禮拜燒掉十億美金。就在這個轉折點左右的一九九九年，美國轟炸了中國駐前南斯拉夫大使館，而李登輝在台灣宣布「兩國論」。大受刺激的北京在這關鍵時刻，決定開始悶不吭聲地全力啟動國防現代化。本來小布希還把中國大陸視為蘇聯垮台後的主要敵人，但二〇〇一年的「九一一事件」迫使他把「反恐」列為首要威脅，重返柯林頓對北京的「交往」政策。

對北京而言，這是上天給的第二個禮物。第一個是老布希攻打伊拉克，讓遭到天安門事件及蘇聯解體雙重打擊的北京重獲國際空間。布希父子送給中國大陸兩個戰略機遇的大禮，一個讓它站穩腳步，一個讓它經濟快速發展，八年間超越全球排名第二的日本，二十年躍升為日本的三倍，軍事實力也水漲船高。而美國陷入中東泥沼後，每況愈下。過去美國一向扮演拯救別國的英雄，如兩次世界大戰。二戰以後美國碰到戰事，除韓戰及越戰外，都能速戰速決。但現在「世界警察」狀似聲色俱厲，實已無心勞師動眾多管閒事。譬如，受「阿拉伯之春」激勵而走向民主化的諸多中東國家（如埃及、利比亞）全都很快回到專制，甚至長年內亂，給歐洲製造無數的難民，美國卻完全消極被動，美歐關係因此惡化。就連唯一維繫民主制度於不墜的突尼西亞，也在十一年後回歸獨裁。俄國二〇一四年併吞克里米亞、介入東烏克蘭戰爭、干預敘利亞內戰，美國一而再，再而三地袖手旁觀。歐巴馬於二〇一一年把十幾萬美軍全部撤離伊拉克，一四年雖因「伊斯蘭國」壯大而再次介入，但兵力已大幅減少。他還嚴正宣布，敘利亞如動用化武就逾越紅線，必嚴懲不貸——第二年真的發生了，白宮照樣冷處理。川普四年也是色厲內荏，話很大聲，卻從不揮棒。拜登上台更把阿富汗撤軍列為重要施政，結果撤軍布局紊亂無章，激起各方一致的批評。俄烏戰爭開打近兩年，烏克蘭反攻無力，華府仍堅持送錢送武器但不派兵的原則。凡此種種，美國豈止英姿不再，簡直疲態畢露。

所以川普入主白宮前後的美國彷彿大夢初醒，悔不當初，兩黨菁英不約而同開始強調「中國威脅」，希望能夠保住美國的全球領導地位，於焉開啟了全新的美中兩強「競爭」。一邊是霸權衛冕者美利堅共和國，一邊是挑戰者中華人民共和國，前者是當今世界最年輕的大國，後者則是最古老的大國。過去美中從來沒有在同一時間以大國身分彼此相處的經驗，現在兩強同時「大姑娘上轎」，都不習慣面對彼此，都忐忑不安。作為現任超強，美國希望繼續「獨霸」，繼續俯視中國，並維持以它制定的規則架構出來的全球秩序，即它所謂的 rule-based order。但作為新起之秀，北京則希望兩強開始平視，並逐步摸索、建構一個彼此平起平坐的「新型大國關係」，共同商議新的世界規則。目前兩國各有堅持，互不相讓。

這情形有點像冷戰初期的美蘇關係。美蘇從抗納粹戰友快速逆轉成競爭對手後，歷經柏林、韓戰、台海、中東等多次危機，直到古巴危機（一九六二年）才確認美蘇不會直接發生戰爭，直到美蘇限核談判（一九六九年）才確認雙方乃平起平坐的超強。美中迄今還沒有走到這兩個「確認」，一切剛起步，都在摸索、學習競爭中的和平共處之道，任何一方倘若犯錯，後果極可能波及別的國家。台灣既是最可能挑起它們衝突的危機點，也一定是受害最深的地方，所以台灣理應比任何國家更關心美中關係如何變化，誰起誰落，如何起、如何落，起落以後的安排是什麼。

霸權轉移的歷史經驗

西方學界對大國起落的研究非常豐富，學者一方面關心大國興衰背後的原因，一方面也探求為什麼大多數霸主地位的轉移都難逃戰爭魔咒，僅少數能和平完成。政學兩棲的哈佛教授艾利森（Graham Allison）總結他的大歷史研究說，史上十六次霸權過渡，十二次都經歷戰爭，只有四次是和平轉移。最早是十五世紀的葡萄牙和平轉給西班牙，另三次分別是上世紀的英國讓給美國、近幾十年英法甘願讓出歐洲領導權給德國，與蘇聯自我解體導致冷戰終結。正在進行中的美中爭霸會出現什麼新圖像？

著作等身的投資巨擘達里歐（Ray Dalio）捨棄一般僅用軍經實力來做比較的方法，改以綜合國力（軍力、財力、產值、貿易、科技創新、貧富差距、內治或亂、教育、貨幣地位等十幾項指標）來研究過去五百年的歐洲史及唐朝以降的中國史，出版了五百多頁的鉅著《變化中的世界秩序》（*The Changing World Order: Why Nations Succeed and Fail*，商業周刊）。他認為世界上能稱得上「全球性帝國」的只有荷蘭、英國、美國，及古老的中國。荷蘭不只打敗稱雄一百年的西班牙，還創立第一個跨國銀行、第一個證券交易所、第一個儲備貨幣、第一個東印度公司，憑綜合國力領先歐洲各國兩百年，最遠到達東亞的印尼、台灣、日本，還在許多方面教導了後起的英國。英國受益於工業革命，軍力更上層樓，更能越洋過海，更能擴增殖民地，甚至以蛇吞象之姿吃下龐大的印度。一百五十年間，大英帝國成為人類史上第一個日不落國。法國因為軍力強盛時間短，財力始終吃緊，及其他落差，故不能躋身「全球性帝國」之列。而中國上千年來一直是世界經濟產值最大的國家，幾占全球的四成，但英國帶頭工業革命後，中國相對急速萎縮到不及一成，直到鄧小平啟動「改革開放」才觸底反彈。至於立國最晚的美國則在內戰結束後快速爬升，至二戰結束已達全球的一半。

為什麼荷蘭因為（荷西）戰爭而崛起，因為（多次英荷）戰爭而墜落，但英國雖因戰爭而崛起，最終卻平穩過渡給美國？如果美國真如許多中外觀察家（包括達里歐）所說，正在衰落中，中國會平穩承接武林盟主，還是美中必有一戰？

用基本邏輯看，霸權武力轉移的機率應該大於和平轉移，因為戰爭只需兩方中的一方動念，就會出現，而和平卻需要兩者都願意才有可能。上述十二比四的「戰和比」證明這簡單邏輯是正確的，那麼十二次的霸權爭奪戰，究竟多由哪方發動？歷史久遠者恐怕不容易確定，較近代者似乎多由挑戰方主動，如日本挑戰中國清廷與沙俄帝國，德國兩次挑戰英法霸權，及日本挑戰美國太平洋霸權等。目前美國的主流論述就基於這事實而推定，霸權挑戰者的中國大陸必然是發起戰爭的一方。他們因此認為，美國必須設法壓制（pushback）或重挫（blunt）中國大陸的挑戰，以捍衛得來不易的全球領導權。但由於核子武器出現後的世局已與過去大不相同，霸權轉移如果仍像以前一樣，用大國戰爭解決，毀滅的不是哪個大國，而是整個地球，所以在目前和戰難定之際，美國朝野暫用「競爭」（competition）一詞來掩飾政策界的集體徬徨。未來的美中關係實取決於美國進行中的自我靈魂探索，以及美中兩強的摩擦與折衝。

有趣的是，美國主流論者似乎故意忘了史上最難得的英美霸權和平轉移特例。它不僅是和平轉移四例之一，也是霸權國審時度勢，主動讓賢的唯一榜樣。普林斯頓大學教授范亞倫（Aaron Friedberg，曾任錢尼副總統的副國安顧問）鑽研這項特例後指出，英國站在世界頂端的時間共約八十年，也就是打敗法國拿破崙的一八一五年到一八九五年間。這段時間倫敦跨黨派的國策，是維持一支能夠同時對抗「兩個大國海軍」（two navies）的軍力，以稱霸海洋並掌控全球貿易與金融。當時支撐帝國海軍的是英國的經濟生產力、財力，及海外陸軍，陸軍一半守在國內，一半派往海外，而海外的八成駐紮在印度。十九世紀下半葉，大不列顛頭頂的烏雲開始聚攏：美國於一八六五年內戰結束後快速崛起；橫貫東西的太平洋鐵路完工，吸引大批懷抱「美國夢」的歐洲移民蜂擁而入，帶來無可估計的資金、人才、技術與創業精神。至世紀之交，它工業生產已與英國並駕齊驅。一八九八年它擊敗西班牙，獲得不少海外殖民地。一八九九年它僅憑一紙宣示，就逼迫所有準備瓜分中國的殖民大國停止瓜分，改採「門戶開放」。英國甚至還擔心氣勢正旺的美國，將在染指南方的巴拿馬運河計畫的同時，也北上奪取加拿大。畢竟英國早在一八一二年曾以加拿大為基地，南征立足不穩的美國，還一舉攻進首府華盛頓，放火燒了白宮與國會大廈。

此外，日本一八六八年啟動明治維新，國力蒸蒸日上。普魯士王國先後擊敗丹麥、奧地利、法國，而於一八七一年建立統一的德意志帝國。連老邁孱弱的沙俄都在一八六一年廢除幾百年的農奴制，力爭上游。麻煩的是這些新興大國全都大力發展海軍。到一八九五年，英國的軍艦數僅勉強等同德法兩國的總數，後面追兵還有勁道十足的美日俄。倫敦檢視自己的財力、工業生產力及科技，發現無法長期維持過去八十年等同「兩國海軍」的軍力，於是開始爭辯因應之道，最終決定放棄全球海上霸權，改採「遠交近攻」策略，也就是交好遠方的美國及日本，以集中力量壓制歐陸的德法俄，以求維持大西洋的海上優勢。由於美國基本國策仍是孤立主義，不願繼承全球霸權的重責大任，英國乃得維持「日不落帝國」假象達半世紀之久。二戰開啟不久，英國海軍已經左支右絀到必須拿出八個基地的使用權，交換美國五十條老舊驅逐艦，才勉強苟延殘喘到二戰結束。

英美霸權禪讓的特色不是後面半個世紀英國的苟延殘喘，而是倫敦在十九世紀末斷然做出放棄「兩國海軍」的關鍵決策。它的務實妥協也從當時它對加勒比海的態度看得出來。加勒比海長期是法國、西班牙與英國爭奪的地盤，美國建國不久，法國先退出：一八〇三年，拿破崙決定把路易斯安那州（面積等同當時美國十三州）廉價賣給美國時，就已決定讓出這塊地盤給新的美利堅共和國。茁壯後的美國自然視加勒比海為自家後院，遂與英西兩國有了利益衝突。西班牙堅持不退，結果美西戰爭大敗於美國海軍，加倍賠上包括菲律賓、關島等殖民地。英國非常識相，轉趨低調，任由美國主導加勒比海，包括後來的巴拿馬運河興建計畫。倫敦的審時度勢與順勢而為，不但為自己、為世界免去了一場大戰，也讓它在後來一百多年一直維持與第一超強美國的「特殊關係」。

曾在中央情報局工作三十二年，一路升到總管研究的副局長才退休的麥迪娜（Carmen Medina），曾在二〇一七年的一次專訪中提出驚人之論。她說，中國即將超越美國；這趨勢已經不容懷疑。「我不認為這一定是悲劇」，「別的國家慢慢向中國傾斜是不可避免的」，「我們不必抗拒……以前沙俄就犯了大錯，派出波羅的海艦隊、花幾個月遠渡重洋到旅順港，才三個小時就全部葬身海底。」她結論，「美國最好的角色是教導（mentor）中國如何扮演世界的領導人，幫助她順利接手。這樣我們美國可以繼續維持在世局的實力及影響力。」她一字沒提大英帝國，但建議的正是英國禪讓的典範。

展望未來，美中關係充滿了不確定。美國要選擇長期「競爭」，還是「禪讓」？如是「競爭」，要學中國近幾十年的急起直追，還是優雅地趕路？如急起直追，要如何整頓內部，平衡軍經社文的現實需要？如何拉攏最大多數的盟邦入夥？如何處理困難的美中關係，設法讓美國占據上風而不致爆發兩強軍事衝突？如何管理美中之間最關鍵、最敏感、又最複雜的台灣問題？

現在沒人能預測這幾個大哉問的答案。國際關係學中的決策心理學或許能提供我們一個思考的方向。根據決策心理學，資訊的貧乏、經驗的不足、時間的壓力、勝負賭注的巨大等因素，會讓決策者產生強大的「不確定感」，而這不確定感必定使決策者內心充滿焦慮不安。這時他（她）的決策常常會偏離一般以為的「理性決策模式」，即充分收集資料、認真兼聽各方意見、冷靜評估利弊得失，最後才做出最適當的裁示。眾多歷史先例顯示，一個焦慮而「不確定感」高的決策者很少採用「理性決策模式」，很少「深思」、鮮有「遠慮」，甚至不怎麼「兼聽」，反而常常不自覺地回歸自己的基本性格及信仰、剛出道時的政治經驗、最親近人士的建言、當下國內外壓力，甚至個人情緒或想像，就做出關鍵決策。

當前美中關係正呈現前所未見的巨大「不確定性」。或許我們可以一探美國的特殊性格、國內情勢、美中力量對比、關鍵的台灣角色，從而摸索美國未來可能的對中及對台政策。

美國的特殊性格

就像前章所述的台灣「溫室效應」一樣，美國的歷史地理也形塑了它的特殊性格。

首先，它是世界上「孤立主義」最強的國家；它恰好也是最有本錢實行「孤立主義」的國家。別的大國，不管在歐洲或東亞，肩靠肩地擠在狹小的生存空間裡，想孤芳自賞都不可得。而美國既然遠離舊大陸的是是非非，它的對外行為就有許多特殊之處。譬如，它比別國多一個「遠山觀虎鬥」的選項，如遇大事，它有充分餘裕選擇去管或不管，去打或不打。當政府或政黨傾向去打時，它必須花更多力氣說服老百姓去打（譬如參與兩次世界大戰）；反之，它也常比別人不耐打，特別容易在戰爭中期得到倦怠症。美國在伊拉克及阿富汗能夠拖延二十年，是例外，不是美國突然耐打，而是伊阿戰爭的人命犧牲極低，總共各僅兩、三千人，遠低於一年的車禍死亡人數，且都是募兵不是徵兵，一般人感受不到戰爭的傷害。川普把美國這性格表現得最突出，他的「美國優先」（America First），其實更像 America Only，支持他的群眾也多是美國廣大內陸最草根、「孤立主義」基因最強的老百姓。好萊塢的西部片或其他英雄片，常常描繪主角勇敢拯救鎮民於暴徒之手，殺光暴徒後，主角就瀟灑地迎著夕陽策馬遠去，不留下來成為新的土霸，換成沒有「孤立主義」，只有「現實主義」的歐洲國家，這絕不可能。

第二，美國不只孤，而且傲。這源於它內心深處的「理想主義」。做為一個全由外來移民組成的國家，美國先賢對新土地、新世界、新未來有太多的憧憬。自由、民主、平等、博愛等理想一筆一筆刻劃在眾多文獻裡，像極了一個未經世事，充滿浪漫理想的年輕人。一戰爆發，孤立了一百多年的美國，好不容易憑著義憤參加了這場因為老帝國分贓不均而爆發的大戰；戰爭結束後，威爾遜總統提出美國對新世界的理想藍圖，其他大國不接受。他在國會壓力下就憤而退出，回到「孤立主義」的老路，眼看世局惡化到第二次世界大戰才再度介入。

二戰後，這個年輕人已經長成大人，且是睥睨群雄的超級強權，終於可以用自己的理想來提出一個它認為最佳的世界新架構。過去沒有一個全球性國際組織來協調或管束各國，以致大國經常巧取豪奪，欺負甚至吞併小國，一戰後雖成立「國際聯盟」（League of Nations），但它沒有牙齒，根本阻止不了德日的侵略。二戰後美國就設計成立聯合國，增設安全理事會，並由當時最大的五個國家擔任常任理事國，負責國際安全事務。全球每個國家，不分大小，在聯合國大會中都有一席之地，都能發言投票，且票票等值，並參與各種理事會及專門組織的活動。另一方面，為保障小國不被大國霸凌，還強調「主權獨立」、「領土完整」、「集體安全」等理想。此外，為了避免二戰前強權之間的關稅壁壘戰及經濟大蕭條的重演，美國還主導成立了好幾個全新的國際經濟組織及協定，如關稅及貿易總協定、世界銀行、國際貨幣基金等等。換句話說，二戰後的世界秩序基本就是根據美國的思路而建立的，即所謂的「美利堅和平」（Pax Americana）。它對後來七十年全球和平、安全與繁榮的貢獻，是不能否認的。

這個傲人的成就回過頭來，當然也強化了美國的理想主義氣質。雖然同是民主國家，美國內心對民主的重視、對新興民主國家的鼓勵，遠遠超過歐洲老牌民主國家。我曾多次在美國及歐洲大小國家演講或參與台灣或台海情勢的討論，只要提到「台灣民主化」，台下的美國觀眾就會明顯露出讚賞的表情。但歐洲人普遍漠然，眼神彷彿說「你採用什麼制度，那是你家的事」。顯然看盡國際滄桑的歐洲人更重視國家利益，而不是理想。

第三，隨著美國涉世日深，民主的理想慢慢也像早年歐洲殖民帝國那樣，變成對外政策工具的一部分。換句話說，愈來愈「現實主義」。冷戰期間的蘇聯毫不掩飾地向全球宣揚共產主義，美國同樣也把民主作為凝聚盟國向心力的意識形態。一九九一年底蘇聯突然、和平且全面地解體後，民主的工具性更加膨脹。當時國際的共識，一方面是美國戰勝蘇聯，一方面則是民主優於共產，驕傲的美國人開始討論「歷史的終結」，認為西方的自由民主是人類社會演化的終點，是人類政府的最佳形式，再無其他可能。在美國政策（如「國家民主基金會」）的有意推動下，許多長期非民主的中小國家（如墨西哥、希臘、南韓、台灣等）在九〇年代紛紛開始改行民主；學者美其名為「第三波民主化」。篤信新保守主義的小布希上台後，更積極把民主制度推廣到長期保守專制的阿拉伯國家，稱之為「阿拉伯之春」。這是美國民主的黃金時期。不過自二〇〇八年金融風暴後，美國民主百病叢生，不少新興民主國家也慢慢蛻變成表面民主、實質專制的「非自由民主」（illiberal democracy），阿拉伯國家乾脆全部、一個都不少地回到過去的專制。就在此時，中國崛起的態勢愈來愈明顯，俄國及伊朗也在國際積極擴張勢力。「民主」乃在華府繼續扮演政策工具的角色，只是性質從冷戰後的攻勢轉變成守勢。如果未來美中競爭被視為「霸權爭奪」，那美國就可能孤軍作戰；如果被定位成「民主與專制的對抗」，美國就可能拉攏一些盟邦和它站在一起。川普上任後，包括美國人在內的國內外人士，對美國自己的民主也愈來愈質疑；二〇二〇年大選後，暴民攻占國會大廈，川普及許多共和黨人迄今不願認輸，五角大廈多位將領醞釀拒絕接受川普的命令等等，都顯示美國民主光芒不再閃亮。

以上三個性格特色放到台海局勢中，說明了三件事。一，如眾所周知，美國一向不喜歡共產黨治理的中國大陸，也不甚喜歡解嚴前的台灣，但由衷鍾愛民主化後的台灣。美中競爭強化台灣的工具性後，美國更毫無保留地寵愛台灣。二，最代表美國人民，也最反映美國基層價值觀的國會，一向最喜歡台灣，最排斥大陸。但必須處理現實問題的行政部門，就不可能像國會那樣一面倒，而必須時時考慮到北京的需要及可能的反應。三，最重要的，國際鬥爭經驗老道、既沒有孤立主義也沒有理想主義的英國，較可能盱衡大局、依據現實主義，做出痛苦但務實的「禪讓」決定。但霸權歷史短、鬥爭經驗少、傲氣足、自視高，且整體國力仍提供不少政策選項的美國，自然不願「禪讓」或「分享」。「鬥爭」，美其名曰「競爭」，應是未來美國最可能的決定。

按照心理學著名的「悲傷五階段」理論，對於美國國力相對於中國的衰落，美國菁英的集體心理似已跨出「震驚與否認」的第一階段，正在「憤怒」的第二階段，尚未滑向「討價還價」的第三階段。至於何時進入「沮喪」與「接受」的第四、五階段，只有時間能證明。「憤怒」是心理，「討價還價」是行動，是政策。要了解美國會不會滑向「討價還價」，我們必須先檢視美國外交政策的內政根源。

關鍵在美國國內，不在國外

把美中競爭推上歷史舞台的不是拜登，而是川普。拜登上台後，大致川規拜隨。他倆的基調都是把美國地位與實力的下降歸罪於外國，尤其是中國。表面看來這指控言之成理，因為沒有中國大陸的崛起，當然沒有美國的相對衰落；但仔細想想，它其實是推託之辭。大國之為大國，就是它力量大到別的國家不容易影響它，所以「成功靠自己，失敗怪別人」的說法很難站住腳。更何況自古以來，所有大國的「興」與「衰」絕大多數都是自身比重高於國外因素。

針對羅馬帝國及其他歐洲大國興衰的研究多得不勝枚舉，大致歸納成因有三。一是對外戰爭消耗了過多的生命及資源，二是科技與其他優勢逐漸被挑戰各國追上，三是內部分裂，或本國人民耽於享受不思上進。這三大類理由中，「對外戰爭」表面與外國有關，實際卻源於大國維持霸權的自私需要。霸權國為了維持勢力範圍內的秩序，必須花錢獎勵行為良好的友邦（如美國的馬歇爾計畫），並懲罰不守秩序的國家（如韓戰、越戰、阿富汗、伊拉克等）。「獎」和「懲」都極度消耗資源，久而久之霸權就弱化。「科技優勢流失」其實是人口流動的一部分。美國發展出第一顆原子彈時，研究團隊除了兩個美國公民，其餘都是外國移民，兩名公民中還只有一人是美國土產博士。這些人才的流動取決於國家內部的政經情況是否有吸引力，多於政策的惡意掠奪。至於「人民團結與努力」，更是屬於國內範疇，與外國無涉。同樣的歷史邏輯，也在東亞獨霸上千年的中國身上重覆上演了幾十遍：每個朝代經過初期勵精圖治後，多半會逐漸平庸，然後再因內部混亂而走向新一回合的輪替。

近代史上「興於內」的例子非常多。前面提到的日本明治維新、俾斯麥改造的新德國，美國內戰後的興盛，都只花了三十年的光陰，而且多半都是依靠自己（包括政府與人民）的資源、決心，與衝勁快步跳了幾個台階。外力對這些國家的協助通常扮演較小的角色。

同樣地，「衰於內」的例子也屢見不鮮。譬如，中國清廷晚期的吏治腐敗，加上橫掃富庶地區十幾年、死了三千萬人的「太平天國之亂」，就算沒有鴉片戰爭，沒有帝國主義欺壓，中國也將國幾不國。同一時期的俄國宮廷也一樣腐敗，民生一樣凋敝，即使沒有馬克思、列寧，沙俄恐怕也撐不了多久。蘇聯在一九九一年十二月解體，與其說美國圍堵奏效，更重要的是龐大無比的蘇聯內部已經默默渙散到了崩潰邊緣。當時它黨幾不黨，失掉了凝聚人民的力量；它的最大民族俄羅斯人減少到只占全國人口的百分之五十一。它長期重軍事、輕民生的經濟政策，也不再能照顧一般人民的日常生活。凡此都證明大國「興」或「衰」的關鍵都在國內，不在國外。美國的現況亦然。

獨一無二的美國民主制度

那麼美國內政的現狀是什麼？簡單地說，是「種族失和」、「資本主義失衡」、「民主失能」等三病齊發，所以病得實在不輕。同樣的症狀在許多先進國家也都出現，但都不如美國嚴重。譬如，好些歐洲國家內部常因各種原因而紛爭迭起，甚至刺激極端小黨異軍突起，以致民主政治頻起風浪。但歐洲一則實行內閣制，黨派本就很多，分合起落是家常便飯，所以民主風浪多半會被制度吸收；二則因為歐洲都實施帶有濃厚社會主義色彩的資本主義，所以貧富差距原就小於美國，社會安定程度自然較高。印度種族及貧富差距遠比歐美嚴重，但一般人早已習以為常，而且它根植於地方政治勢力的民主制度異常穩固，所以任何衝突都是陣痛。因此三病齊發的只有實行總統制的美國。這三病中，民主失能是「表」，資本主義失衡與種族失和是「裡」，但民主失能雖是「表」，卻因它是病因解決之鑰，最值重視。

說美國政治制度是全球獨一無二，絕不誇張。其他國家的制度，不論新舊，都建立在幾百年疊床架屋的歷史經驗上，但美國完全無中生有，沒有歷史包袱，全由脫離英國獨立的十三個殖民地在堅持各州主體性的前提下，制定一個內容極簡、極鬆散的成文憲法，讓渡部分州的權力給聯邦政府，以管理共同事務。它的特色是：

一、行政、立法、司法三權獨立行使，相互制衡，以防止任何一權獨大。

二、大部分直接與人民生活相關的權力（如經濟、財稅、教育、衛生、交通、警察等）由州政府行使；跨州事項經授權可交給聯邦政府；國防、外交、情報由聯邦主管。

三、為確保州權力不受侵犯，除了反映人口比例的眾議院外，還設有代表各州的參議院。不管人口最多的加州（四千萬人）或最少的懷俄明州（五十八萬人），每州一律只有兩個參議員。準此，小州的票值高於大州。

四、沒有所謂的「中央選舉委員會」。每一個州可以自行決定選區的劃分、選民的投票資格，與選舉的各項規則。唯一全國性的總統大選也是由各州彙整選票結果而得出；如有爭議，需回歸該州機制解決。

五、沒有傳統固定選區，各州可依人口統計重劃選區。掌控該州行政立法權的政黨經常假藉重劃，做出有利自己的安排，不惜讓選區外型畸形怪狀，像足了變形蟲，故被揶揄為 gerrymandering（傑利蠑螈）。

六、美國人沒有身分證，沒有戶口，所以選民必須先在某地登記為選民才能投票。政黨就可在「登記資格」上大做文章，排除窮困的、不識字的、沒有私人車輛的選民（當然多為黑人）去投票。

七、兩黨制沒有載入憲法，乃自然形成。歐洲國家的政黨此起彼落（英國亦然），美國則是兩黨並肩屹立兩百多年，沒有第三黨曾經或可能在未來取而代之。

八、兩黨都有初選制，透過黨員初選得出代表該黨出征的人選。由於政治參與必須透過這兩個政黨，任何人有意競選一定要先過初選這第一關。但由於一般人參加初選投票的動機不高，兩黨又都沒有黨證或固定的黨部，而任何人只要宣稱支持該黨就可參加它的初選投票，這就讓信仰堅定的一群人可以集結在黨內選出偏激的代表人選，如共和黨內的茶黨；同時也可跨黨選出對手黨內、較弱的候選人。

九、背後推動兩個政黨、形塑各州選制、力推候選人、制定政策的是幾隻看不見的手，其中資本家的角色最為關鍵。由於美國幅員遼闊，除了大都會，多數人分散在雞犬不相聞的鄉間，候選人根本不可能握到多數選民的手，因此必須透過大眾、小眾或社交媒體來傳達訊息，選舉的開銷因此遠比別的國家龐大。在貧富差距愈來愈懸殊的情況下，一方面小額募款不容易，一方面大金主的分量加重，「錢」「權」連結就愈來愈直接。

這麼一個鬆散的制度當然存在極多操弄的空間，最有名的就是一八七六年的總統大選。當時代表南方勢力的民主黨候選人贏得普選票，但選舉人票卻有爭議，最後兩黨高層多回合密室協商，得出著名的、完全不落入文字的「一八七七妥協」（Compromise of 1877），讓代表北方勢力的共和黨候選人海斯（Rutherford Hayes）以一張選舉人票之差，勝過民主黨的蒂爾頓（Samuel Tilden），但他只能擔任一任總統，不得連任。交換條件是，自一八六五年內戰結束、留駐在南方的聯邦軍隊必須從南方撤出，並把各州權力還給南方的民主黨。後來民主黨就修改選舉規則，大幅縮減南方各州黑人的投票權，彷彿為解放黑奴、傷亡六十萬人（當時全國人口為兩千三百萬）的四年內戰根本白打。許多學者因此著書論述「南方如何贏了內戰」。據統計，內戰結束三年後，黑人在南方州的登記投票率最高曾到九成，但到一九四四年，只剩百分之五的黑人登記投票；直到一九六四年，參、眾議院以壓倒性多數通過「民權法案」，美國民主才普及到全國民眾。

就在民主陽光照向過去陰暗角落的同時，美國民主賴以立足的土壤卻開始發生質變。根據研究美國民主最權威的史丹佛大學教授戴雅門（Larry Diamond）說，二〇二一年「三分之二的美國人認為美國民主已陷危機，而且可能失敗」，「超過半數的共和黨人認為二〇二〇年的大選不公」，「多數美國人對美國選舉失掉信心」，「百分之五十七的共和黨人與百分之四十一的民主黨人互認對方為敵人，而不只是政策相異的對手；如他們選贏，將會威脅到我們的整體生活方式」——怎麼會這樣？

「種族失和」

這是「民權法案」通過後最立竿見影的改變。近百年針對種族、膚色、宗教、性別，或移民來源國（如中國鐵路工）的歧視，遭到新法案的全面禁止；學校、工作場所與公共空間中的種族隔離，以及投票的不公平待遇，也全部成為歷史。這個大開放一方面擴大國內非白人在政治、經濟、社會各方面的參與，一方面也吸引大量外國人（包括台灣留學生）湧進新大陸，追尋「美國夢」。

很快地，一個最明顯、最深層，也最難逆轉的轉變出現，那就是種族成分從白人向非白人轉移。二戰結束時，歐洲移民後代的白人占人口總數的八成；然而二〇二〇年人口普查卻顯示，這群主流白人已經銳減到五成八，略高於蘇聯解體時、大俄羅斯人的五成一占比。據聯邦政府估計，白人將在二〇四五年跌破五成，成為少數。在非白人中，過去非裔黑人一直是最大族群，但自千禧年後拉丁美洲裔開始超越黑人，他們雖依膚色被歸類為白人，但因多半操持西班牙語，甚至完全不識英語，故與歐洲後裔的白人有不小的心理距離。二〇〇四年哈佛教授杭廷頓（Samuel Huntington）就在新書《「誰是美國人？」：族群融合的問題與國家認同的危機》（*Who Are We? The Challenges to America's National Identity*，左岸文化）中毫不掩飾他對拉丁美洲移民的憂慮，擔心他們將侵蝕歐洲裔（尤其安格魯薩克遜人）的優勢。畢竟墨西哥與中美洲人口加起來等於美國的一半，而美墨漫長邊界幾乎有一半毫無阻攔可言。據估計，至二〇五〇年，美國將有三分之一的人口會以西班牙語為母語。隨著黑人與拉丁美洲裔白人的高生育率及其他外國移民（尤其亞裔）的快速增加，白人占比回升的可能幾乎是零。到一九八〇年時，歐洲白人嬰兒還有全部嬰兒的六成；至二〇一三年，非白人嬰兒首次突破五成。這個不利且加速惡化的人口趨勢，給長期占據主流地位的歐洲白人帶來難以言喻的重大壓力。二〇一六年民調還發現，百分之五十七的白人認為「對白人的歧視是個大問題」。黑白混血的歐巴馬入主白宮，牙買加及印度混血的賀錦麗（Kamala Harris）擔任副總統，都加深白人至上主義者的失落感與創傷。

雖然非白人的政治參與在「民權法案」通過後大幅提升，但黑、白人的經濟、教育，及社會地位的差距依然巨大，以致黑白衝突時有所聞。類似二〇二〇年白人警察跪壓黑人致死的事件此起彼落，一聲聲「我不能呼吸」在全國影視媒體迴盪。然而新冠肺炎期間，黑人常在多個大城市公開掠奪財物，也激起許多白人的反感。二〇一九年《紐約時報》發起「一六一九計畫」（1619 Project），試圖重塑美國歷史的起點是四百年前第一個黑奴踏上新大陸，而不是一七七六年的獨立戰爭，支持者甚至主張把它放進中小學的美國歷史課程中，白人當然立即反彈，學校及家長也一分為二。

「資本主義失衡」

與「種族失和」同時在美國社會現身的是「資本主義失衡」，也就是貧富差距的快速擴大。二戰前後的美國，累進所得稅最高可達百分之九十，貧富差距因此微乎其微；隨後所得稅逐步降低，到八〇年代雷根總統實施自由放任經濟，對富人大幅減稅，認為經濟成果將會由上往下流。孰料資本利得很快假「效率」之名大幅擴增，而勞動所得卻大幅萎縮；「人賺錢」愈來愈趕不上「錢賺錢」。

到二〇二〇年拜登上任時，美國最有錢的百分之〇．一的人坐擁全國百分之二十的財富，百分之〇．九享有另百分之二十，百分之九的人再占百分之四十；換言之，僅百分之一的人就享有百分之四十的財富，而百分之十的人享有百分之八十的財富。全美最大的五百家公司每年繳交的稅率平均只有百分之十一，其中九十二家（如大家熟悉的Amazon、Starbucks、Netflix）透過它們大批會計師與律師的精心操作，繳的稅甚至是零。當亞馬遜董事長貝佐斯（Jeff Bezos）和妻子離婚時，她獲得的贍養費居然高於當年一百五十多個國家的ＧＤＰ，只低於四十八個國家，難怪矽谷選出的眾議員向媒體坦承，他選區內的富翁非常擔心美國即將爆發革命。

反觀富豪的對立面，即底層的百分之九十的人如何分拆剩下的百分之二十的財富？據統計，雷根至今的四十年間，扣除通膨後的美國工資基本沒有變化，只小幅增加了千分之二；史丹佛大學研究發現，一九八〇年以後出生的年輕人，竟有一半的年所得低於他們的父母。聯邦儲備銀行的調查也發現，百分之四十六的成年人拿不出四百美元的急用錢，高達四分之一的成年人每個月都入不敷出。此外，百分之五十人沒有儲蓄，更沒有退休準備，百分之四十是月光族，百分之十沒有健康保險，只有三成高中畢業生付得起昂貴大學學費。這些教育程度偏低、就業困難的「窮白人」占白人的百分之四十七，多住在小州、小城，或鄉村。更糟的是，布魯金斯研究院發現，貧民翻身的可能性低得可憐；在最窮的兩成人口中，只有百分之四的人可能最終跳到最富的兩成。沒有這機會的其他人很多就嗑藥或借酒澆愁。專家統計，近幾年「絕望自殺」人數飆升，僅二〇一七年就接近十六萬人，等於「一整年每天摔掉三架滿載的波音七三七班機」，其中「嗑藥過量」七萬人，超過整個越戰陣亡人數（五萬三千人）。據某退休美軍將領說，肥胖、嗑藥、酗酒，與行為不檢等原因，讓符合募兵標準的年輕人數降到四分之一。有幸進到大城市卻奮鬥失敗的人就流為遊民。CNN估計，洛杉磯郡每晚最少有六萬人露宿街頭。在這種情況下，早期許多人憧憬的「美國夢」（即下一代的生活與收入比上一代更好）已經隨風而逝。好些老美友人告訴我，美國很多地方都有「永遠憤怒」（permanently angry）的人。他們沒說，我想指的就是這些人。

總之，在表面富饒興盛的外表下，美國的中產階級實際上正逐漸萎縮中。相反地，資產階級與底層階級都在擴大。皮優調查中心（Pew Research Center）統計，中產階級比例從一九七一年的百分之六十一跌到二〇一五年的百分之五十，而資產階級從百分之十四擴大為百分之二十一，下層從百分之二十五增加到百分之二十九。學者常說資產階級同時綁架了民主、共和兩黨，以致長年替基層代言的民主黨，在近年眼看工會式微卻沒有任何作為，其中無產階級的白人轉而偏愛共和黨，少數民族仍傾向民主黨。

「民主政治失能」

種族與資本主義的土壤變了質，作為上層建築的政治自然蛻變。二十世紀上半葉，美國政治平淡無奇，一般人普遍沒有太強的政黨意識，兩黨政見也相差有限，許多選民還喜歡故意「分裂投票」，即總統選甲黨，參眾議員選乙黨；但二戰以後，美國社會的變化慢慢反映在兩個政黨身上。

大致而言，美國內戰結束到一九三〇年代，林肯領導打贏內戰的共和黨在美國政壇占絕對優勢，擔任最多次的白宮主人。但民主黨的小羅斯福總統帶領美國走出經濟大蕭條並打贏二戰以後，直到今天民主黨仍然常居優勢。尤其從一九九二年柯林頓獲勝至今，三十年八次大選，共和黨只在二〇〇四年小布希尋求連任時得到全國普選票多數，其餘七次大選都是民主黨拿下較多的普選票。共和黨的勝選，如二〇〇〇年的小布希與二〇一六年的川普，都是輸了普選票，贏了選舉人票才入主白宮。

普選票的流動恰恰反映美國社會的變化，及兩黨在新潮流中的抉擇。大體上，民主黨愈來愈左傾，而共和黨愈來愈右傾；民主黨日益種族多元，而共和黨日益集中於白人族群。一九五二年的一份全國調查顯示，民主黨內百分之六是非白人，而共和黨則是百分之二；到二〇一二年同一調查機構發現，民主黨的非白人已經躍升到百分之四十三，而共和黨只有百分之九。我在政府工作時，常有機會接見美國兩黨競選團隊的訪台代表，民主黨種族多元化及共和黨清一色白人的鮮明對比，讓我印象深刻。

它們宗教態度也不一樣。二〇一四年皮優調查中心指出，共和黨內最大的族群是福音派基督徒，而民主黨內則「沒有特定宗教」。二〇〇二年，百分之五十的共和黨與百分之五十二的民主黨認為，沒有宗教信仰不代表一個人不道德；但二〇一七年，持同樣寬鬆看法的共和黨人降到百分之四十七，而民主黨人則升到百分之六十四。

隨著時間演進，民眾的住家及工作地點也出現物以類聚的現象。美國每年平均百分之四到百分之五的人會因不同需要而搬家，故每十年大約一億人曾經流動。二〇一六年民調顯示，百分之六十一的人喜歡住在「絕對優勢郡」（landslide county，即屬意總統候選人得票六成以上），這就產生藍州（即支持民主黨）愈藍，紅州（即支持共和黨）愈紅的現象。放到全國範圍內，人口多元的大中城市較支持民主黨，人口稀少、以白人為主的州郡較支持共和黨。有學者計算出一個公式，「人口密度決定政黨傾向」，即每平方英里人口密度在九百人以上的會支持民主黨，以下則支持共和黨；愈晚近，這趨勢愈明顯：專家統計，九〇年代、在全國三千一百個郡中，民主黨的柯林頓奪得了一千五百個；千禧年同黨的高爾只拿下七百個。歐巴馬雖贏了大選，但他贏的郡數減到六百個。到二〇一六年希拉蕊只剩五百個。雖然這麼少的郡，但她勝出的大市大郡，卻占全國GDP的三分之二。

人口長年流動到二〇一六年川普與希拉蕊競爭大位時，美國政治已經扭曲到革命先賢恐怕完全不認識的程度。全國人口的百分之八十四集中在二十五個州，即全國五十州的一半，另外二十五州只住著少少的百分之十六，任何政黨只要掌握這人少的二十五個州，就可以擁有五十名參議員，即參議院的一半，既可抗衡眾議院（如在眾院屈居少數黨），也能牽制總統。這五十名參議員也代表五十張選舉人票，每一張票值大於大州的選舉人票。聰明的川普及其謀士就看到這竅門，集中火力搶攻小州，最後輸了普選票，贏了選舉人票，順利入主白宮，希拉蕊及民主黨只有徒呼負負。川普還傷口撒鹽，誇稱他輸掉的三百萬張普選票都是「非法移民」投的；沒有他們，他連普選票都贏。

美國兩個政黨就這樣從早年的「沒差異」，走到「區隔」，再走到「對立」，現在兩黨間幾乎沒有中間溫和地帶。人數較少的共和黨（二〇二〇年大選總得票七千四百萬）支持者中，較多白人，尤其「窮白人」；較多住在小州、鄉村或都市郊區；較占據美國中西部及南部的大片土地；較多宗教傾向；意識形態較保守，支持擁槍，反對墮胎，反對移民，反對自由貿易。人數較多的民主黨（二〇二〇年為八千一百萬票）支持者人種較多元；較多數住在城市或郊區；較分布在太平洋岸、東北大西洋岸，及北部的大湖各州；較少宗教傾向；意識形態較偏向自由，反對擁槍，支持墮胎、支持移民，較支持自由貿易。如果把美國藍紅政治地圖拿來看，藍紅界線幾乎就像楚河漢界一般清楚。由於立場差異過大，交集過少，兩黨之間的正常私人交往也大大降低。《紐約時報》曾找兩黨人士一起舉辦「焦點對話」，多人自承家人因為政治觀點對立，互為拒絕來往戶。

川普不留情面的言語及毫無忌憚的政治動作，更把兩黨對立帶到一個新境界，那就是「敵視」。十六名國際學者在二〇二〇年聯合進行的跨國民調顯示，美國政治兩極化在九個老牌民主國家（其他為英、德、加、澳、紐、挪、瑞士、瑞典）中最為嚴重。民主及共和兩黨都視對方為「非我族類」、「令人厭惡」、「邪惡」。最令人意外的是，兩黨彼此敵意已經超越過去的黑白與宗教仇恨。CBS電視公司調查也發現，高達五成的共和黨人及四成的民主黨人視對方為「敵人」，而不是「政治對手」；三分之一的共和黨與五分之一的民主黨人甚至「支持脫離聯邦」。三分之一的美國人，包括過半的共和黨人，認為「傳統美國生活方式正在消失，願意用暴力來保衛它」。連一般人的嫁娶、交友、工作都受到黨派立場影響：二〇二三年初，喬治亞州選出的共和黨籍眾議員格林（Marjorie Greene）甚至公開主張，美國應該「離婚」成兩個國家，即共和黨的「紅州」是一國，民主黨的「藍州」是一國。還好沒有太多人呼應她分裂國土的主張。

由於美國是世界獨一無二、平民可以合法擁有槍枝的國家，全國人口三億出頭，槍枝卻有四億支，公開擁槍並組成團體的「義勇軍」（如川普敗選後帶頭衝進國會大廈的「驕傲男孩」（Proud Boys））有三百個之多。許多人擔心，美國內部的「人民矛盾」很容易會上升成流血的「敵我矛盾」，甚至「內戰」。著名的「外交協會」（Council on Foreign Relations）總裁哈斯（Richard Haass）曾任美國的北愛爾蘭特使，就撰文憂慮美國有天會變成「北愛爾蘭」，「常常爆發地方性、政治導向的暴力事件」。目前暴力事件仍有限，最多的是暴力威脅，首當其衝的就是政壇的檯面人物。根據國會山報的報導，針對參、眾議員個人的人身威脅近年大幅增加。國會警察統計在二〇一七年立案調查了三千九百多威脅案件，但在二〇二一年件數增加到九千六百多，其中高危險群有四類人：支持拜登「基礎建設法案」的共和黨參眾議員、大力推動彈劾川普的民主黨人、一月九日國會暴動後投票反對川普連任的共和黨人，與眾院調查國會暴動委員會的九位委員。

治亂交鋒的今天

我們從外面看美國，怎麼看都是家大業大，人才輩出、思想蓬勃的超級強國，但它內政如此混亂，短期內根本看不到脫離困境的曙光。一位重要智庫的總裁親口對我說，美國今天的困境要到二〇二八年選後才可能跳得出來，言下之意是不必期待二〇二四年大選。這讓我想起二〇一七年四月《紐約時報》的一篇報導，它討論的是華府新貴班農（Stephen Bannon）「非常仰慕」的「世代理論」。作者史特勞斯（William Strauss）和豪威（Neil Howe）於一九九七年的《第四個轉折》（*The Fourth Turning*）巨著中提出此新理論。他們認為國家和人一樣，都會經過春夏秋冬四季，春發、夏熟、秋衰、冬滅，每季二十到二十五年，故每一循環共約八十到一百年。美國兩百多年歷史已有三個循環：脫離英國的獨立戰爭開啟第一個循環的春天；內戰帶來冬天，終結第一個循環並啟動第二次循環。二十世紀的大蕭條及二戰再除舊布新，迎來第三次循環的春天；經過戰後幾十年，第三次循環的冬天正悄悄接近。他們在一九九七年寫道，「歷史是循環的，冬天就要來了……美國的存亡又要再次面臨考驗。二〇二五年前美國將再走過歷史的又一道大門，與革命戰爭、內戰、大蕭條、二次大戰同等級的大門。大災難風險會很高。美國可能爆發大暴亂或內戰，國土支解，或落入專制統治。」

理論原創者認為，在這不可避免的大亂世，現有政府規章已不足任事，只有大刀闊斧改變，美國才能重生。「沒用的都要拆掉，不然怎麼再生？森林要燒，河水要淹，都有原因的。」既要大刀闊斧，就需要一個創造新時代的大英雄，不受規章約束，不拘道德小節，破大舊、立大新。作者認為，在新而重生的美國，必要有個傳統而保守的「核心」，不能再強調美國的「多元性」；換句話說，少數民族、宗教與文化，都要向「核心」靠攏，才能免受處罰。

理論提出後轟動一時，褒貶各半。本來它再轟動也只是美國百花齊放中的一枝帶刺玫瑰，但政治素人川普二〇一七年一月上台後，它身價立時不同。川普用了很多華府都不熟悉的人物替他出謀劃策，其中最引人注目的就是長期經營極右媒體，後來出任川普自創「首席策略長」職位的班農。他在白宮雖只待七個月，就因川普女婿庫什勒（Jared Kushner）排斥而離職，但與川普維持聯繫至今。他始終反對黨內溫和人士，極力主張川普在共和黨內劃出一條激進保守路線；他也質疑掌控華府既得利益的政學商媒集團。一般公認他是川普身邊極少數對大格局、大歷史趨勢有興趣的人。他也公開承認他一半的時間都花在抗中大業上。他認為抗衡中國比當年對抗蘇聯更困難；萬一輸了，中國就將重新設計世界秩序。

我初讀此文時既驚又疑，驚的是它太像毛澤東文革時「天下大亂，形勢大好」的論調：他們都看到亂世，但絲毫不以為意，反認為有機可乘，並自詡為亂世之英雄，可藉機大破大立；破的時候沒有一點罪惡感，立的時候必分清敵我，順我者昌、逆我者亡。但大陸的文革浩劫已充分證明，這種思維如真的在美國流行，一定會對美國的國家社會造成莫大的創傷。疑的是難道它真是川普及其支持者的中心思想？美國真會走上這一步？川普四年，我對此理論一直放在心上，也一直打個問號。但他敗選後一再宣稱「拜登偷了選舉」，他的支持徒眾還在二〇二一年元月六日圍攻國會大廈，釀成若干傷亡，讓我心中再無懷疑。不論「世代理論」對美國史的詮釋是對還是錯，也不管川普或共和黨是否執政，它真的代表美國內部一股新思潮，一股台灣一般人很難想像的新思潮。川普只是該思潮的代表人物及寄情對象而已。他們對打亂現在的美國毫無罪惡感，反而認為是重建新美國的必須，所以我們評估美國的現在與未來，必須把這股思潮及其形成背景考慮進去。

二〇二三年十月七日加薩戰事再起，在美國內部以巴雙方各有支持者，其中年輕人明顯支持巴勒斯坦比較多，這就正好衝擊到拜登連任的基本盤；加上拜登的老邁形象，讓川普聲勢大幅上揚。筆者封筆前，知名政論家卡根（Robert Kagan，夫人是盧嵐〔Victoria Nuland〕，拜登政府國務次卿）撰文直指，川普在明年三月「超級星期二」正式獲得共和黨的總統提名後，將勢不可擋；他如入主白宮，會變成「獨裁者」，像羅馬的凱撒大帝一樣超越法律與任何民主制衡機制，並肆意在美國內部進行政治及司法報復。若然，不啻驗證「世代理論」的預言。

所幸在極端思想存在的同時，也有理性的聲音。在當前美國三大病灶中，「種族失和」及「資本主義失衡」屬於慢性疾病，既非短期形成，也不可能短期治癒。只有「民主失能」既是病症，也是藥石，因為只有透過民主程序，才可能找出治癒種族及資本主義的良方妙藥。目前學界及少數政界已有人開始討論，如何修補當前美國民主制度的種種缺失，其中最重要的可能是「排序選擇投票」（ranked-choice voting），也就是如果第一順位候選人未過半數，排序最末候選人的第二順位票就加進其他候選人票數，如此類推直到有人過半數為止。這新票選制已於二〇二二年首次在阿拉斯加州開始實施，少數其他州也有意跟進。其他的改革想法還包括「改革黨內初選」（以防止永遠是極端派出頭）、「廢除選舉人票制」（以確保最高普選票者擔任總統）、「禁止選區不規則重劃」（以防止不公平競爭）、「改革參議院無休止發言」（以防止阻撓改革）、「每一公民均配發附照片的身分卡」（以確保人人能投票）、「投票日改到週末而不是傳統的星期二」（以擴大投票人數）、「改革最高法院提名制」（以防止某黨派長期壟斷）等等。不過這些可敬的努力絕大多數都還在起步階段，它們必須走完美國由下而上的政治程序，穿越十八銅人陣，從起心動念、凝聚思想、集結力量、形成組織、找到領導人、募足資金，一州一州說服選民，滙聚成全國聲勢，再逼使被改革對象的兩大政黨及參眾兩院同意揮刀自宮。這過程因要撼動多少政商既得利益，必然十分漫長而艱難。正因如此，目前絕大多數的美國菁英對美國民主都非常悲觀，雖樂見改革，但都有高度的無力感。恰在此時，一輪紅日正快速升起於太平洋的彼岸。驚恐之餘，無力盤整內部以為因應的美國，只有先藉外交手段加以壓制。

美國看世界與中國大陸

筆者赴美留學時，美國已經走過國力最巔峰的五、六〇年代。那時美國號稱能同時打贏「兩個半戰爭」（蘇聯、中共，及某小國）；七〇年代時，它核武絕對優勢先後被蘇聯及中共打破，前者更以洲際飛彈數量優勢，迫使美國進行限核談判，並間接促成美國「聯中制蘇」。美國經濟除遭一九七三年石油危機重挫外，還面臨歐日的急起直追，第三世界則在石油輸出國撐腰下自成集團。更糟的是，尼克森總統的水門事件，加上國內反越戰運動，讓美國內部四分五裂，民心渙散。一九七九年，美國外交官數十人被伊朗囚禁長達四百四十四天，卡特政府竟無力救援，這絕對是二戰後美國最衰弱而內縮的十年。走過這時期的美國政商學媒人士，因見識過美國的低潮，對「現實主義」有親身體驗，思想行為也較務實，其中季辛吉、布里辛斯基都是代表人物。

八〇年代雷根以個人魅力及「新自由主義」政策，把美國帶出「越戰症候群」的陰霾。老布希幸運碰到蘇聯自行解體，美國頓時以獨一無二的超強身分睥睨群雄、傲視天下。筆者那幾年與美國菁英談話時，常常感受到他們內心掩不住自比羅馬帝國的驕傲。令人驚訝的是這個「傲慢與偏見」持續扭曲過去美國面對世局客觀理性的態度，直到拜登執政的今天，似仍未擺脫這個情懷。

二戰後美國的社會科學研究一直遙遙領先其他各國，成為各國學者專家取經的對象，它不僅以嚴謹的研究方法見長，而且研究態度相當客觀理性、就事論事，包括批判美國自己的政府及政策。其中領先幅度最大的就是蘇聯研究。由於冷戰需要，這領域不僅享有大量資金，相關專家更是三千寵愛在一身。不料一九九一年十二月蘇聯突然和平且全面解體時，大家發現竟然沒有一位蘇聯問題專家曾經提出預警，這讓整個蘇聯研究與蘇聯本身一起躺進棺材。我的幾位聲名顯赫的老師從此消聲匿跡；資金、科系及學生數目也都銳減。

這個慘痛的教訓砸了蘇聯研究的招牌，但絲毫不影響美國獨大後「傲慢與偏見」心態的形成，反而讓過去力求客觀的政策研究愈來愈靠攏政治風向，而研究者（包括媒體）愈來愈「愛國」。或許受到蘇聯研究崩潰的刺激，聰明人紛紛避開區域研究，連帶降低對外國語文、歷史、文化的投入，不再承擔個別區域專家（specialist）的職業風險。取而代之的是講究量化的研究方法，或超越區域的通才（generalist），甚或美其名曰策略家（strategist）。後者從美國本位出發，追求美國利益的最大化，把對象國（如中國或日本）的文化背景、實際利益，或心理需要都看成次要。二十多年來這傾向愈演愈烈，某種程度上帶動美國政策從當年的「交往」轉成「競爭」。

最好的例子就是美國的對中政策。在美中「交往」的前二十年，「交往」乃基於「聯中抗蘇」的戰略需要。蘇聯垮台後，小布希的新保守派策士本來主張放棄「交往」，轉而「抗中」，不料九一一後更貼身的「反恐」大業再度賦予「美中交往」新生命。但更關鍵的是，美國策士當時相信「交往」假以時日，必能促成中國大陸民主化，就像「第三波民主化」那樣，而台灣也必能在其中扮演關鍵的觸媒角色。九〇年代，身為政府官員的我對此也深信不疑。不過千禧年後，我自己赴陸交流幾次，就發現以中國大陸幅員之大、文化底蘊之深，根本不可能從外部改變它的制度，即使以美國超強實力也不可能做到，更不可能由台灣來「引領風潮」。尤其大陸經歷過文革的慘痛教訓，全國上下對「維穩」高度重視，任何制度性變革只可能來自內部，而不是外部。身在外圍的我們不僅不可能撼動它，能夠看懂已算本領高強了。我在體認這點後，看到美國政學界依舊自信自戀能夠「改變中國」，深感不可思議。難道他們沒有像我這樣深入大陸社會？或雖深入卻聽不到真正的聲音、看不到真正的圖像？或聽到看到卻被自己的「傲慢與偏見」阻擋在認知之外？我曾勸一位在某重要智庫任職的中年學者，偶爾要多聽聽對大陸內部有深入研究、且與中共長年交往的美國資深學者或前官員的話。他的回答竟然是，「就是他們把美國帶到今天的困境，為什麼還要再理他們？」

這種傲慢態度排擠了幾乎一整代的「中國通」。他們不再有聲音，更沒有政策影響力，取而代之的所謂「策略家」只看到他們想像中的充滿侵略與擴張動機，並想取代美國領導的中國，完全無視其根深蒂固的「內重於外」、「守多於攻」的傳統基因（詳見第九章），從而誤判北京言行的真正動機。

這些菁英內心深處仍迷信美國獨大，不願接受中國崛起的新事實，即使承認中國崛起，也不願承認自己長年犯了戰略錯估，對中國民主化過於一廂情願。如今為了美國利益，他們必須努力維持美國自二戰結束（尤其自冷戰終結）藉美軍、美元、民主制度、國際組織、各領域國際規則，及美國的軟實力（如好萊塢、高等教育）而建構的世界秩序。有趣的是，這些「策略家」可以從相反的角度出發，推演出完全相同的結論。一方面有遍布政學界，認同「修昔底德陷阱論」的人堅信，新崛起的中國大陸因為過於自信、急於出頭，所以必將挑戰美國的霸權。另一方面有這兩年才露臉，但勢頭強勁的「中國到頂論」（peak China）則強調大陸的弱勢面，認為經濟遲緩、人口老化、外交受挫將嚴重阻礙它的國力發展；但因害怕時不我予，所以北京地位下降的這幾年反而最危險。就連拜登在二〇二三年八月談到大陸內部問題時都補一槍，說「壞人有事，就會做壞事」（When bad folks have problems, they do bad things）。

從這角度去理解美國如何看待中國大陸，就很容易理解為什麼彼此敵意甚深的民主黨及共和黨，卻在對中政策上出奇地一致。首先，兩黨菁英都不願在自己執政的手上讓出全球獨大的寶座，誰讓步，誰就要揹歷史黑鍋。第二，中國實施的制度恰好是美國草根群眾最不信任的集權制，所以美中對抗在美國很容易被簡化為「民主vs.獨裁」，就像當年美蘇對抗一樣。第三，反中比當年反蘇更容易炒作，因為俄國人起碼是白種人，而中國的種族、文化、語言都與美國差異甚大，所以反中政策在民間極容易催生出反華人（甚至反亞洲人）情緒。當年英國把霸權地位禪讓給同文同種的美國，就完全沒有這個情緒問題。第四，責怪北京刻意隱瞞自己富國強兵的企圖，誤導華府以為「經濟成長必將助長政治民主化」，總比承認自己犯了戰略錯估來得容易。

反中情緒最大的溫床就是美國國會。代表地方的參、眾議員離地緣政治最遠，離選民及美國的價值觀最近，所以最容易產生或挑動反中情緒。據香港大學教授李成（前布魯金斯研究院研究員）的統計，二〇二〇至二〇二三年間，美國國會曾提出一千個與中國有關的議案，僅二〇二三年上半年就有三百個，其中百分之九十九·五都明顯以反中為基調。蔡政府八年來全力灌溉這塊肥沃土壤，再順著當前美國「弱總統、強國會」的態勢，影響美國行政部門的動靜，當然也使未來拜登政府就台灣問題與北京妥協的努力更加困難。

總之，驕傲的「理想主義」是當今主流，而這理想就是維持美國獨大的領導地位。

對比之下，「現實主義」與「孤立主義」都是少數。偶爾有傾向現實看待中國崛起的美國專家向我私下坦承，身在同儕間很有壓力。我就安慰他們，連季辛吉都常被恥笑，你何必在意？

美國現在的心情五味雜陳，有對自身處境的焦慮及無力感，有對未來的高度不確定感，有對中國崛起的恐懼與被欺騙的憤怒。用這種心情看台灣，看到的當然是美國自己希望看到的台灣，而不是真的台灣。

美國看台灣

許多台灣人輕易假定台灣既然親美，美國一定也會親台；或美國既肯定民主，就一定會支持民主化的台灣；或美國既重視台灣在東亞第一島鏈的戰略地位，就會力挺台灣，以免它自己作為東亞霸權的地位及信譽受損。真的嗎？答案是：這些假定都對，但都因美國的特殊性格及內政而必須打個折扣。

首先，因為美國與台灣中間隔著遼闊的太平洋，台灣對絕大多數美國人來說是既遙遠又陌生，許多人甚至分不清台灣（Taiwan）與泰國（Thailand）的差別。一般美國人聽過或知道日本、韓國或泰國的比例，恐怕遠遠超過台灣。據估計只有三分之一的美國人能在地圖上指出台灣的位置。這情形在接近太平洋的西岸稍好，在美國東岸非常明顯，但美國內陸的中西部比東岸還嚴重。幾乎每個台灣留學生或訪客都碰過必須花費脣舌，向美國友人解釋台灣的情況。最近幾年台海緊張情勢讓台灣頻頻占據媒體版面，台灣知名度提升，但基本態勢應未改變。這個認知圖像與中國大陸對台灣的認知相對比，差異極為強烈。相信在大陸走訪的任何台灣人，不管去東南西北或大街小巷，只要提到台灣，每個人都有看法，沒人是懵懂無知。我就曾在大陸一個偏遠小鎮，碰到一個已經半張嘴沒牙齒的老太太，談起「喔，你是台灣來的」，馬上興奮地講上一大串。但在美國南部某州，我向小吃店鄰座客人解釋台灣，講了半天，他只問「你們在日本的南邊還是北邊」。我答「南邊」，他一本正經地說，「喔，南邊就是好人！」原來他在套用美國南北戰爭的思維，真讓我啼笑皆非。

此外，在能夠認知台灣的人中，絕大部分不是針對台灣看台灣，像看日本、韓國或新加坡那樣，而是把台灣放在美中關係的架構裡看。過去冷戰時如此，冷戰後也是如此，即使在美中關係緊張的近年，美國談台灣還是脫離不了大陸。這就是為什麼美台互視時，台灣總顯得在「單戀」，而美國永遠在「分心」。多年來美國願意援台的民調比例，一直比台灣認為美國會援台的比例大約低百分之二十左右。

美國另外還有很強的「孤立主義」。在他們眼中，除了遠在天邊外，台灣價值本身也不夠大。川普的國安顧問波頓透露的對比最具象。他說，川普有次把大陸比喻為他的大書桌，而台灣只是桌上原子筆的筆尖而已。事實上，川普連日本、南韓都不怎麼看在眼裡，自然更不重視台灣；即使在戰略學界也不乏「棄台論」者。幾年前好幾位都曾撰文呼籲，近年鷹派當家，他們的音量銳減，但應只是暫時沉潛，靜觀其變而已。

蔡政府非常幸運的是，目前美國主流思潮是「理想主義」，以致國會、地方政府、自由主義傾向強烈的媒體、宗教界、藝文界及許多民間團體等離國際現實較遠的人士，多半同情台灣。聯邦政府，不論哪黨執政，雖有「現實主義」考量，因不甘心丟失世界霸權，故均主張「抗中保台」。蔡政府抓住這戰略契機，發動大外宣，把相關「統戰」發揮到極致，加上國民黨恰在此時主動放棄這塊園地，以致美國幾乎一面倒地透過民進黨眼光看台灣。這就出現一個前所未見的、像「陰陽臉」般的荒謬畫面。意即，美國人只看到台灣表象的陽面，身在台灣的人卻看到真實的陰面。

第一張「陰陽臉」關於「台灣民主」。在美國眼中，台灣像純真無邪的「白雪公主」正遭到專制獨裁的「邪惡女王」霸凌。他們不知道的是，在台灣很多人眼中，蔡總統不是「白雪公主」，而是那位「女王」。她權力一把抓，遠遠超過以前的李陳馬三位總統（詳見第六章）。對「女王」的作為，綠營心照不宣、中間人士噤若寒蟬，藍營多數選擇以冷漠代替抗議，只有少數孤鳥偶爾嗚啼。而美國，包括很多學術界人士，在前述背景下，全都視而未見；官方繼續一口一口地稱讚台灣「民主典範」。這個「陰陽臉」看似無礙大局，其實它不僅嚴重分化台灣內部的團結，而且讓原本只涉及「霸權爭奪」的美中競爭披上意識形態的外衣，變得更難妥協。最終承受後果的還是台灣。

第二張「陰陽臉」涉及兩岸關係。美國多數人認為「維持現狀」的是台灣，「改變現狀」的是北京，所以他們普遍同情台灣。但在台灣內部的人卻深知蔡總統早就顛覆（不只是「改變」）了兩岸「現狀」，因為當時「現狀」的幾個支柱，如「不統不獨不武」、「九二共識」、「台灣人也是中國人」、「政府對話」、「民間交流」等，都在她上任伊始就毫不容情地拋棄，改成「去中國化」、「漸進式台獨」、「兩岸脫鉤」。這些大小趨獨動作，如倒退幾年，華府一定提出警告，但近年卻完全視而不見，只把鎂光燈聚焦在大陸身上，輕輕放過台灣。這「陰陽臉」讓主張台獨的人更大膽，讓北京更堅信美台串通、推動台灣獨立。

第三張「陰陽臉」涉及台灣的「戰鬥意志」。不近身了解台灣社會的美國人，看了蔡政府給的「保家衛國」民調（多數顯示七成左右），以為台灣民眾鬥志昂揚，以為台灣人民像烏克蘭人民一樣願意戰鬥至死；國際社會只需多給台灣打氣、多提供武器彈藥，台灣人就會拚命抗敵。他們不知道這類民調得出的都是「道德正確」的回答。真正的答案藏在年輕人的當兵意願，在年輕軍士兵的留營意願，在家長對子女參與戰鬥的態度等等（詳見第十章）。台灣任何人隨機抽樣以上意願，都知道答案普遍是負面的。這個「陰陽臉」落差的影響有二。一是美國的誤判。等發現台灣不是烏克蘭時，為時已晚。二是當美國明白台灣士氣低落時，它將更不願意出兵保台。正如不只一位美國訪客對我說的，「如果台灣人自己不願犧牲，我們何必替你們打仗？」

以上三張「陰陽臉」，讓華府對台海情勢嚴重誤判，美中競爭更激化，而台灣自己更危險。論戰術，蔡總統操作「大內宣」及「大外宣」，成功切割內外兩套宣傳成「陰」「陽」兩張臉，其技巧實高於當年訪美的李前總統，所以絕對是成功的「棋手」。但戰略上，她讓自己及整個台灣陷入生死存亡的險境，而對岸卻因她的操作而全黨全國意志集中、力量集中，且具緊迫感地企圖早日完成統一大業。歷史最終審判恐將為期不遠。

美國應有的思考

綜上所述，今天的美國雖然仍具超強實力，但因內政嚴重失修，且三大病灶無一能在近期改善，加上特殊的「理想主義」及孤傲性格，以及七十年獨霸全球的慣性思考，使它很難接受必須與中國大陸在東亞平起平坐的新常態。它的兩黨內鬥，一方面使美國民主難以調理出整治慢性病灶的良藥，一方面使白宮難以因應中國挑戰的急性震盪，以致不管川普或拜登，都喜歡以攻代守，以指責代替內省，中國大陸及墨西哥就成為他們最常指責的外國。難怪不管是訪問大陸多次的達里歐，或已被北京拒絕入境二十幾年的中國通黎安友（Andrew Nathan），都一致認為美國才是當前美中台關係中最大的麻煩來源，不是北京。

美國今天需要的不是它在獨霸時期經常採取的「走一步、看一步」（kick the can down the road）管理方式，好像台灣只是像美國曾經處理過、又放下過的諸多難題，如阿富汗、伊拉克。它必須要有一個從自省出發的全盤思考，再從全盤思考裡給中國大陸與台灣一個新定位；它首先要認清美中「競爭」的勝負，靠的主要是內政興衰而不是外交攻防。國務卿布林肯曾指出美國未來應朝三個方向努力，他沒列出優先順序，筆者以為，美國應更重視其中的國內建設（invest），而不是國際縱橫（align）或對中競爭（compete）。沒有國內政經實力支撐的外交或軍事出擊，很容易被看穿為虛張聲勢或後繼乏力。第二，在國際上，美國核心的決策是應否及能否在全世界維持絕對的獨霸地位，即在所有地區都是「我說了算」，還是在某一地區（如東亞）能夠與他國分享。第三，具體地說，它能與中國大陸在東亞地區平起平坐嗎？在美中關係中，美國要追求「絕對安全」，還是「相對安全」？這需要整個涉外菁英圈的靈魂探索，著實不簡單。第四，如可分享，那麼在東亞，乃至全球，美國可以分享影響力（包括規則制訂、資源通路、關鍵科技、武力投射範圍等）到什麼程度。第五，如不能或不願分享，應採用什麼措施來壓制中共，而美國自己準備付出什麼代價。

可惜美國朝野現在似乎鮮有人做這類頂層思考。它的台海政策被內政綁架的程度恐是歷來之最，兩黨權力鬥爭的激烈程度也是歷來罕見。而「現實主義」在對外政策思考所占比重也是歷來最低，萬一兩強最終不幸被台海意外摩擦、拖進戰火，就會釀成整個人類的遺憾。

第九章

中國大陸因素

中國大陸是一個國家，一個共產主義國家，一個獨一無二、自成一體的文明，一個人口第三多（剛被印度超過）、經濟第二大（GDP是美國的四分之三、日本的三倍）、軍力也第二大的國家，一個唯一尚未完全統一的大國。這麼複雜的政治實體，再加上許多關鍵資訊的不透明，使得任何外部人士都很難真正全面理解它。用「瞎子摸象」來形容外界專家甚至政府的困境，應該十分貼切。

既是「瞎子摸象」，不同國家的「瞎子」可能得出不同的結論。本書第四章曾引用一位熟悉台海兩岸的知名學者在離開小布希政府政務職時，對台灣駐美代表袁健生說的話，「總統當選人歐巴馬不太了解大陸與台灣。如果我奉命給他簡報的話，大概需要兩個小時就可以把大陸情勢講清楚。但解釋你們台灣，要五個小時才夠。」這句話顯示他對高度複雜的台灣政治有一定的理解，但同時也透露他像其他美國政界人士一樣，習慣用「制度」與「行為」來探討中國的政治。在他們眼中，因為共產制度權力集中，條條框框一清二楚，所以中國大陸看似龐大複雜，其實簡單易懂。

另外，一方面因為美國社會科學研究較重視「行為科學」，一方面又因為美國政府作為超強必須照看全球，所以華府通常只關切個別國家表面的「行為」如何，不特別細膩地深入探究它們內在的「歷史」、「性格」與「文化」。這個傾向在「描述」某國政策時沒有任何問題，但在要「解釋」甚至「預測」該政策時，就常常犯錯。最常犯的錯誤是用一個表面行為來「解釋」另一個表面行為，甚至進一步引申該行為而「預測」下一個行為，而不是進入該國深層的文化及性格，以理解其表面行為及其可能走向。譬如，第一章筆者提到的美國前高官兼資深學者，蘇聯解體後，他認為中共政權師承蘇共，所以必定會在不久的將來隨之垮台。他錯在誤以為中蘇共制度相近，馬列思想同源，所以行為定然類似。他忘了中蘇兩國的歷史文化性格完全不同，處理重大內外政策與危機的方式怎可能一致？

現在西方政界面對共產中國的快速崛起，震驚之餘只看到共產主義的一面，仍然習慣性地忽視中國歷史、文化、性格的一面；只看到「共產中國」，忽視「傳統中國」，自然抓不住「中國大象」的行為動向。

傳統中國性格之一：文化自信

如所周知，中華文化雖不是人類最早創造的文明，卻是地球上唯一連續存在幾千年而未曾中斷的文明。在大陸名勝古蹟旅遊的台灣人常有一個共同的經驗：台灣遊客能夠閱讀幾百年甚或上千年前的古碑、字畫或牌樓，而旁邊的外國遊客只有驚訝讚嘆的份，因為他們認知中的埃及、巴比倫、印度古文明，不是消失得無影無蹤，就是完全變了樣。這就是為什麼麻省理工學院的知名漢學家白魯恂（Lucian Pye）曾慨嘆說，「中國是個假裝是國家的文明」。

關於中華文化及中國人文化自信的著作非常多且深入，筆者不敢附驥。

傳統中國性格之二：內重於外

分析家較少著墨的是中國領導人「內重於外」的傾向。其實所有國家的領導層都高度重視國內政治經濟社會狀況；程度通常都超過國外事務。但北京似乎比一般國家更加如此，原因很簡單：中國是一個既超大，又超複雜的政治實體，如果不是兩千年前秦始皇統一中國，中國早早分裂成像歐洲的多國並立，不是不可能。兩千多年來中國雖然表面大一統，但分久必合、合久必分，學者估計真正統一的時間（起碼大部分中原地區）約三分之二，另外三分之一則是不同程度的分裂與武裝鬥爭；就算在大一統的時間裡，雖然中央透過秦始皇的郡縣制、車同軌、書同文，與統一的度量衡，可以把政令貫穿到遙遠的地方，但因國土廣闊，交通不便，一般百姓感覺還是「天高皇帝遠」，而各級地方官吏更是「上有政策，下有對策」。芝加哥大學教授鄒讜就說，中國並非極權主義國家（totalitarian state），而是全權主義（totalism）社會，即中央對地方保持控制全局的能力，而非鉅細靡遺，無所不包。

俄國提供最明確的對照組。它自古至今都是「條條大路通往莫斯科，個個政令源自莫斯科」（除了極短時期以基輔為主），莫斯科既是俄國（及蘇聯）政治中心，也是經濟、社會、文化等各方面的中心；所有地方，甚至遠到西伯利亞的角落，不論物資或精神，都是唯莫斯科馬首是瞻。但中國不然。自古以來，作為中國歷代首都的城市包括咸陽、北京、西安、洛陽、開封、南京、杭州、重慶、成都、台北等等，不勝枚舉，這代表中國政經中心經常在變動，沒有永遠的首都。這是第一個大不同。

第二，在社會文化層面，各地方言之多不用提。歐洲的古典音樂大師如貝多芬、蕭邦、莫札特、舒伯特、柴可夫斯基等似乎完全超越國界。但在中國，幾乎各省甚至地區都有從自己特殊方言發展出來的戲曲，諸如崑曲、京劇、豫劇、粵劇、越劇、晉劇、秦腔、隴劇、遼劇、歌仔戲等等，加起來可能幾百種，聽不懂當地方言的人就像聽外國戲一樣。中國美食也是多色多樣：川菜、湘菜、浙菜、粵菜、閩菜、蘇菜、徽菜、魯菜等八大菜系個個聞名於國際。再者，中國不像西方世界與俄國，宗教在中國從來是百花齊放。人數最多的佛教，既不像基督教或伊斯蘭教那樣信奉單一神祇，也沒有一個橫跨全境、組織嚴密的教會體系。佛教信徒雖也研習經書、去寺廟許願，但他們更相信每個人都是獨立的個體，他（她）「得道」靠的是個人修行，不需要一個中介機構（如寺廟）的授予。所以在中國幾千年統一而專制的表面下，各個地方一直都有各自獨特且深以為傲的特色；每個人在集體表象下也都維持個人的自尊，整個國家絕對不是「中央集權」四個字就能概括全部。北京當然絕對不是莫斯科，不可能凡事都從北京輻射出去；從北京出去的，也絕難沒有折扣就抵達地方。

更讓中央領導憂心的是，中國地廣人眾，其心各異。中央與地方雖是上下的關係，但自古以來這上下關係就從來不是絕對單向的命令與服從，而是相對、相互的關係。臣固然有臣的義務，君也有君的責任。如果君不君，臣也可以不臣。君如犯錯，就該下詔罪己，才能「上承天意，下應民心」。諸子百家，尤其儒家，對君臣相互關係的描述極為豐富，翻閱中國有文字記載的三千年歷史，可以看到基層民眾不願服從君王領導，起而抗爭的例子比比皆是，其中「勝者為王」最知名的就是開創漢朝的劉邦，及明朝的朱元璋；甚至中國共產黨都是起於民間，結合農民與知識分子，最終及於朝堂。「敗者為寇」

的例子更多。晚清的太平天國，更遠的如漢末的黃巾之亂、唐末的黃巢、明末的李自成、張獻忠等等，他們雖然抗爭失敗，但也把同時期的皇帝送進歷史的垃圾堆。

中國近鄰的日本與韓國就完全不一樣。絕大多數日韓改朝換代的鬥爭都由貴族或將軍帶頭，基層的農民百姓基本都順從配合，頂多參與鬥爭然後晉升於行伍之中。同樣地廣人眾的印度因為受惠於種姓制度及印度教教義，很少需要擔心所謂的「賤民」造反。身在底層的廣大群眾均安於低層生活，不相互比較也不豔羡光鮮的高層，寄希望於來生而不想在今生就謀翻身。君不見孟買高樓大廈區的緊鄰就是一大片低矮貧民窟，這畫面放在別國已難想像，如放在中國大陸，絕對爆發革命。

因此，中國獨特的君臣關係與喜歡相互攀比的民情，使當權者必須時時刻刻警惕草根，關注國內「民心」向背（不同於西方所謂的「民意」），以免被有志者取而代之。從草根奪取天下的共產黨對此應有最深的體會，這就是為什麼遇有國內重大危機時，中共總有人提出「亡黨亡國」四個字。這種深層的政治不安全感是一般沒有深入中國歷史文化、只執著於「專制」一詞表面定義的西方專家很難體會的。

傳統中國性格之三：守多於攻

記得在美國留學時，電視節目談到蘇聯共產集團擴張，經常會出現一個驚悚畫面：大片紅色油漆從蘇聯及中國流向東歐、中東、韓半島與東南亞。現在一些西方著作談起習近平的中國，也常影射北京正用「一帶一路」及其他手段向外擴張它的勢力。我們不知道如果中國在若干年後整體國力真的超越美國時，會不會像歷史上其他霸權一樣向外擴張，但至目前為止，這個「擴張」還是想像多於實質。基於對中國人（尤其是漢人）「守多於攻」性格的認識，筆者的預測遠比西方學者保留。

中國幾千年不間斷的文明基本源於黃土高原。它是農耕文明，講究「安土重遷」、「父母在，不遠遊」。他們從古時到近代，一直煩惱兩件大事，一是賴以維生的黃河什麼時候氾濫成災，二是在馬背上討生活的北方遊牧民族什麼時候衝過來掠奪財物，殘殺生命。有人類學者說過，正因為這一「災」一「難」，黃土高原的農民小聚落很早就學會要聚攏成部落，然後擴大形成邑、郡、小國（春秋時期）、大國（戰國時期），最後成為一個大一統的「中國」，以集中力量應付此災彼難。古早沒有這兩大威脅的歐陸，就沒有形成單一國家的類似動力，以致多國並立至今。

此一「災」一「難」對中華民族性格影響至深，導致中國擁有一套與西方及其他文明非常不同的思想體系。或許因為我們的老祖宗很早就沿著黃河聚在一起，所謂「天上星多月不明，地上人多心不平」，所以中國思想界自先秦諸子（不論儒法墨名縱橫）起，花費最多心力探索的是「人」與「人」的關係，而不是「人」與「神」、或「人」與「環境」的關係。漢初獨尊儒家後，「人」與「人」關係的管理更主導中國思想兩千年之久。既然如儒家所強調，「不知生，焉知死」，「人」與「神」關係就從來不被重視。大多數中國人心中，只有模模糊糊的「老天」或「上天」的概念，而不相信世上有個主導萬事萬物的單一神祇。也正因如此，中國人看待非我族類比較包容，不像單一信仰者常傾向用「正與邪」或「天使與魔鬼」兩分法來對待異教徒；當然也不會積極向非信徒傳達自己信仰，甚至使用暴力的宣教手段。至於「人」與「環境」的關係，傳統中國人則是敬畏多於敵視。因此，如老莊哲學所示，「順從」它，尋求人與環境的和諧，始終遠多於「征服」環境的願望。等西方「征服」環境的態度孕育出工業革命，用機器打破中土人口優勢後，中國人還猶疑、落後加上挨打了兩百年，才醒悟並急起直追。

更具體地說，「災」讓中國人長年都不像美英日歐等多數國家或民族那樣親水。絕大多數的中國人甚至畏水，不積極學習游泳，連被水圍繞的台灣人都不例外。既然畏水，尤其是廣闊無際的海水，當然不會想要出海。正因為中國這個古老帝國具有這種畏水性格，所以它空有幾千年的文明、人類最早的指南針、又長又深又曲折的海岸線，以及世界最大的財力，卻不僅沒有建立海上貿易商隊，更從來不曾組建強大海軍吃下周邊島嶼（包括日本列島），遑論遠征重洋，建立一個又一個殖民地。幾千年光陰歲月，只有明朝鄭和不到三十年遠渡重洋的經驗，其他時間中華帝國只滿足於自己陸上的舒適圈。明朝下令「片板不許入海」以後，對海上來犯的境外武力寧可內縮若干公里，也不出海迎戰。近二十年解放軍海軍從無到有，從近岸走向遠海，是歷史頭籌，不是常態。將來它會順「勢」還是順「性」，只有時間才能證明。

「難」的影響更大。直到「熱兵器」大量問世的兩百年前，中國人的祖先一直受制於北方匈奴、突厥、鮮卑、契丹、回紇、蒙古、女真等遊牧民族。他們人數雖少，但全民皆兵，且機動力強，所以常常出奇制勝，滿載而歸。農耕維生的漢人雖然人數眾多，但不擅騎射，僅能偶出猛將，驅逐蠻夷。絕大多數時間漢人最好的自衛就是萬里長城，次好的是「羈縻」，用錢帛、和親或外交（如「以夷制夷」）手段換取短暫的和平。最不濟就是「委曲求全」，直接屈服於進犯者，希望用「博大精深的中華文化」最終加以同化。

如果檢視中國朝代興替，漢人的保守、被動、防禦性格可說一覽無遺。自秦始皇統一中原以來，只有漢朝勉強符合今天西方政學界所謂的「擴張」。它當時的面積遠不如今天的中國版圖，但它的積極性是漢人歷代僅見。其他擴增版圖的朝代都不是漢人所締造：唐太宗李世民的母親及祖母都是鮮卑人，所以他頂多四分之一漢人血統，他的朝廷也是由五湖四海英雄豪傑組成。正因成分多元，唐太宗開啟了一個威震域外的帝國。但僅一百多年，安史之亂就讓唐朝丟掉大半河西走廊及以西所有土地達一千年之久，至康雍乾多次征戰才收回。唐以後的漢人政權，不論是宋朝或明朝，都僅侷促於現今中國版圖的小部分，反而是蒙古人開創的元朝（共九十七年）及滿洲人的清朝（共二七六年）把中國版圖擴張到今天的模樣。當然蒙古人與滿洲人最終真的被漢人深度同化；而且統治漢人的時日愈久，同化就愈深。會讀滿文的哈佛教授歐立德（Mark Elliott）曾寫道，滿洲人以一比兩百五十的人口比例打敗了漢人的明朝，乾隆帝因此直指漢族男人過於「柔弱」。然而晚他兩百年的末代小皇帝溥儀在位時卻只會說一句滿語，即「平身」(ili)。

講白了，一，今天占中國人口九成的漢人自古以來一直是較保守、被動、防禦的民族，不夠進取、不夠主動，不僅行動，連思想都極少攻擊性或擴張性。二，今天的中國版圖多半是在非漢人主導的朝代劃入，不是在漢人手上完成的。三，聰明且好面子的漢人（梁啟超、孫中山語）於是發明了「中華民族」一詞，既承接了非漢人的歷史功績，也有助於國內民族和諧。這一切證明「守多於攻」是漢人的深層基因，而矗立於華北崇山峻嶺中的萬里長城就是最鮮明的證據。

對傳統中國有深入了解的季辛吉也有類似的、非常不同於美國反中鷹派的看法。他在《論中國》（*On China*）巨著的前言中就直言，中國與美國都自認擁有獨一無二的價值，但「美國的獨特性在於它的傳教精神。它自認有責任把美國價值傳播到世界各角落。中國的獨特性在它的文化。它不向外傳播，也不主張自己的制度與外界有關」。他說，「中國不輸出自己思想，而是靜等他國前來尋取……中國不奪取海外殖民地，超出海岸就不感興趣。」他還說，中國的現實主義與西方很不一樣；中國不追求「絕對安全」，而是「相對安全」，也就是自己承擔一定程度的「相對不安全」。可惜美國政學界與季辛吉持類似看法的人明顯居於少數，尤其在川普主政後一直到今天。

共產中國性格之一：共產主義

共產主義也是深植今天中國大陸人心的DNA。它是中共建黨一百年來最核心的思想，沒有它，中共不可能撐過前三十年艱苦危險的成長茁壯期；沒有它，也不可能在今天維繫十四億人的超大國家於不墜。

中共的共產主義不同於最早實踐馬列的蘇聯，馬列思想源於工業革命後的歐洲，是對當時資本主義剝削工人階級的思想反撲，馬列的所謂「無產階級」指的是工人階級，不是農民。農民被視為被動、保守、落後，需要接受工人的領導與教育。但在共產黨成立初期的中國，工業化根本不成熟，連鐵路都沒幾條，只有大城市才有極少數的工廠設備，抗戰時連迫擊砲都造不出來。絕大多數人口都是沒有土地且沒受過太多教育的農民，所以在國民黨以武力鎮壓共黨在城市（所謂的「白區」）的力量後，以毛澤東為首的共黨殘餘就往農村（所謂的「紅區」）發展，並在延安期間徹底鬥垮堅持「工人領導」的「國際派」，莫斯科因此深感不悅。根據史瓦茲（Harry Schwartz）的《沙皇、官紳、政委：中俄關係史》（*Tsars, Mandarins, and Commissars: A History of Chinese-Russian Relations*），史達林曾向美國大使直陳「中國共產黨不是真的共產黨。它們是『人造奶油（margarine）共產黨』」。但毛澤東則堅持「沒有抽象馬克思主義，只有具體馬克思主義。而具體馬克思主義必須要全國人都徹底了解，要具有中國特色」。

歷史證明毛的戰略選擇是對的。對居於弱勢的共產黨而言，幅員遼闊的農村不僅是安全的庇護所，更提供源源不絕的兵源。國共內戰時，共黨軍力迅速壯大原因之一就是充分發揮「反地主」、「反資產階級」、「反官僚」等觀念的動員力，這些簡單易懂的口號甚至在向俘虜或投降的國民黨部隊「洗腦」時，都能很快說服他們調轉槍頭。當時國軍基層士兵思想一片空白，很容易就接受共黨理念。中山先生名言「思想就是力量」在此得到明證。

一九四九年以後，毛澤東一方面想在中國大陸推動他理想的「共產」境界，一方面把個人權力「私慾」更大程度地融進國家大政中，以致大陸經歷三十年的鬥亂窮，甚至出現人類史上僅見的「文化大革命」。鄧小平一九七八年底的「改革開放」固然開啟一個全新的時期，但也立即面臨如何修正馬列毛的共產思想，以符合現實政策需要的重大課題。這是極巨大而困難的工程，它牽涉到幾千萬黨員根深蒂固的內在世界，要說服那麼多人跟著轉大彎，繼續大步走，在任何國家都是難上加難的大事。歷經二十年時間，透過一次次的黨代表大會，才一步步把財產「公有制」轉成「公私混合制」；把當前國家發展階段定性為「社會主義初級階段」，以便容納各種可能被視為「非社會主義」的成分；把馬列思想核心的「無產階級專政」主張，改成「三個代表」，其中一個是「中國共產黨代表中國最廣大人民的根本利益」，「人民」中間當然有工農階級，但也包括過去被視為鬥爭對象的資產階級。既如此，當然不必再有「階級鬥爭」，更不必「暴力革命」。

外界看這些意識形態的文字修正，似乎非常抽象，抽象到一般人似懂非懂；但就像中古時期基督教會對《聖經》所做的不同詮釋一樣，每次修正對信仰者都是天大的要事，中間經過無數次、小圈子、大範圍的辯論，才錘煉出若干精簡結論。新文字或新解釋確立後，必然把共產黨和中國大陸帶向一個新的發展方向。回過頭去看，現在的共產黨思想與百年前創黨初期相比，相差不可以道里計，但「變」的歷次途徑中仍有「常」的脈絡，讓中共從嬰兒長成巨人後，還能自信且無愧地主張自己的共產主義血脈。

共產中國性格之二：民族主義

民族主義在中共思想中所占的分量，絕對可與共產主義等量齊觀，硬要比較兩者孰輕孰重，既無意義，也沒必要。筆者當年撰寫博士論文探討一九六九至七九年的中蘇共關係時，就發現蘇共堅稱中共政策背後的動力是民族主義，而不是共產主義。莫斯科的潛台詞當然是它自己代表「正宗奶油」的共產主義，而「人造奶油」的中共則被狹隘的民族主義導引到了歪路。其實用更大的歷史眼光看，任何思想（或動植物）在地球上開枝散葉時，都會「因地制宜」，出現不同的面貌。佛教、基督教，或伊斯蘭教是如此；民主、君主，或專制制度也如此，都在落腳不同地方後無例外地生出不同的變種。

中國共產黨的民族主義既是與生俱來，也根深蒂固，它一方面承續了「傳統中國」的性格，一方面也有自己在生存壯大過程中積累的經驗。除了毛澤東基於國情不同而獨創農民路線外，中共領導集體對史達林長期藉「共產國際」之名、企圖遙控中國的共產革命早有不滿。但史達林個人權威太高，而中共立足未穩，只有隱忍。等赫魯雪夫繼位後，中蘇共的思想、利益、政策就開始分歧，導致兩大共產國家關係持續惡化近四十年，直到蘇聯解體前為止。這段時期的中共民族主義基本上是防守性的，為的是確保自己能夠主權獨立及政策自主，脫離中國百年餘的被欺壓狀態。

鄧小平「改革開放」以後，中共民族主義慢慢轉向建設性，朝著先富後強的方向邁進。不管是鄧小平一九七八年的「具中國特色的社會主義」、江澤民一九九七年的「中華民族偉大復興」，或習近平二〇一三年的「中國夢」與二〇二一年的「中國式現代化」，都圍繞著「中國」的主軸，力求建設更富強的國家。關於這點，國內外的相關著作甚多，在此無須狗尾續貂。

獨一無二的「國有」、「黨治」、「民享」

在各國「瞎子」紛紛針對中國大陸情勢「摸象」時，最特殊的就是緊咬「中國崩潰論」的一小群人。據一位李登輝老友親告，李在總統任內曾與他同坐車內以日語交談。多次參訪大陸的他勸李多重視大陸發展，不料李竟答，「你放心，中共就要垮了。相信我，我有情報的。」十幾年後兩位退休老友重逢，握別時客笑問「中共垮了嗎？」李揮揮手，「嘿，今天不談這個。」或許李在最後有了反省，但其他堅持「崩潰論」幾十年而臉不紅氣不喘的大有人在，而且新人依然輩出。

中共建政初始確實鬥亂窮了三十年，但隨後四十年不僅沒有崩潰，還快速壯大成世界第二大的經濟體，人民生活也大幅改善，中共官方稱這「沒有民主也能發展」的特殊制度為「具中國特色的社會主義」，西方則多以「國家資本主義」（state capitalism）名之，筆者擬拆解為「國有」、「黨治」、「民享」，以與西方民主制度的「民有」、「民治」、「民享」作對比。

「國有」指的是大陸的土地、自然資源，與關鍵生產工具均屬國有，其使用及經營則部分歸由民間。「土地國有」既可消滅幾千年地主佃農的不平等關係，也有利於國家的基礎建設。記得九〇年代，台灣花了十年才興建完成第二條高速公路的台北至新竹（俗稱「北二高」）段，約一百公里，其中僅土地徵收就花了六年；而大陸同時進行的京廣鐵路，長達兩千五百公里，從起頭到完工只花了三年。「自然資源國有」一方面避免資本主義常見的民間寡頭壟斷，一方面強化中央的力量。「關鍵生產工具國有」則可避免中國大陸落入歷史常見的地方割據，因為中央透過它控制的關鍵生產工具，如能源、運輸、電訊、水資源等「條條」，就不怕個別桀傲不遜的省市自以為擁有「塊塊」，而不服從中央領導。所以「國有」既是「社會主義初級階段」與西方資本主義最大的差別，也是中共維持內部安定團結的重要基礎。過去四十年北京開始允許「公私混合制」以後，就一直謹小慎微地拿捏「國有」與「私有」之間的分寸，時緊時鬆，目的就在既獲得資本主義私有制的好處，也避免它夾帶的可能弊端。

「黨治」是另一重大特色。生活在台灣、美國及其他沒有共產黨地方的人很難想像共產黨在大陸扮演的多種角色。幾十年前的國民黨員偶爾還會被通知參加黨的小組聚會，民主化後就完全停止，國民黨也變成一般民主國家的政黨。但共產黨員卻一直有嚴格的「組織生活」，該開的會，該讀的文件，該做的學習，一樣不能少。習近平上台後還恢復延安時期的「批評與自我批評」，即黨員間互相公開批評，同時自我檢討。記得一次我隨團成為一個重要省分省委書記的客人，席間他提到最近該省才舉辦高層官員的「批評與自我批評」，他指著好幾位在座的高幹及市長說，他當眾指責某甲常犯「形式主義」的錯，某乙「封建主義」太重，而某丙則是「官僚主義」；他們也批評我，也相互批評，大家最後都虛心接受改進。台灣訪客聽了紛表懷疑，「在台灣你當眾這樣批評長官或同事，大家以後怎麼見面啊!?」省委書記說，「那次會議《人民日報》有報導，你們可以去查。」我回台後上網查閱，果然真如他所說，現場見到的幾位高幹都有名有姓在報上批人且被批，包括省委書記自己，令人不得不信。後來問過不少其他地方不同層級的官員，都有同樣的經驗。一位國台辦官員還補了句，「不要以為只有你們台灣官員官不聊生，我們比你們壓力更大。你們只有立法院、媒體監督。我們上有長官，外有紀委，旁邊不知何處同事在看，下面還有部屬、民眾可以舉報你。」這是外界很難想像大陸官員工作的真實面。

共產黨在大陸不只是政治的治理者，也是基層社會網絡的骨幹。一位日本外交官曾親口對我說，日本二〇一一年大地震後，北京承諾將捐款救災，但幾個月過去卻一直沒有下文，日本就向大陸官員探詢此事。大陸回答，「因為你們沒有提出死難人數，我們無法估算捐助金額。」日本說，「啊，福島災區官員很多自己都死了，實在很難整理出具體數字。」大陸官員就笑了，「我們汶川地震（二〇〇八年）也一樣，官員死了不少，還好我們有黨組織，死難人數一下就抓出來了。」

但黨員也是人。鄧小平在改革開放初期「讓一部分人先富起來」的指示，把經濟快速激活，很多民眾卻發現先富起來的那部分人，怎麼常常是與黨政官員相關的人？於是官員的「以權謀私」（所謂「靠山吃山，靠水吃水」），慢慢累積出極大民怨。江澤民後期的二〇〇〇年，大陸的貧富差距依據國際公認的吉尼係數（Gini coefficient），已經超過〇．四的警戒水位，高於美國或台灣；到胡錦濤後期的二〇一〇年，吉尼係數竟高達〇．六一，直逼拉丁美洲水準，哈佛大學社會系教授懷默霆（Martin King Whyte）指出，胡溫時期提出的三項政策（免費義務教育、取消農業稅、醫保）大幅降低基層對貧富差距的不滿，但一般人對「以權謀私」仍然忿忿不平。當時我及多位台灣觀察家談起在大陸的所見所聞，都有親身感受。我曾在某省應邀參加省台辦主辦的兩岸關係座談，我獨白且獨力回答三、四十位該省官員學者的相關提問；不料我隨興提到大陸貪腐問題時，現場氣氛立時急轉，大家忘了兩岸關係，紛紛表達對黨政貪腐的極度憤怒，臉紅脖子粗，二十分鐘停不下來。主持人只好無奈說，「蘇教授在這裡。我們不要自己吵成一團，好不好？」在一切向錢看的風氣下，黨紀甚至渙散到像薄熙來親信的重慶市公安局長王立軍這樣的重要官員，遇事竟敢逃到美國領事館尋求庇護。如果不下重手，星火燎原成局部動亂，不是不可能。所以習近平上台後立刻雙管齊下，一方面嚴整黨紀，強化黨員思想教育，力求建立一支既廉潔又能辦事的隊伍，一方面大幅提升共產黨在整個體制中的角色與分量，賦予黨更大的治國權力。在他大刀闊斧整治下，連「老虎」帶「蒼蠅」總共送了一百五十萬中高層幹部入獄。這番整治至今十年沒有止歇。

習的算盤似乎是：全大陸十四億人口中，有九千六百萬是經過嚴格入黨程序考核的共產黨員；換言之，大約每十五個人就有一個是黨員，只要每個黨員都乾乾淨淨、努力辦事，為其他十四人表率，整個神州大地就可安定無虞。他雷厲風行的負面影響也不小。原本逐步開放的社會與經濟風氣受到限制，更重要的，在西方掌控的話語權描述下，中共的國際形象由好轉壞，加深各國對中共崛起的疑慮。

「民享」最明顯，最容易理解。它指的是人民在物質與精神面的滿足。就物質言，大陸這些年在全國各地的建設有目共睹，若只比較市容，台北市大概只能算是大陸的三級城市。就精神言，大陸的快速崛起給大陸民眾帶來極大的尊嚴及信心，有的「厲害了，我的國」說法甚至讓很多大陸人自己都臉紅。哈佛大學、皮優中心及其他大型民調都發現，與其他各國民眾對自己領導人施政的評分相比，大陸一直名列前茅。

「國有」、「黨治」、「民享」的組合在全世界可說獨一無二。由於孕育它的土壤也獨一無二，所以極難在別國複製。據著名的英國經濟學家麥迪森（Angus Maddison）的研究，直到清朝的康雍乾時期，中國的全國總生產在一千幾百年間一直接近當時所有先進國家的總和。但三次巨大的人禍（即十四年的太平天國、八年對日抗戰、大躍進加十年文革），每次死亡三千萬人以後，這塊古老大地殘破剝落、民不聊生了一百多年。這段慘痛記憶讓現今全民對社會安定、經濟成長，及國家強盛抱有強烈的集體期待。

「集體」與「個人」關係的調整

這個制度之所以獨一無二，因為它生長的土壤極為獨特，就像美國一樣，只是兩者獨特的緣由完全不同。用美國前副國務卿佐立克（Robert Zoellick）的話說，中國人口的一半幾乎生活在相當美國德州大小的土地上。在如此擁擠的範圍內，其中民族、宗教、語言、地域情結又極複雜多樣，如果開放組黨，冒出幾十個政黨可說毫無問題。因此管理這樣一個龐大擁擠多元且矛盾重重的國家，本身就是極大的挑戰，幾千年來一向如此。如果今天在中國大陸硬生生套用西方的多黨制、言論自由，及一人一票，一定天下大亂；更別說它還與十九國的陸地或海域接壤，其中五國曾在近百年內交戰，恩怨難分難解。

它的政治面貌當然不能三言兩語說清楚。勉強簡化，或許可藉「腳踏車」做比喻。「腳踏車」有三要素：首先是騎車的人，即中央領導，必須穩，不能內鬥，否則車子必東倒西歪，此理自古皆然，於今尤是；第二、第三要素是車的兩輪，一為經濟發展，一為民族主義。若兩輪都飽滿，車子必定又快又穩；如輪胎洩氣，腳踏車就岌岌可危。近四十年北京一直高度重視經濟發展，在對外關係上絕不輕易示弱，原因在此。

習近平任內「腳踏車」輪堅氣足，騎得虎虎生風，別國看得既羨又妒。問題是它畢竟只有兩輪，先天不如三輪或四輪車穩定。「腳踏車」迄今的成功除了車手團結穩健，還有很大部分是因為十四億人對慘痛過往記憶猶新，不願重蹈覆轍，且感激前所未有的「民享」水平，並渴望重拾民族尊嚴；因此他們既能忍受國內各種限制，也不怕國外挑戰。將來一旦人民不再「憶苦思甜」，把「民享」視為當然，加上個人意識抬頭，對未來期望上升，制度就有質變的壓力。一旦人心思變，藉人手一機的社交媒體傳遞訊息，任何星星之火立將燎原。「白紙運動」在二〇二二年底暴起暴落就是最好的證明，它的出現顯示三年新冠疫情的強力封控，已經到了一般人忍受度的極限，而中共高層迅速順應民心、解除封控，則反映「車手」危機處理的能力。

如前所述，大陸改革開放以後，黨中央高度重視意識形態的轉型，經過一次次的微妙修正，新與舊的意識形態已經融合；不服者也放棄爭論。但大陸意識形態的成功轉型所帶來的經濟快速成長，卻製造全新、可能更大的挑戰，那就是「集體」與「個人」的關係。當個人財富愈來愈多，行動愈來愈自由，自信愈來愈強，人心就起變化。社會學家馬斯洛（Abraham Maslow）把人類需求分為五個層次，依序為生理需求、安全需求、社會需求、自尊需求，與自我實現需求，大陸民眾現已超越前面兩個層次，甚至極為難得地全面脫貧，而開始依自身不同條件向後面三個層次前進。此時「集體」與「個人」關係自然趨向緊張，就像家裡的小孩長大後，必然帶來父母及子女關係的摩擦一樣。在有感情做基礎的家庭裡，關係調整相對簡單，但放大到感情逐漸淡薄而利益逐漸濃厚的社區、學校、辦公室、團體、社會，乃至國家中間，關係的調整就是一門大學問。八〇年代的台灣就走到這個關鍵點。當時它選擇向「個人」傾斜，並在大環境及美國壓力下，走上西方式民主化的道路。儘管有先前幾十年的地方選舉作為鋪墊，台灣最近三十年實踐證明，西式民主不是當初以為的萬靈丹。如前幾章所述，台灣甚至還逐步沉淪。其他許多民主化國家亦復如此。根據統計，非西方的新興民主國家的三分之一都走了回頭路，或變成表面民主的「非自由的民主」。

大陸高層也早注意到這個新挑戰。二〇一七年的中共「十九大」上，習近平就首次做了重大宣告，「我們社會主要矛盾已經轉化為人民日益增長的美好生活需要，和不平衡不充分的發展之間的矛盾。」或許因為大陸太大、太龐雜（面積是歐盟二十七國的兩倍，人口是歐盟的三倍），或許由於歷史傳統，也或許基於意識形態，中共的藥方明顯向「集體」傾斜。用長遠眼光看，這選擇也是一個實驗，像台灣的民主實驗一樣，它的成敗及對錯只有時間才能證明，現在任何猜測或判斷都言之過早。事實上，我個人因為對台灣自身的民主實驗經歷了由高而低的期待，所以愈來愈主張任何國家的制度應由它的人民自己決定，沒有絕對的對錯，也不一定有所謂的放諸四海而皆準的「普世價值」。各國要依自身國情自行選擇想追求的價值（如經濟成長、穩定、民主、自由、人權、公平、正義等），自行排列優先順序，實踐的程度與速度也要自行拿捏，一切自行決定後當然就要自作自受，怨不得別人。同時局外人最好不要指指點點、自以為是，更不應插手干預，惹事生非。局外人（包括政府）只需關心該國政治制度產生的內外政策，將影響自己到什麼程度即可。

展望未來，能夠直接或間接影響台灣的，除了中國大陸的「經濟」輪子外，還真的只有「民族主義」輪子。台灣問題既是大陸政府與人民長期的心頭之痛，也是曾在閩浙滬長期工作的習近平最大的歷史責任。在預測北京可能的對台作為前，我們必須先理解北京如何看世界，尤其是美國，特別在台灣被認為「倚美謀獨」，而美國「以台制華」的今天。

中國大陸與世界

基於前述的中國特殊性格及文化，它的世界觀與美國大不相同。中國與外界交往幾千年，累積了太多經驗，濃稠程度甚至超越老牌且老練的歐洲國家，因此「現實主義」深植所有政策菁英的內心；很難找到類似美國的「孤立主義」及「理想主義」的基因。此外，基於它「內重於外」及「守多於攻」的保守性格，古代中國，不管多強大，極少向外推廣自己的制度或拓展殖民地以擴大政治勢力或掠奪自然資源。它在國際間要的不是經濟利益，因為歷代皇帝回敬友邦的饋贈往往遠高於收受禮品的價值。它要的是尊敬及文化影響力，以滋養自己的「文化自信」。儘管如此，它又從不因為自認文化卓越，而像美國那樣推廣自己的文化與價值觀，美其名曰「普世價值」，甚至強迫別國仿效自己的制度或思想，美其名曰「顏色革命」。它頂多像在日本自願仿唐制時，予以方便及鼓勵。

進入二十世紀下半葉，共產中國為了掙脫美國及蘇聯的包圍與打壓，特別重視所謂的「第三世界」，但它對亞非拉的政策，如多位西方學者所歸納，從來都是鼓吹（championship），而不是領導（leadership），因為「領導」要出錢出力，而「鼓吹」只出張嘴，用精神號召，最節省有限資源。

在國力大增後，它整體對外政策基調並沒有改變。如與美國相比，以下特色尤其突出：一，重視「利益」而不是「價值觀」。美國常把外交（甚至援外）政策與民主、自由、人權等價值掛鉤，它獎勵遵從這些價值而懲罰違反的國家。但中國大陸通常只講政治與經濟利益；價值觀的選擇被認為是各國自身事務，與外交無涉。它不輸出共產主義，也不推銷其治國方式，最近習近平強調「中國式現代化」，目的似只與資本主義及西方民主制度區隔，而不是推廣到國外。二，連帶地，北京一再強調「不干涉內政」，這一方面給自己免除無盡的煩惱，一方面也讓較為弱小的國家在心理上不會有被欺壓的感覺，利於北京廣交朋友。三，「尊重主權和領土完整」及「互不侵犯」。這就把中國大陸與過去的殖民帝國及當代的美國區隔開來。中國大陸當然也會與別國偶起爭執，但它絕大多數情況都只藉由經貿給予「獎」或「懲」，而不是直接訴諸武力。相對於美國自二戰迄今七十年間四處征戰，幾無間歇的紀錄，北京動武的次數少、時間短、規模節制而不擴大。它還與眾多鄰國把陸地接壤的領土糾紛一一解決；目前只剩中印邊界東西兩地，以及海上的南海及釣魚台仍有爭議。

在美中競爭的今天，上述外交特色就導致一個重要的戰略後果，那就是美國盟國多，中國朋友多。前者有條約，多半有共同價值觀（即民主），可能有軍事基地來支撐。後者沒有這些，但有經濟利益（全球三分之二國家的最大貿易夥伴是中國），有「不干涉內政」的零負擔，還有關係的開放性（即美國盟友也可以是中國朋友）。這個特殊格局使得美國很難像美蘇冷戰時那樣拉幫結派，把中國大陸圍堵起來，因為許多國家都與中國有千絲萬縷的關係，都希望同時與美中兩強交往，不想選邊站，故對美國的邀約經常虛以委蛇，美國也莫可奈何。本書第四章曾引用我印象最深刻的例子：一位東南亞高官相告，在某次區域外長會議的私下場合，某大國遊說東南亞外長支持抗衡另一大國，大家紛表「當然，當然」。第二天另一大國也做同樣訴求，答案還是 Yes, of course。國際關係虛情假意若此，美中在黑白棋盤上廝殺，你提我取，你打我劫，不經過長段時日，勝負實難衡量。

中國大陸看美國

其實美中兩個棋手原本充滿了善意與互敬，兩個民族都不仇外，包容很多外來族群，個人主義都很強。一般以為中國人崇尚集體主義，筆者卻以為那只是表象。中國人的集體主義只是為了維持地狹人稠下的社會和諧，一般人內心深處均渴望個人自由，不喜羈絆，且多數相信經由個人的自省內修，不需經由任何媒介（如教會或廟宇）就能達到更高境界。以筆者所見（當然可能是偏見），因為雙方都有強烈個人主義，所以美國政學界與台灣或大陸的中國人通婚的比例遠高於美俄聯姻，畢竟後者更受到集體主義及強烈宗教意識的限制。

政治上，中國人落後挨打多年，養成崇洋媚外的風氣，對美國尤其情有獨鍾（「美」國譯名似有貢獻）。菁英群只要記得八國聯軍，常會感念美國獨排眾議，以「門戶開放」的宣布制止了西方列強瓜分中國的企圖；它還捐出庚子賠款，成立包括清華在內的多所大學，培育了許多現代化人才。二戰期間美國還帶頭廢除「不平等條約」。二戰以後，兩國意識形態對立了三十年，聯手抗蘇了二十年，揉成極端複雜的愛恨情仇，但全國上下對美國經濟、社會、科技、文化的仰慕可說溢於言表。記得上海某教授曾告訴我，上海高中生畢業時，每人至少看了一千部好萊塢電影。難怪大陸開放留學以後，絕大多數年輕人（包括高層幹部子女）都以留學美國為首選，程度不亞於當年的台灣。

但感情終究抵不上利益，尤其是國家利益。現在北京看美國已與過去大不相同，愈來愈把它視為阻止「中華民族偉大復興」的最大勢力。川普任內動員政府各部門執行反中政策；拜登擴大建構整個印太地區，還拉攏北約加入全球反中戰線。有的美國策士甚至建議從內部顛覆中共政權。此外，美國過去僅僅消極延遲中國統一，現在卻積極與台灣勾結，並利用它阻止中華復興。凡此北京看在眼裡自然不滿。美國雖針對這幾點重申所謂的「四不一無意」，但北京仍認為美國言行不一。

北京也自認承受很多委屈。它深知自己制度很難複製，所以根本無意推銷到其他國家；它覺得中國要的不過是基本安全，不會擴張侵犯別國的土地人民；在東亞它只追求正當的區域影響力，無意趕走美國勢力，誠如習近平所說「太平洋夠大，容得下美中兩國」，更不想挑戰美國全球地位，美國何必過激反應？但這些委屈只有偶爾出現在中共官方的論述中，沒有成為西方對中國認知的一部分，以致北京的「自我形象」（self-image）與「形象」（image）差距甚大。最好的例子就是被西方廣泛認為代表習近平擴張野心的「一帶一路」。曾任高盛公司總裁的桑頓（John Thornton）在一次演講中透露，習在二〇一三年公布這新創意前曾親自攤開地圖，向到訪的美國國務卿凱瑞（John Kerry）解釋這計畫，並詢問是否由美國與中國一起合作，來改善相關國家的基礎建設。可惜，據凱瑞親口告訴桑頓，他返美後根本沒機會把習的善意提議上報給歐巴馬，因部際協商就把它否決掉了。桑頓認為這是美中關係最大的「錯失機會」。令人不解的是，為何北京沒有公開習凱這段對話？為何不再重提此構想？

不論如何，在川普發動貿易戰後，大陸的利益受損加上委曲感，就發酵成對美國的全面反感及政策反彈。在川普執政期間，大陸反應尚以被動、防守性居多，對美國的攻勢多所忍耐，對未來仍抱期待。二〇二〇年十一月拜登勝選，北京對這位曾在副總統任內與習近平在大陸及美國單獨相處了各十天的拜登，顯然抱有高度期待，他還未就職，北京就授意前副外長傅瑩在《紐約時報》撰文，釋出希望和解及對話的訊號。但拜登頭兩年很明顯「川規拜隨」，並沒有放鬆打壓，而國會的反中聲浪持續高漲。二〇二二年八月，與拜登同黨的眾議院議長裴洛西堅持訪台，拜登居然連個勸阻電話都沒打，北京就下令進行三天圍（台灣）島軍演，包括飛彈飛越台灣上空。最讓華府緊張的是中共同時切斷所有官方聯繫管道，以示「不再商量，後果自負」的決心。美國後來壓低姿態，派國務卿布林肯親赴北京商議，不料二〇二三年二月的「氣球事件」激起美國國會大譁，北京雖表遺憾，布林肯立即宣布取消預定的大陸行，拜登則親自下令擊落氣球。遲至六月底美國國防部宣布「該氣球係偏離原訂航道，沒有蒐集美國情報」時，國會及輿論似已淡忘此事。自認委屈的北京自此認為美國的「弱總統，強國會」格局，加上肆無忌憚的反華情緒，已不必對拜登政府再有期待，轉而以牙還牙、針鋒相對。於是習近平在政協的場合首次公開點名批評美國，官方首次發出長文，指責美國「霸權，霸道，霸凌」。習近平在俄烏開戰以來首次訪問莫斯科。中國首次介入中東政治，成功促成宿敵沙烏地及伊朗的復交。在兩岸方面則順應「九合一選舉」民進黨大敗的新形勢，藉由國民黨代表團的訪問推出對台灣「政府硬」、「民間軟」的新策略。美中關係的緊繃極可能提升北京對台灣問題的緊迫感，增加台灣大選前後兩岸關係的危險性。

大陸看台灣：傳統中國與共產中國

這是更沉重的話題。在大陸眼中，台灣身形雖小，身影卻很長，因為不管對「傳統中國」與「共產中國」，或晚近才浮出的「戰略中國」及習近平因素而言，台灣都是感性上「最軟的一塊肉」，及理性上「最尖的一根刺」，其分量遠遠超過台灣在美國朝野心中的角色。

台灣有些人堅決拒絕「台灣自古是中國的一部分」或「台灣人也是中國人」的說法。有人從血緣切入，認為台灣島的住民摻雜了很多原住民及外國血統，已經形成了「新興民族」。有人強調台灣與南島同命一系，絕口不談與大陸同文同種。更多的人從歷史著眼，局部放大原住民、西班牙人、荷蘭人、日本人，甚至美國人在台灣歷史中的蹤跡，刻意淡化眾多中國人與中原政權在台灣島的角色。這些說詞掩蓋不了一個基本事實：台灣島上住民幾百年來都是以中國大陸移民為絕對多數。他們吃中國菜、講中國話（不同省縣的方言）、讀中國書、遵從中國習俗，有機會就往返海峽對岸的老家。所有別地來的人，即使曾為殖民主的日本人，從來都是絕對少數。地更遠、人更少、來台時間更早、留台時間更短的荷蘭及西班牙人，能留下多少種子在台灣基因裡？中國政府在台灣的角色或許不如在大陸內地大，但那是因為中國自古都以文化為界（所以才有「化外之民」的說法），「主權」觀念直到十九世紀末才自西方輸入。因此「台灣自古為中國的一部分」起碼就人與文化而論百分之百站得住腳。至於血緣說，別說二十一世紀，即使在十九或二十世紀，恐怕都沒幾個血緣「純正」的國家。大陸內地大小民族雜處了幾千年，東來西往，北移南遷，早就沒有純粹的什麼人；即使人口最多的漢人其實也只是統稱，中間不知混雜多少非漢甚至非中國的基因，因此台灣島即使摻進一丁點外地血統，豈能宣稱已成新的民族？

這些論辯在學術上誰對誰錯固然重要，但遠不如它的政治涵義更值得重視，原因是它隱含台灣安全的最終保障。如果台灣不去挑戰台灣人的血緣及地緣，當前兩岸爭議就有看不見的護欄，安全大致無虞；一旦把它推翻，不承認自己是中國人，北京「中國人不打中國人」的承諾就解了套，台灣就必須準備打仗，並面對十四億人的敵意。

兩岸政府為「主權」、「一個中國」、「誰代表中國」、「一中各表」、「九二共識」、「兩國論」、「互不隸屬」等名詞爭辯不休了幾十年，政策菁英臉紅耳赤，但大陸一般民眾對這些理性層次的爭吵根本不懂，也不一定有感。而民進黨的「台灣人不是中國人」或「台灣不是中國一部分」的論述屬於感性層次，碰觸到「傳統中國」的靈魂深處，連教育不足的大陸民眾也一聽就懂，甚至咬牙切齒。誠如一位《紐約時報》華裔記者所報導，她在大陸各地採訪過的無數民間人士中，包括反對共產黨的人，沒人能接受「台灣人不是中國人」或「台灣不是中國一部分」的主張。所以筆者相信，只要台灣不否定自己的血緣及地緣，就可能把兩岸爭議控制在理性層次，而不外溢到感性層次；兩岸爭執僅限於政府或政黨間，台灣人就不致與整個十四億人對抗，大陸同情台灣的人也可能呼籲「中國人不打中國人」。同理，台灣內部對「中國人」、「台灣人」、「台灣人也是中國人」的爭論也會較為緩和；換言之，更團結。國民黨長年強調「中華民族」或「炎黃子孫」，其理在此。柯文哲近年「兩岸一家親」的提法也有異曲同工之妙。不幸蔡英文領導下的民進黨，近年把「反中國」愈來愈帶向「反中國人」。她似乎不知道即使李陳兩位總統當政，都不敢跨出這一步，怕因此而「團結了大陸，分裂了台灣」，陷台灣於更大的絕境。現在民進黨諸君子究竟是未見輿薪，還是有恃無恐？

至於「共產中國」，它與戒嚴時期的台灣爭的是所謂「正統」，即誰代表整個中國。毫無疑問，這是國共內戰的延續。一九七一年中華民國退出聯合國，等於國民黨繼軍事戰線的失利，在外交戰線再敗一陣。但雙方僵持依舊，直到台灣解除戒嚴、轉向民主化，兩岸對抗才發生質變。「國共之爭」退場，民主與共產的「制度之爭」登場，至今已歷三十年之久。

這三十年前半期的台灣可說充滿「制度自信」。政治上開放黨禁報禁，人民可以自由出入境，包括往返大陸；經濟居四小龍之首，「台灣錢淹腳目」，GDP高達整個中國大陸的三分至四分之一；對外同時推動兩岸和解與「務實外交」，在國際廣受矚目。每個人感到前所未有的舒暢。返陸探親、訪友、開會或做生意，內心無不自信滿滿，自尊爆表。

相對地，九〇年代的大陸則高度「不自信」。蘇聯剛走進歷史，國際持續討論中共會不會被「蘇東波」衝垮。天安門事件既反映民間不滿情緒，又暴露黨政高層的裂痕；經濟雖在改革開放的道路上前進，但因底子太薄，前景毫不樂觀。外交上則處處受制於全球獨大的美國，必須時時忍氣吞聲。「銀河號」事件（一九九三年）逼得大陸貨輪必須容忍美艦在印度洋跟監逾月，並登輪檢查有無化學武器原料；駐南聯大使館被炸（一九九九年）形同領土遇襲且死傷多人，最後華府僅道歉了事。國防上，美國航母在飛彈危機（一九九六年）馳援台灣時，解放軍根本找不到航母在海上的位置。記得曾看過中共軍艦甲板排滿新出廠汽車的衛星照片，顯然當時海軍在正規預算外還必須自求多福。另外，大陸劫機到台灣的事情層出不窮；跨海偷渡的每年好幾千人。我任職陸委會時，每逢佳節常要去「靖廬」（即偷渡客在被遣返前暫時收容的地方）慰問他們。著名的劉連昆案（即洩漏中共打台灣的飛彈是「啞巴彈」的解放軍將軍）更反映兩岸社會的民心向背。

曾幾何時，這一切都翻轉了。二〇二二年大陸 GDP 雄居全球第二，是日本的三倍，等於第三（日本）、四（德國）、五（印度）、六（英國）加起來的總和；也是台灣的二十五倍，約略每年體量就增加一個多的台灣。不論基礎建設或高科技，台灣都難望其項背。台灣人去大陸訪友愈來愈覺得自己寒酸，而大陸觀光客來台卻一擲千金毫不眨眼。兩岸諜報戰繼續上演，只是出賣情報的不是大陸人，而是台灣人。大陸軍事現代化的成果更是驚人：九〇年代末才下令解放軍只許「吃皇糧」，不許「自求多福」，開始向俄國大量購買先進機艦，並努力自製各式武器，全面革新軍事制度，短短二十幾年軍力就在東亞地區直逼、甚至在關鍵領域超越美軍。它的脫胎換骨彷彿重演十九世紀日本的明治維新僅三十年就打敗中國與俄國海軍，美國內戰結束僅三十年就打敗西班牙艦隊，及德國一戰戰敗僅二十年就爬起來發動二戰。

如以成果論英雄，兩岸三十年的「制度」競賽讓北京對兩岸統一更有信心。所謂「時與勢都站在大陸這邊」的說法，反映的正是中共新的「制度自信」。它衝擊的不只是懷抱「台灣獨立」夢的民進黨，也包括長期堅持「中華民國」的國民黨。

大陸看台灣：戰略中國、習近平、蔡英文

如果「傳統中國」與「共產中國」聯手給「統一大業」燒起了大灶，「戰略中國」、「習近平」，及蔡英文的「倚美謀獨」三因素，則在近年給它添加了大量柴火。「戰略中國」源於中國大陸軍經茁壯後的新思維。相對於美國擁有兩面大洋，中國只有東邊及南

半邊面海。更不幸的是，出海不遠就橫躺著第一島鏈，大大限制了它的海上活動空間。冷戰時，美國沿著島鏈築起「圍堵政策」的連環高牆，讓它寸步難行。如今中國大陸是世界第一大貿易國，每天貨輪進出無數，而軍艦數量也是全球第一，僅二〇二一年造艦量就等於第二至第七位國家的總和，如果還困在第一島鏈內，就會像隻籠中鳥。我們試做比較。根據二〇二三年五角大廈的中共軍力報告及其他資料，美國在該年擁有二九五艘軍艦，三年後將除役四十八艘；它們擁有兩條又長又深又寬廣的海岸線，可以隨心所欲地進出兩個大洋。反觀解放軍海軍有三七〇艘軍艦，至二〇二五年將擴增為三九五艘，比美國海軍多出一大截，卻只有兩個缺口可供它們進出第一島鏈，一是位於沖繩西南、沖繩與宮古島中間的宮古海峽（約與台灣海峽同寬），一是台灣南邊的巴士海峽。任何人只要設身處地想想，就會理解現在北京高層（尤其是解放軍）如何鬱悶。如要比喻，應與十九世紀末美國自覺受困於英國及西班牙控制的加勒比海一樣。

這兩個缺口不幸都在台灣門口。換句話說，台灣卡住中共從近岸走向遠洋的關鍵隘口。如果美國持續藉台灣箝制大陸，北京不管產製多少航母，都將有志難伸；北京的海上貿易，乃至長期經濟發展，都將受制於人。反之，如果中共掌控台灣，不僅海上貿易順暢，海軍也可大展身手：平面艦隻能隨意遨遊西太平洋，過去困在南海的潛艦也可從台灣的深水港迅速滑進千公尺深的太平洋，消失得無影無蹤，屆時不僅美國要與中共平分西太平洋海權，日韓也必須更看北京眼色。不僅如此，雖然美國仍將在馬六甲海峽、印度洋、波斯灣，及蘇伊士運河占據上風，得以繼續牽制中國的能源與商品供應，但中共憑藉台海及南海的優勢，加上日韓兩大人質，也擁有可觀的角力籌碼。換言之，北京如「得」台灣，軍事與經濟均能鴻圖大展；如「失」台灣，不僅「統一」不成，連「中華復興」也將無望。台灣的戰略關鍵地位由此可見。

類似台灣的兵家必爭之地，史上先例所在多有。地中海東岸地區幾千年來戰火不歇，無數次易手，不為別的，只因為它是歐亞各帝國向東或向西擴充的必經之地。最近加薩走廊的戰事，不過再度突顯這地區的火藥庫本質。波蘭幾次被瓜分，也只因它是東西強鄰必須路過的平原。在亞洲的韓國一直是日本壯大後第一個染指的對象。美國自己在北美站穩後，同樣先把門口加勒比海的西班牙趕走；當時英國立刻俯首妥協，才保住它的牙買加。這是百試不爽的大國崛起邏輯，等同「匹夫無罪，懷璧其罪」。現在東亞大環境如此轉變，台灣即使「匹夫無罪」，尚不一定逃得過此一邏輯，更何況愈來愈被北京視為「有罪」。

至於「習近平」個人因素，既是偶然，也是必然。他崛起前沒人能預料一定是他，但所謂「時勢造英雄」，經過江胡兩任「專業經理人」，整個中國大陸雖然各方面進步卓著，但黨國的質變也近乎失控，必須改由既根正苗紅、又偏向改革開放的「紅二代」出來掌舵，習近平於焉脫穎而出。他依年齡被歸類為大陸的「老三屆」：這群人經過大風大浪，扎扎實實吃過文革苦頭，特別不怕挑戰。政大東亞所教授寇健文爬梳習近平早年生活與言行，綜合研判習的政治性格及領導風格為六點：一，節儉樸實、厭惡貪腐；二，隱忍堅持、高度自信；三，念舊重情、除惡必盡；四，崇尚強勢領導、不墨守成規；五，犧牲小我、完成大我的集體主義；六，民族復興與社會主義建設的使命感。我個人印象最深的是，第一，他初出道時做了幾年國防部長耿飆的祕書，離職後不像許多同代人（如薄熙來）繼續留在北京官場或下海賺大錢，而是選擇前往貧窮的河北省，從基層的縣級副書記幹起；離開河北後，轉往更遠更窮的福建省再蹲了長達十七年之久。這些長期吃苦耐勞的抉擇，絕對讓他在「紅二代」中鶴立雞群。第二，他拒絕陪同第一任妻子及其駐英大使老丈人一起前往倫敦，而選擇離婚並五年未娶：這顯示他重視志業超過舒適的生活。第三，他在河北時就一直潔身自好，任職福建寧德及福州獨當一面時，已開始嚴格打貪反腐，後來福建爆發多人被捲入的大型貪腐案，他全身而退，不染一點塵埃，顯然操守多年堅定不移。

在福建他開始與台灣有了密切往來。福建經濟當時在大陸排名第二十二，而台灣既是該省最大外資，任何想發展該省經濟的人必定要與台商接觸。習離開福建時，福建經濟已經爬到了第十一名。這十七年裡他換了幾個地方，最高做到第二把手的省長，自然結交了好些台灣朋友，也對台灣具有較其他中共高層更深的了解、更深的感情。他在二〇一三年六月會見國民黨榮譽主席吳伯雄時提出的「兩岸心靈契合」，就在北京所有最高領導對台言論中獨樹一幟。但他也有硬的一面。依中共慣例，解放軍在每個省都有橫跨文武、針對台灣問題的小組，通常由第二把手主持，他在福建就是如此。但他調到浙江省擔任第一把手的省委書記時，仍親自主持該省相關小組，可見他對兩岸軍事的高度重視。

具有如此豐富台灣認識的習近平，無論他的主觀或眾人的客觀，都是高層圈內不二的「台灣通」，兩岸統一自然也是他無可迴避的歷史責任。如果成功，他將是中國統一的「偉人」，功績直比毛鄧；倘若失敗，自然就成歷史「罪人」。他在二〇一三年十月會見蕭萬長前副總統時說的「兩岸長期存在的政治分歧問題總不能一代一代傳下去」，顯示他上任伊始已想終結兩岸「拖」的局面，尋求解決之道。

進入第三任期，習近平年齡將從六十九邁向七十四；如續第四任，即從七十四走到七十九。如從生理年齡考量他解決台灣問題的時間表，第三任應優於第四任。況且中共二十大後已擺出清一色的「習家軍」，主事者絕大多數都曾來過台灣，甚至好幾次，也與台灣人士常有接觸。這個班底使他必須在第三任交出台灣問題的漂亮成績單，沒有任何卸責空間。如果他在第三任順利解決台灣問題，他在全黨全民中的「威望」將使第四任唾手可得——如果他想要的話。

此外，蔡英文的「倚美謀獨」則是強化北京對台緊迫感的最後一根稻草。自兩岸交往以來，大陸對台圈子始終鷹鴿並存，鷹派為數不少，但鴿派也遍布各處，不時發聲呼籲理性冷靜，習近平的「心靈契合」更是歷來最軟的訴求。他們的邏輯是：與「祖國統一」相比，「中華復興」更重要，只要能夠「中華復興」，憑兩岸的「時」與「勢」，台灣遲早會瓜熟蒂落，回歸祖國懷抱；太過躁進，反而會傷害「中華復興」大業，所以對台宜緩不宜急。這思維長期占據大陸官方及輿論主流地位。由於台灣商學媒界在大陸最常碰到的就是這些人，所以它也變成台灣社會對大陸認識的主流，從而對兩岸進程普遍抱持樂觀，間接助長「拖」的心態。

不幸美中關係於二〇一八年驟然惡化後，蔡英文隨即與美國反中鷹派深度掛鉤，全力配合其反中抗中，台灣內部民意也在民進黨執政下離統一愈來愈遠。國民黨副主席夏立言在二〇二三年九月說的「國民黨絕對不是一個親中或統一的政黨」，就是指標之一，這句話被國台辦發言人指為「損害兩岸互信，傷害兩岸同胞感情」，但在國民黨內部卻沒有激起任何浪花。北京對形勢的研判因此出現了變化：一、美國兩黨反中的一致性短期內不易改變。二、台灣各黨的大陸政策，在民意板塊移動後也縮小了差距，台灣島漂離中國大陸的趨勢亦不易改變。三、既然美台都很難改變反中基調，而且它們瞄準的就是「中華復興」，所以北京的耐心不一定會等到好結果，首先受傷的反而是「中華復興」大業。四、既然如此，或許可以考慮「長痛不如短痛」以一勞永逸。

以上分析說明三件事。一，中共解決台灣問題的動機無論從理性、感性，或戰略需要考量，都遠高於前章分析的美國保台動機。二，因為動機強烈，西方分析家常用「成本」概念來評估北京是否願意動武，就可能犯了低估的錯誤。中國大陸上下齊心，它願意付出的代價自然不能用美國將心比心方式來計算。三，未來五年習近平達成「完全統一」，似乎已具備主觀條件，外界懷疑多年但一直沒有具體感受到的中共「緊迫感」，終於愈來愈真實。問題是，客觀上呢？這就牽涉到美中軍力對比，必須另章分析。

第十章

台海軍事現實

台灣民主化後言論百無禁忌，但軍事議題始終乏人關注，能見度遠低於經濟、外交或文化。在「溫室」裡歡欣度日的台灣各界，好像完全忘了一個國際政治的鐵律，那就是軍事永遠是主權國家最重要的支柱。日本在二戰後雄居世界第二大經濟體，但因軍事跛腳，它就只能是美國的小老弟，一旦老大哥覺得日本經濟威脅過大，逼它接受自殘的「廣場協定」，東京只有低頭就範。反觀蘇聯，無論經濟、外交或文化實力都遠不及美國，但僅憑軍事實力（含核武及傳統武力），就能與美國平起平坐，併稱「超強」。

原因很簡單，軍事是國際社會與國內社會最大的分野。所有國家都嚴禁在國內使用暴力，連擁槍自由的美國都不例外。只有政府才能合法使用暴力，包括對外用兵。為防止國內暴力，各國都訂有強制性法律，由法院及檢警系統負責執行。但國際社會本就是無政府狀態（anarchy），它由主權國家組成，沒有單一權威機構，沒有立法及執法單位，所有國際規範的建立及執行都要靠主權國家自願配合才能實現。由於各國都追求國家利益，經常競爭，甚至作戰，所以國際社會從來都是弱肉強食的「叢林」，而不是有規矩方圓的「社會」。國家間很少真心合作以促成一件事，即使碰到百年一遇的人類共同敵人，如新冠肺炎，也不例外。所以國際恆常不變的真理就是「國家實力」，而不是台灣很多人以為的價值、制度、認同或民意。國際法只是「弱法」、聯合國只是各國議政的場所，不是最高權威。凡事大國說了算，小國說了不算。小國犯錯，有很多制裁辦法；大國犯罪，各國多只傻眼。

既然國家實力如此關鍵，軍事就成重中之重。霸權的興起或衰落也一直以軍力的強大或衰弱為主要衡量標準。軍事史學家魯瓦克（Edward Luttwak）在他的《羅馬帝國大戰略》（*The Grand Strategy of the Roman Empire: From the First Century CE to the Third*）巨著中分析羅馬帝國興衰三階段，第一階段，帝國軍力大到根本不需使用，各個小國及蠻夷部落全都望風披靡。第二階段，帝國大軍必須派駐重要據點，時而巡邊，時而出擊平叛。第三階段，各地烽火時起，逼得帝國必須轉攻為守，最終軍力衰竭而走進歷史。

台海現實也必須從軍事角度去理解才能抓住重點。台灣安然度過七十年，不是自己拳頭大，而是身後站著一個巨人。最近幾年，巨人拳腳日漸無力，對手身形日益高大，各國乃聚焦台灣安危。

好景不再的美國軍力

蘇聯解體後，美國內部普遍認為自己已經站上人類歷史的巔峰，沒有任何一個國家可在未來挑戰美國的獨霸，從此民主必將橫掃全球政治，美元主導全球經濟，而美軍加上遍布全球的八百個基地，正是現代版的羅馬帝國紅袍軍。

五角大廈的傲慢是有憑據的。一九七五年美國才剛難看地從西貢撤軍，但八〇年代的「軍事事務革命」（Revolution in Military Affairs，或 RMA）讓它把衛星偵蒐、指管通情、聯合作戰、精準打擊、快速移動等高科技元素有機結合，做到速戰速決，並大幅減少傷亡，不僅美軍實力大幅提升，用兵的國內政治衝擊也大幅降低。九〇年代老布希勞師動眾痛擊實力不弱的伊拉克，只死了一二九名老美大兵，其中好些是被自己人誤擊（friendly fire）；柯林頓的科索沃戰事傷亡更少，只有四個人死於訓練。放眼看去，美國真的就是「西方不敗」。

於是一九九三的一天，國防部副部長裴利（William Perry）召集上百名大型軍火商負責人開會，在這個後來被戲稱為「最後的晚餐」上，他請在座客人多看看左右，「因為國防預算大幅削減後，很多人你們再也見不到了。」會上他建議這些公司儘量合併，他們聽進去了。冷戰結束時美國大型軍火公司有一〇七家；九〇年代底只剩五家。併購風一直持續到近年，總共一萬七千間跟軍火業相關的中小型公司先後消失。

不僅如此，大量軍火業員工紛紛離開與政府相關的工作，改投薪水較優，前景也較好的民間企業。至二〇一八年，民間五大人工智慧公司（亞馬遜、字母、臉書、微軟、蘋果）的總研發經費（七百億美元）是五大軍火公司（洛馬、波音、雷神、通用動力、諾斯洛普格魯曼）研發經費（六十二億）的十一倍。軍方在若干關鍵領域如太空、雲端計算、人工智慧等，都落後於民間；更糟的是，不像中國大陸的「軍民融合」，美國民間公司常常拒絕跟軍方合作。二〇一三年史諾登（Edward Snowden）洩密案爆發後，軍民關係更壞，因為民間五大不願它們的國際聲譽受到沾汙。

九一一事件後，美軍惡化趨勢只快不慢，國家財力被阿富汗與伊拉克戰事嚴重拖住了二十年，平均每星期燒掉十億美元，二〇一一年歐巴馬與國會聯手推動國防預算十年減列一兆美元的計畫，持續執行到川普的二〇一八年才中止。最近十年黨爭日益激烈，國防預算常被押作人質，很少按時通過，嚴重打亂研發、計畫、生產的進程。除預算限制外，新武器的研發還被長年官僚體系的濫權、浪費、疊床架屋、表面工夫綁住，以致最近二十年美國產出的新武器極少，且性能不符理想。譬如，冷戰期間美國每幾年就推出新機種；冷戰後延長為十年。而美國最新、最自傲的 F-35 匿蹤戰機竟花了將近二十年才量產。它雖先進，卻因價格太高而不能大量生產。它還不能與美國另一主力戰機 F-22 分享重要作戰資訊，且常常故障出事。與此同時，美軍舊武器一年年老化，必須付出極高的維修費才勉強堪用。譬如，美國所有戰機的平均年齡是三十年。其中 F-15 已經三十六歲，離全壽期的四十年只剩四年。台灣倚為主力的 F-16 在美國平均二十九歲，離全壽期三十五年也只有六年。為了進場維修或延壽，只得犧牲戰備水準。

美國軍艦的老化問題也極嚴重，因為整個造船業的式微，軍艦換新速度不得不延宕，同時維修成本必須提升，留場時間拉長。八〇年代美國尚有六百艘軍艦服役，現在只有二九五艘，以致每年只有一百艘巡弋海上，二〇二六年前美國還準備汰除四十八艘軍艦及二五六架戰機，其中包括一艘航母及多艘與台海作戰最相關的巡洋艦與導彈潛艦。舊艦汰除後，加上維修曠日費時，美艦全球巡弋的能力勢必更打折扣，為了維持任務需要，美國海軍不得不開始試行「換人不換艦」（rotation）的新措施，但管理及訓練成本也相對提高。反觀解放軍海軍，根據二〇二三年九月五角大廈公布的中共軍力報告，解放軍該年已有三七〇艘軍艦，多出美國一大截；至二〇二五年，將有三九五艘；至二〇三〇年，更膨脹至四三五艘。美國顯然落居絕對劣勢。

最近二十年關心中共威脅的美國策士提出好些對策，譬如，歐巴馬初期的「空海一體戰」（AirSea Battle），希望結合空海軍力，必要時對大陸內地進行攻擊。這想法後來因為預算不足而不了了之。他第二任時，國防部副部長沃克（Robert Work，後留任川普政府）提出「第三次壓制」（Third Offset）策略，即藉由美國新高科技（如人工智慧、機器學習、激光等）來壓制中共軍力，就像前兩次藉由高科技分別壓制了蘇聯與伊拉克一樣；最後這策略也落空，因為掌握這些高科技的民間公司都不願與政府合作。

由此可知以前各國敬畏有加，由五角大廈、軍火商及國會組成的三合一「軍工複合體」已經風光不在，軍方師老兵疲，軍火商缺資金、缺人才、缺最新科技，而根據曾在參院軍事委員會任職多年的布羅斯（Christian Brose）的長期觀察，近年國會議員對軍事及科技的認識也普遍大不如前；他們熱心的是政治炒作軍事議題，而不是提升美國軍事實力。

難改善的結構性問題

對台灣而言，這還不是最壞的消息，更壞的是兩個先、後天的結構性問題。先天的就是美國論者常提的「地理的無情」（tyranny of geography）。大陸近在咫尺，僅一六〇公里之遙，而美國卻遠在一萬一千公里外的天邊。美國雖有航母十一艘，但只有一艘部署在日本的橫須賀；珍珠港及關島都沒有。另外四或五艘則以加州的聖地牙哥為母港（五或六艘在美東）。長年以來這十一艘中必有一艘在做三年定期大修，其餘十艘中的三分之一在年度維修、三分之一新兵訓練，僅於近海活動，只有三分之一能夠越洋作戰。故實際上，能在太平洋服役的只有兩艘，通常包括駐在橫須賀的雷根號航母（以前是小鷹號），它每半年（通常是上半年）留在港內整修，下半年才出巡，當它留港時，會有另一艘來遞補。航母的共同問題是「地理」。從橫須賀來台需要五天，從聖地牙哥要二十一天，這還是假定航母已經升火待發。假如它沒準備好，一位退役航母艦長曾親口對我說，航母需要最少三天才能找齊所有官兵，備妥彈藥、油料、糧食等。既如此，倘若中共突襲攻台（即美國航母沒準備好），白宮的政治決策，協調國會，加上航母備戰，再加上海上航行，最少需要一個月才能集結一支兩艘（或更多）航母的艦隊前來搭救。

後天問題就是美國的軍力結構、武器裝備、部署都不利於台海作戰。過去二十年美軍基本只為「反恐」（counter-terror）而建軍備戰，沒想到會有「高手對決」（peer competitor）的一天。對付前者，美國只需派出航母，由艦載機自選時間、地點、方式，自遠處發動攻擊，航母根本不必顧慮挨打。但碰到解放軍以上千枚東風系列反艦飛彈為主力的所謂 **A2AD**（即「反介入、區域拒止」）策略，航母已難自保，遑論援台？二〇二一年八月中共成功試射的極音速飛彈，普遍被視為劃時代武器（game-changer），因為它不但精準，而且能變換軌道、躲過美國的飛彈防禦；它的十幾倍音速，僅憑衝撞（不需爆炸）就能撞沉美國航母，這就是為什麼一九九六年危機時，美國航母敢在台灣外海駐留多日，但二〇二二及二三的兩次中共軍演，美國航母雷根號、尼米茲號都不敢趨近，反而駛離台灣附近海域。將來如遇戰事，當航母為了逃離飛彈射程而退到關島以東，它的艦載機就需多次空中加油才能參與戰事，更別提陸戰隊登上台灣了。前陸戰隊司令奈勒（Robert Neller）曾坦言，「我們必須奮戰才能進入作戰地區作戰」。

同理，美軍的武器裝備雖然精良，卻難當特殊的台海作戰重任。首先，根據美國國安會業管戰略計畫的前資深主任斯伯丁（Robert Spalding）二〇一九年的專書，美國這些年在西太平洋居然尚未建立「指管通資情監偵」（C4ISR）的整套系統，這是任何現代聯合作戰的基本要素：看得見、聽得到，再透過神經系統整合，才打得到；如沒這套系統，所有拳腳都中看不中用。第二，哈德遜研究院的研究員克萊平諾維奇（Andrew Krepinevich）在二〇二三年底的《外交事務》（*Foreign Affairs*）雙月刊透露，當年美國對蘇聯可能進犯西歐，草擬了完整的作戰計畫，包括美軍軍力部署、作戰方式、動員速度等。但「今天針對中共，完全沒有擬定一個作戰計畫。」第三，美國只有洲際飛彈，卻因長期受到美俄中程飛彈協議的限制，沒有發展能打擊中國大陸的中程飛彈；岸置飛彈最遠射程只有三百公里。川普雖已廢除該協議，但研發量產估計需要五到十年。曾擔任歐巴馬國防部次長，且與拜登倚重的所謂「印太沙皇」坎博（Kurt Campbell）共同創辦智庫的佛洛諾伊（Michele Flournoy），就曾撰文直稱，「很多美國反制中共犯台的最佳軍備，在二〇三〇年代以前根本不可能完成並整合進現有戰力中」。第四，美國引以為傲的長程轟炸機配置了大量的對地飛彈（目標固定，為反恐用），卻只有極少的反艦飛彈（目標移動）；如用於保台（如防止船團渡海），反艦飛彈很快就消耗殆盡。第五，軍艦（包括航母）與戰機都受到距離及油料限制，不能及時趕到戰場支援；即使趕到，也不能長時間逗留；如有損傷，還不容易找到能安全修復的基地。第六，海軍戰院兩位教授合寫的鉅著《紅星照耀太平洋》（*Red Star Over the Pacific*）詳細說明，美艦美機上的所有飛彈射程，都遠不及共艦共機上飛彈的射程。第七，美國匿蹤戰機如 F-35 十分先進，但很難從關島飛過來而不被發現，因為它的加油機沒有匿蹤性能。第八，不少論者常說，解放軍已經長期沒有實際作戰經驗，這是事實，但他們忘了，美國自己從一九四四年雷泰伊灣的美日海戰後，也沒有任何海戰經驗。這八十年美國基本只執行「世界警察」的任務，只打人，不挨打，從來沒經歷互有傷亡的作戰場景，反而解放軍操練過不知多少次「圍點打援」的各式劇本。

至於美軍的部署，牽涉美軍自己及美國盟邦。美軍基地遍布全球，但能及時派上台海用場的，僅有一個戰機幾十架的琉球嘉手納基地，其餘都相隔一千五百公里以上。反觀大陸，不需空中加油（即八百公里航程內）的基地就有四十個之多，各型戰機上千架。如所周知，美國在日韓駐有近十萬大軍，但他們援台作用能有多大，令人懷疑。日本與南韓一方面受到北韓與俄國兩個核武國家的牽制，一方面要克服自己內心的恐懼，這恐懼不只源於中共的可能報復，還包括對美軍勝算的估計。如美軍勝算不大，日韓自然不想蹚渾水。雖然日本少數右翼人士聲稱「台灣有事即日本有事」，但只要美軍在日韓的海空基地不被解放軍率先攻擊，很難想像日韓會同意美軍從該國基地出發援台。一般人對日本防衛隊戰力的估計，很少把日軍的「高齡化」算進去，實際上日本士官兵的平均年齡高達三十六歲，遠高於美國的二十出頭；在台灣，滿三十六歲的年輕人依法已經不需服役，很難想像這支全球少見的「老」兵部隊肯積極投入無關防衛日本本土的戰爭。二〇二三年，菲律賓同意美國有限使用四個接近台灣的基地，但不包括長期駐軍，僅是必要時「准入」；換言之，仍不是出發援台的基地，而是協助收拾戰事的場所。曾任美軍印太司令的哈里斯（Harry Harris）就曾在國會作證時指出，美國在印太雖有五個條約盟邦（日韓澳菲泰），但「戰事一起，它們恐怕各有考量，不一定配合美國」。曾在川普五角大廈擔任副助理部長、主持二〇一八年關鍵的「國防戰略報告」、並被公認為鷹派的柯伯吉（Elbridge Colby）也在他的書中明言，亞洲以外的其他國家（如英法德加印）對美國用處不大。這個部署問題在美軍積極設法建構「反向 A2AD」，不讓解放軍突破第一島鏈的今天，成了華府莫大的隱痛，因為除了極少數琉球島嶼外，美國發現很難找到願意配合設置飛彈基地的新地點。

綜合以上鐵的事實，實在很難讓人對蔡政府「美國會來救（台灣）」的宣傳感到樂觀。曾任我國參謀總長的李喜明將軍在新書《台灣的勝算》（聯經出版）中，也列舉多例質疑目前美軍威懾解放軍的能力。正因美國在台海已經力不如人，它就必須調整可能引起美中軍事對撞的行為，前述航母兩次急著駛離（而非趨近）台灣是一例。二〇二三年十月來台訪問的前駐聯合國大使克拉夫特（Kelly Craft）說得更露骨，她在蔡英文、顧立雄、吳釗燮等人面前自承二〇二一年元月原訂訪問台灣，卻因中共威脅而被美國國務院硬生生喊卡，把已坐在飛機上的訪問團「拉下跑道」。據二〇二一年台灣媒體報導，解放軍向五角大廈表示，如果克拉夫特堅持來台，共機就要伴飛進入台灣上空，以宣示主權立場：如遭阻攔，不排除開火。講到這一步，美國當然只有退讓。

所以我們可以用「心有餘力不足」六個字來歸納現今及未來幾年的美國保台能力；接下來就要檢討蔡政府「中共不會打」的基本假定。

解放軍的快速崛起

解放軍的崛起非常類似十九世紀美國在內戰後的興起。一八八三年美國才動工建造第一艘新型戰艦，十五年後，它就打敗西班牙艦隊，把鄰近的加勒比海納為禁臠，並把手伸到遙遠的菲律賓。中共解放軍長期被譏為「小米加步槍」，鄧小平力圖「四個現代化」，但軍事仍在「四化」中吊車尾，直到九〇年代後期受到李登輝「兩國論」與美國炸毀中共駐南斯拉夫使館的刺激，北京才奮力啟動人類百年最驚人的大規模建軍。

這個歷程在美國每年公布的中共軍力報告書及我國的「國防白皮書」中都有詳盡說明。大體而言，解放軍二十年來依官方公布、以年均百分之十一的速度擴充，如依西方權威的斯德哥爾摩國際和平研究院，則為百分之十二。它多管齊下，一方面建立國內生產軍備的能量，包含調動民間資源的「軍民融合」，一方面設法向國外獲取關鍵科技，一方面改革解放軍本身組織與「人」的方方面面。根據二〇二一年的「美國經濟與安全檢討委員會」致國會年度報告（綜合七十五名專家意見而成），二〇〇〇年台灣即使沒有美軍協防，都能有效嚇阻中共的進犯（這也是為什麼陳水扁敢豪言「決戰境外」）。但二〇〇八年解放軍已具備對台火力打擊及有限封鎖的能力；二〇一五年可以全面封鎖；二〇〇八至二〇一五年還可以網路攻擊台灣及美國本土的軍事網路與重要基礎設施。二〇二〇、二一、二二年美國國防部致國會報告都明言，解放軍具備武力犯台的所有選項，包括「從空中或海上封鎖，到全面兩棲入侵，到奪取並占領部分或全部的台灣島或外島」。據學者估計，二〇一〇年前後，解放軍很可能已慢慢超越攻台劇本，進而力求突破第一島鏈，走向西太平洋。

李喜明在他書中對中共武力犯台的方式、武器及手段，與台灣防衛的重重困境多所分析。筆者以為解放軍最特殊的其實是它建軍背後的思維。首先，在它眼裡台灣軍力從來不是重點，關鍵是美軍，只要搞定美國，台灣大概就可甕中捉鱉，所以「打援」優於「圍點」。這不表示「圍點」不重要，只是先後輕重緩急有異而已。從這角度看，美國內部激辯「戰略模糊」與「戰略清晰」毫無意義，因為中共對台作戰本來就一直假定美國定然干預。美國的「戰略清晰」純粹畫蛇添足。

第二，美國畢竟是軍事超強，中共整體軍力仍難望其項背，所以重點要放在「不對稱作戰」，絕不能像二戰時日本那樣與美國正面衝撞。中共專家早早就用「點穴戰」來描述這套思路。就像古時高手對決，拳腳再俐落，也要小心不被對方點中穴道，以致動彈不得。解放軍的「點穴」功夫，就是發展專打美國航母的東風系列中程飛彈。它的好處多多：便宜、精準、速度快、生產容易（一年僅試射就一百枚之多）、射程易加長、對手難防禦、自己易隱藏（故最安全）等等。反觀航空母艦，貴、慢、少、生產不易、火力短、防禦弱、難隱身。二〇二一年極音速飛彈試射成功後，怕被「點穴」的航母更只有遠遠逃離的份。

第三，相對於美國重視「打載台」（如機艦），解放軍則更重視「打神經系統」，意即「指管通資情監偵」。如能把對方打聾、打瞎、切斷指揮通訊神經，就可在取勝的同時大幅減少傷亡，順便降低日後治理的政治代價。解放軍在二〇一五年成立戰略支援部隊，就是為了強化在航天、太空、網路、電磁領域的作戰及支援其他四個軍種的能量。

經過這二十多年不間斷的努力，今天解放軍已能在最短時間內在台海創造新的「既成事實」（fait accompli）——這是筆者綜合自二〇一五年至二〇二二年底，共五十幾份美國官方報告、國會報告、前高層官員及智庫集體或個人的書刊文章而得出的結論。「既成事實」是它們共同且經常使用的密碼，比較文雅地陳述台灣被中共占領的殘酷事實；它們並強調，屆時美國受限於「地理的無情」及軍備不足，加上翻轉新局勢的現實困難，很可能就放棄軍事嘗試，改以經濟金融外交手段來讓北京付出昂貴的代價。

台灣的「不對稱戰略」

這就是最近幾年美國一再敦促台灣採取「不對稱戰略」的根本原因。它不願講明的潛台詞其實是：美國保台已有困難，台灣不宜仍寄望用台灣自己的機艦或美國航母艦隊來抵擋解放軍的攻擊。台灣最後的希望應是利用海峽天險及人民決心來阻擋解放軍登陸，一旦他們上岸，台灣軍民就發動城鎮戰、山林戰全力抵抗；解放軍如發現不能登陸或可能犧牲太大，就會放棄攻台，而台灣嚇阻中共的目的就達到了。為了阻止解放軍渡海，借用力主此一戰略的李喜明的話說，台灣要優先發展「機動、分散、彈性、精準、價廉、可信賴，並具成本效益的大量小型殺傷性武器系統，例如岸防巡航飛彈系統、短程防空系統、防禦性水雷、微型飛彈突擊艇、無人機，以及先進監偵、目獲設備」。他還認為，過去採購的先進武器表面雖然華麗，實際作戰效用卻有限。依據此一新戰略，美國的角色不再是台灣朝野長年假定的協防台灣，包括派兵（海空軍及陸戰隊）實際參與戰鬥，而只是提供情報、武器、彈藥，及必要的訓練而已。

「不對稱戰略」有兩個盲點。第一，它假定中共登陸主要仍循過去的「渡海」模式，靠大小海上載具，在台灣海峽少數的好天氣空檔（如三月底到四月底；九月底到十月中旬）中，選擇少數難得的平坦海灘登陸，重演諾曼第大戰。由於渡海前大軍需要集結，台灣就有預警時間。因中共需要大量兩棲登陸艦，故從登陸艦不足即可判斷其攻台準備尚未成熟。依此思路，我軍如採「不對稱戰略」，備足前述小型武器，阻止共軍渡海或登陸，就能確保台灣安全。

事實上，「渡海」在解放軍攻台扮演的角色已經愈來愈次要：中共長期沒有建造新的兩棲登陸艦，絕不是因為它沒有這個造艦能量。美國智庫曾指出，中共僅二〇一九年一年興建的軍民船艦總數，就超過美國二戰四年間生產的總數；而二〇二一年一年建造的軍艦數，等於該年美、俄、英、法、德、西、義等七國的總和。換句話說，非不能也，實不為也，不為的原因就是「渡海」已非重頭戲，新戲碼是「越海」加「渡海」，而前者運送兵力人數甚至超過後者。

「越海」加「渡海」也就是專業圈內說的「多層雙超」。「多層」意即它是立體的，有四層，其中只有第一層是藉傳統的登陸艇、坦克登陸艦、船塢登陸艦等搭載機械化部隊，從「水面」渡過來搶占灘頭。第二層看似「水面」，其實是「水上」，因為它離水面若干公尺，速度因此比水面艦艇快很多，且易於突穿守備部隊的灘頭陣地。載具是氣墊船、沖翼艇與地效飛行器（ground effect vehicle），上可搭載特戰部隊、坦克、兩棲登陸車等。第三層為「低空」，即由直升機從空中越過沿海陣地，控制灘岸周邊要地，掩護登陸。第四層是「高空」，由運輸機搭載空降部隊跳傘奪取台灣重要據點，並策應登陸部隊。另外，必要時還可徵調民機軍用或民船軍用，如大型客用滾輪及半潛船，以極大化登島兵力。二〇二三年底五角大廈公布的中共軍力報告透露，該年七八月解放軍徵調十二艘民船（包括八艘滾輪）進行渡海演練，一次就運送一個集團軍的兵力（約六萬人左右）。「雙超」指的是「超視距換乘、編波攻擊」及「超越灘頭的登陸、著陸」，兩者相加就能在台灣守軍的視距外（四十浬）發起攻擊後，以高速度、多方向、多層次，選擇我軍防守薄弱地點登陸，不受台灣海岸地形限制，達到「速戰速決」的戰略目的，而我軍勢將首尾難顧，疲於奔命。

宏觀來看，將來台海作戰的曲名叫「先癱後登」（我國防部「一一一年中共軍力報告書」用語）。「渡海」和「越海」只是尾聲，序曲是透過無人機、電子戰、網路戰、電磁戰及「斬首」行動，直接擊殺領導層及它賴以指揮的「指管通資情監偵」，然後藉飛彈及遠程火箭打擊陸海空軍事目標；避開民用目標，以減少不必要傷亡，降低負面政治效應。共機共艦的出動是第三波。等台灣防衛癱瘓，共軍全面掌控制空、制海、制電權後，才輪到「渡海」與「越海」上場。由於解放軍太近，美軍太遠，曲子奏完，「既成事實」出現，美軍還來不及趕到。

換言之，只靠扼止共軍於灘頭，仍然不足以保衛台灣。講得更白點，「不對稱戰略」實際上是美國力不足援台而卸責的藉口。如果將來台灣不幸變天，美國可以辯說，「不是美軍沒善盡協防的責任，而是台灣自己沒好好守住海灘」。換角度看，美國這話沒錯，因為保家衛國本應是自己的責任，別人沒有義務，只是台灣本就活在耽於安逸的「溫室」裡，偏偏蔡政府單戀美國過深，又特別喜歡從「溫室」裡向外丟石頭，就幻想美國無論如何都會捨身救台。如今眼看美國有意抽腿，一貫向民眾宣傳「中共不會打」、「美國會來救」的蔡政府，只好硬著頭皮開始策畫如何說服民眾打灘頭戰及巷戰。

這就碰到「不對稱戰略」的第二個盲點，即它假定台灣百姓會像烏克蘭人民一樣奮勇抗敵，不惜焦土遍野也戰到最後一兵一卒。蔡政府還三不五時向國外公布民調結果，幾乎每次都顯示約七成左右表態願意奮力抗敵。但一般市井調查卻完全相反，已知的鐵證除了募兵長年不足外，還包括：年輕軍官大量退役，以致許多單位的基層幹部嚴重缺員，從而士兵訓練品質大幅下滑；為補不足，國防部長公開呼籲大專生畢業後投筆從戎，「保證經過十週訓練就授予少尉軍階」。可惜迄今他的呼籲似對牛彈琴。報載近年台大政大的「國防學士班」連續幾年每年只招到一人，遂決定停招；空軍飛官大量提早報退，中少校階級的成熟飛官最嚴重，許多甚至不惜犧牲終身俸；在美國西點軍校或維吉尼亞軍校受訓回國的軍官也紛紛退伍，好幾位因未服滿役期而犧牲終身俸；軍校報考人數大幅減少，錄取分數隨之大幅降低，其中飛行人員分數遠低於地勤人員；每年軍校畢業人數少得可憐，海軍常有軍艦每年分配不到一個新軍官；空軍飛行員少到當軍購的六十六架 F-16 戰機運抵時，恐怕能駕駛的飛官都不夠；志願役每年未滿四年就藉故退出的高達兩成。這些鐵證拼出的整體圖像，跟蔡政府向美國宣傳的大不相同；哪裡是一支士氣昂揚的軍隊？哪裡像奮勇抗敵的人民？

北京武力犯台的戰略考量

美中在東亞的軍力對比轉而對北京有利後，戰略主動權就落到北京手上，要不要打，什麼時候打，怎麼打，都由北京決定。九〇年代的中共常說，「打不打看台灣，真打假打看美國，大打小打看我們」。如今「看」美國及台灣的必要性降低，我們必須更認真看看北京的戰略與戰術考量。

首先，中國的「完全統一」是大陸上下一致的心願。國家實力愈強，統一意願會愈強；台獨刺激愈大，快刀斬亂麻的意願也愈強。國內政治爭論、經濟起伏、社會紛擾愈強，利用統一來團結內部、轉移注意力的動機一定也更強。諷刺的是，最近幾年蔡政府的「漸進台獨」及「倚美抗中」，與美國的對中「競爭」，表面想扼止中共實力的茁壯，實際正好強化了中共犯台的戰略考量。

第二，台灣近年對北京的統一動機過於低估，以為中共仍只基於長年的民族情感，殊不知中國大陸近二十年的崛起，已經改變了台灣在北京視野裡的地位。如前所述，首先，中國大陸僅東部面海，人口及經濟重心都在東部沿海，位在第一島鏈正中間的台灣因此能夠有效掐住北京喉嚨。倘美日台合作建構全島鏈的監偵系統，甚至飛彈打擊網，中共將動彈不得。如果兩岸不統一，最先遭殃的是「中華復興」。其次，解放軍近四百艘軍艦，包括兩艘航母（即將有第三艘），如不打開台灣掐住的兩個隘口（巴士海峽及宮古海峽），所有艦艇全成籠中鳥。第三，台灣巨大的經濟價值，尤其領先全球的半導體產業更是重中之重。台積電固然是護國神山，也可能是誘人的戰利品。所以台灣對大陸的戰略價值極大，大陸對台灣也勢在必「得」。如「失」，不僅「統一」不成，連念茲在茲的「中華復興」都無望。

大陸的戰略算盤還必須與美國的「得」「失」算盤放在一起看，因為兩者恰好針鋒相對。簡單地說，華府之「失」遠不如北京之「失」嚴重，原因是中共只是區域大國，美國卻是全球強權，東亞只是它全局的一部分，所以美國的得失算計必須顧及全球。誠如澳洲國防部前副部長懷特（Hugh White）所說，今天美中對峙的戰略態勢，與當年美蘇冷戰不同，當年蘇聯核武起步晚，努力追美，但傳統武力卻自始龐大，而周邊國家則始終都弱，連歐洲（如德英法義）都因忙著復興經濟，沒有軍力及意願來抵擋蘇聯的坦克大軍。所以如果蘇聯想打破現狀，完全可能做到，而美國如不圍堵，骨牌效應就會讓蘇聯席捲大半個歐洲。因此美國不只在歐洲部署重兵，而且三番兩次聲明必要時不惜動用核子武器，否則連圍牆邊的柏林、韓國、台灣、越南，都會陷入危險。

今天大陸周邊都是有一定軍事實力的國家（如日韓俄印度），北京吃下台灣後，不容易再侵犯其他地區，所以美國如果「失」掉台灣，它的實質戰略損失將僅限於西太平洋局部，不至於擴散，不會有當年蘇聯侵犯歐亞的骨牌效應。這就是為什麼美國迄今對北京威脅的反制，相對於當年針對蘇聯威脅的布局，始終顯得較為微弱，完全沒有「圍堵」之名或實，更完全不提核子武器。當然，如果美國「失」了台灣，它做為第一超強的尊嚴、它的全球政治影響力、以及做為盟邦的信譽確將折損，但這些都屬於心理與政治層次，而非實質面；換言之，初期衝擊較大，假以時日仍能調適。既然北京之「失」遠比華府之「失」來得嚴重，大陸取台的決心自然高於美國保台的意願。

此外，成本考量。許多西方專家（包括中國通）都認為成本考量，尤其是可能衝擊「中華復興」的經濟成本，將能嚇阻中共對台灣輕舉妄動。台灣許多先進也持類似看法，認為北京以「中華復興」為最高優先，只要完成「中華復興」，兩岸統一自然水到渠成，所以北京不至於對台躁進而破壞「中華復興」。

筆者相信，這是三、四年前的常理。但這三、四年的世界已經變了樣：百年不遇的疫情發生了；美中和解結束，激烈「競爭」發生了；歐洲人之間，白種人之間的戰爭發生了。面對所謂「百年未有的大變局」，我們的思考也必須跳出過去的框架才行。更何況，如上所述，台灣對北京的價值遠高於美國，所以北京願意付出的代價也會高於美國。如果美國傾全政府之力（whole-of-government approach）壓制大陸的趨勢不變，聯合西方各國孤立大陸的趨勢不變，台灣朝野趨獨的趨勢不變，美台聯手制約中共的趨勢也不變，北京就可能估計「中華復興」進程將被迫延遲；而台灣作為美國壓制中國的關鍵環節，必須外科手術割除，不然日久天長下去，「中華復興」更加無望。手術當然有成本，而且相當巨大，但不做，未來的經濟成本更大，要付出的戰略代價更高。這時「成本考量」不但不是緩和兩岸局勢的藥方，反而促成它的激化。

第四，習近平的考量。由於他在閩浙滬的長期工作經驗，習近平絕對是中共高層不做第二人想的「台灣通」。二十大後，黨政軍內的「習家軍」裡也有很多人具有台灣經驗。從正面說，這是中共建國以來解決台灣問題最成熟的時期；反過來說，如有任何差池，他們的歷史責任也無可推卸。如果這五年台獨聲勢續漲，台灣愈走愈遠，而美國壓制中國大陸的力道不減，繼續利用台灣製造事件，習近平完全執政的列車一定顛簸動盪，難有寧日；五年以後更難說服乘客允許他再掌舵五年。此外，這五年習的年齡將從六十九邁向七十四歲，拖得愈久，對他個人也愈不利。

綜上以觀，我們有理由相信，北京對台已有十足的緊迫感。未來五年，如果美台的反中抗中政策不變，持續衝撞中國大陸，刺激北京的緊迫感，兩岸關係就會像坐雲霄飛車一樣，常常逼得心臟從口中跳出來。記得二〇〇八年大選最後階段，我陪馬蕭兩位正副總統候選人去國家安全局聽取局長許惠祐的安全情勢簡報——這是行之有年的選前例行活動——許簡報的大意是兩岸風平浪靜，沒有任何特殊狀況，我們聽了很放心。不料一年多後，扁政府最後一任國防部長蔡明憲出版的回憶錄《蔡明憲與捍衛國防》（吳三連台灣史料基金會）卻揭露完全不同的景象。蔡在二〇〇八年二月承接因「鏈震案」離職的李天羽部長的餘缺。蔡說，上任後發現「兩岸關係非常緊張，我們的情報和美國的情報都顯示，中國的廣州軍區和南京軍區已進入備戰狀態，如果民進黨總統候選人謝長廷當選，而且兩個公投案過關，他們就可能動手。我們評估他們若動手的話，會從封鎖金門馬祖開始……然後封鎖台灣海峽。由於當時美國還有兩個航空母艦戰鬥群在琉球群島和巴士海峽附近，可能還不敢直接攻打台灣本島」；「三個月任期中我前往金門馬祖好幾遍……（要最前線官兵）作最壞的打算，進入備戰狀態，糧食、彈藥儲存要足夠三個月，萬一戰事爆發，能夠獨立作戰」；「每個禮拜我在國防部召集參謀總長和各軍種司令及其參謀長開兩次會，一開至少兩小時……確定三軍和後勤各單位真正處在備戰狀態」。

這裡有兩個教訓。第一是國安局長向在野黨睜眼說謊話；不是真話，不是半個真話，根本是謊話。因為他說謊（當然也不會透露給媒體），而北京及華府也守口如瓶，所以整個台灣在虛假的安全情境中開心玩選舉遊戲。當選後持續被蒙在鼓裡的馬英九，為了讓許能夠補齊他服務公職的資歷以領取月退俸，還允許他降級擔任國安局駐歐洲特派員，此舉在局內激起對馬不小的反彈。涉及國家安全如此重大的資訊，竟被有權力的人基於政黨或選舉考量而扭曲操弄；二〇〇八如此，二〇二四是否也如此？

更嚴重的教訓是，當年北京估計馬英九贏面大，所以作勢欲撲，卻不聲張。關鍵是：為什麼中共那時明知自己力不如人還要硬撲？難道它不知道必須付出重大代價？答案就在前面所說的台灣價值與成本考量。對北京來說，如謝長廷勝選，就代表主張台獨且連續衝撞兩岸八年的民進黨，連續三次得到台灣民眾肯定，台獨勢力將更囂張，國際將更支持，統一將更沒有希望。既然台灣的政治及戰略價值是如此之大，成本考量相對就沒那麼重要，所以明知力不如人也必須採取動作。同樣思考放在二〇二四年，如果民進黨候選人再次勝選，而北京不再「力不如人」，反而「略有勝算」，它會靜靜接受，耐心等待又四年？

北京犯台的戰術考量

如果北京決定對台動武，它的戰術考量也值得揣摩。綜合過去中共對外動武的行為及對台聲明，似可得出四項原則，一是「速戰速決」，它的好處是及早完成「既成事實」的構建，降低美國介入的可能。中共歷來幾次對外作戰，不管是一九五〇年的韓戰，一九五八年的八二三炮戰、一九六二年中印邊界戰，一九六九年對蘇聯的珍寶島戰役，一九七九年的「懲越戰爭」，及一九八八年的南沙之戰，都是用迅雷不及掩耳的方式發動突襲，突襲前一定多次向對手發出嚴厲警告，呼籲「懸崖勒馬」、「不要玩火自焚」、「絕不坐視」、「是可忍，孰不可忍」、「勿謂言之不預」等。二〇二二年普丁提供了很好的負面教材，他讓大軍在烏克蘭邊境集結多日，形似威懾，實際卻給了烏克蘭及北約充分的準備時間，以致初擊失利。

依此原則，台灣私下討論很多的「封鎖」，可能性就降低。它的好處當然是完全不流血，減少日後治理難度，但它不太可能是武力犯台的替代性方案，只可能是輔助性措施，主因有二：一，「封鎖」遷延時日，讓美國及整個國際社會有時間動員對抗能量，給結局增加很多不確定性。二，台灣內部的情況難以掌握。平時就一盤散沙的非台獨力量這時能夠集結？信仰堅定的台獨勢力會輕易放棄抵抗，還是更強化抵抗力道？同理，「奪取外島」也只是輔助性而非替代性方案，因為它也會拖延時日，且對大局貢獻不大。

第二是區分「台獨勢力」與「人民」，力求「打擊一小撮，拉攏一大片」，故試行「斬首」的可能性很高。用電子戰、網路戰、電磁戰來打擊「指管通資情監偵」的可能性也很高。

第三，區分「軍用」與「民用」，或「最好不死人，要死死軍人」。依此原則，可能重度傷害民眾生命、台灣經濟，或人民生活的選項都可能列為次要，或高高舉起、輕輕放下。如必須火力打擊，則選擇性打擊軍事基地（如飛彈、機場、港口）或指揮、通訊設施，儘量避開人煙稠密的民間住辦。切斷海底電纜可能性不高，全面破壞油電設施的可能性也不高；局部倒有可能。

第四，區分台灣與美日，意即只以台灣為目標，不主動攻擊鄰近的日本或留駐日本基地的美軍。共軍趁機進攻釣魚台的機會應也微乎其微，其目的當然是減少打擊面，擴大拉攏面。但如美軍自日本基地出發支援台灣作戰，基於自保，解放軍反擊的可能性應該很高。

能打也能談的北京

兩岸難道一定會走上武力衝突的道路嗎？也不見得，一切看北京的抉擇。如前所述，兩岸和戰的主動權，現已完全掌握在北京手裡，台灣從百分百倒向美國的那一刻起就拋棄了這個主動，必須依賴華府為它定奪。對北京而言，武統一直是不得已的選擇；還有兩個「和平統一」的選項比它更優先，其中最優的是與台灣協商出一個統一方案，次要則與美國協商台灣的前途，有點像一九八四年鄧小平與柴契爾夫人協商香港的回歸。

可惜「兩岸協商」的最優道路現已完全封閉。蔡英文上任以後，兩岸都沒有談判的意願。疫情爆發以後，不僅官方溝通管道全面切斷，連民間交流都減到歷來最低。二〇一九年一月習近平提出「台灣方案」的新構想，他在「告台灣同胞書」四十周年紀念會上表達希望就此構想，「同台灣各黨派、團體、人士……展開對話溝通，廣泛交換意見，尋求社會共識，推進政治談判」。蔡英文在第二天就針鋒相對地回應，「我們始終未接受九二共識。北京所定義的九二共識就是一個中國，一國兩制。台灣絕不接受一國兩制。這就是台灣共識」，「必須是政府或政府所授權的公權力機構坐下來談。任何沒有經過人民授權監督的政治協商都不能稱為民主協商。這就是台灣的立場」。更關鍵的是她在二〇二一年國慶典禮上提出她自己的新主張，即兩岸「互不隸屬」，後來她本人、民進黨候選人賴清德及其他黨政要員都一再重複這主張。雙方對立如斯，任何對話都不可能了。

更具意義的是，蔡二〇一九年的強硬發言，居然讓她開始翻轉當時與韓國瑜競爭大位的低迷民調，而二〇二一年「互不隸屬」的國慶講話，在台灣內部竟沒有掀起當年李登輝首度拋出「特殊國與國關係」時的軒然大波，反而風平浪靜，這顯示台灣的土壤經過二十年確已質變，不只民進黨政府，連台灣人民都視「兩國」為新常態。看在北京眼裡，蛋殼裡的小雞幾乎就要破殼而出了，緊迫感油然而生。

北京於是展開新的布局。它既對民進黨完全絕望，而對台灣人民仍存一絲希望，就開展新一輪的說服工作，把重點放在描述兩岸「統一後」的安排並提出相關保證。不只國台辦正副主任常著墨，新文件「新時代黨解決台灣問題的總體方略」的名稱也幾度見諸包括二十大的幾次黨政大會，以廣周知，向各界彰顯黨中央對解決台灣問題已然成竹在胸；二〇二三年藉由馬英九及夏立言的訪問，更強力釋放北京對台灣人民的善意。除了政治局常委王滬寧外，國台辦主任、北京市委、上海市委、湖北省委、重慶市委都出面接見，層級之高，規模之廣，近年罕見。

既然「兩岸談判」的道路切斷，和平統一的最後一線希望就剩「美中談判」。事實上，自美中貿易戰開啟「美中競爭」的新時代以來，北京希藉「戰略對話」來緩和美中關係，管控衝突的意願一直高於華府。川普任內華府主攻、北京主守，雙方沒有交集；拜登於二〇二〇年十一月初才勝選兩週，尚未就任，北京就透過外交部前副部長傅瑩向《紐約時報》投書，拋出美中談判的建議，顯示它對拜登「老朋友」抱有希望。後來雙方高層幾次交鋒（如在阿拉斯加）均不歡而散，而同時美國反中鷹派毫不留情在經濟、科技、金融、外交等多個戰線對北京發動一連串攻勢。但中共官方仍然隱忍，見招拆招，逐句反駁，但絕不點名攻擊拜登，只在拜習峰會上輕輕點請他「管好內部的事」。不過二〇二三年初「氣球事件」後，布林肯立即宣布延遲預定的訪中行程，而拜登更自稱親自下令擊落氣球，北京乃切斷與美國所有溝通管道，不管華府如何呼籲，都不理會。習近平本人及外交部也公開指責美國「霸權、霸道、霸凌」；北京媒體甚至首度點名批評拜登。雙方冰凍關係直到六月布林肯訪問北京，見到了習近平，才稍稍和緩。

從中共二十大人事布局來看，習近平已做好對美國「能打也能談」的準備。「打」的這手是剛被越級提拔的軍委副主席何衛東，他也是二〇二二年八月圍島軍演的總指揮，長期任職於東部戰區，最熟悉對台作戰。「談」的這手由熟悉台灣及全球事務的王毅擔綱。三朝元老的政協主席王滬寧則是「打」和「談」的總教練，也是「統一後」的總設計師。另一位越級提拔的新任總理李強則負責協調各部會，以應付美國非軍事制裁的後座力。習近平當然是總指揮，確保大方向的掌握及「打」「談」兩手的協調無礙。這個布局確定後就可以逸待勞，靜待美中關係、台灣大選、俄烏戰爭的變化而決定出不出手、出哪隻手，及如何出手。

美國願「打」嗎？

反觀美國，本書〈美國因素〉專章已經指出，美國仍有超強實力，但因內部亂象環生，惡鬥加劇，菁英心理乃焦躁不安，交相指責。此時中國大陸迅速崛起，對美國長期霸權形成挑戰，美國一時找不到良策扭轉頹勢，內心更加憤怒徬徨，表現在外的就是既不能「打」，也不能「談」。

能不能打，要看「意願」與「能力」。「能力」的大問號已見前述，在此只談「意願」。美國長年征戰，對用兵已生倦怠，尤其不願承受兵員傷亡，加上內部問題深刻難解，使得華府現在是「小戰不想打，大戰打不起」。在甘迺迪總統初期，美國自信軍力強大到可以同時打贏「兩個半戰爭」，即擊敗蘇共、中共，及某區域對手（如北韓或北越）。冷戰結束後，大國衝突不再可能，就裁軍成準備打贏「兩個區域戰爭」，如北韓或伊拉克。根據親共和黨的傳統基金會研究，近幾年的預算持續偏低，加上中東戰事，讓美國僅能應付「一個區域大戰」。最近二十年的阿富汗與伊拉克戰事消耗美國上兆美元及三百萬兵次，歹戲拖棚到連出生於阿富汗戰事第一年的男丁都能入伍，更是把美國的雄心壯志消磨殆盡。

歐巴馬與川普都認清美國手腳不再俐落的殘酷事實。深陷伊阿泥淖的歐巴馬已有脫身之念，但迫於時勢未能如願，除了大砍國防預算，他還決定不再增加新的負擔。最知名例子就是二〇一三年敘利亞以化學武器襲擊平民，直接觸動歐巴馬公開劃出的動武紅線，但事發後，歐巴馬還是輕輕放過，彷彿一切沒有發生。歐巴馬任內，俄國制服車臣、吃下克里米亞，美國也都沒反應，接任的川普不遑多讓，他用「讓美國再次偉大」（Make American Great Again）做號召，希望固本培元，阻止美國衰落，所以他大砍援外預算，罵人罵得很凶，但從不出兵打人，只問貿易逆差大小，不問敵友。

拜登基本態度與前任完全一致，叫得很凶，咬得很輕。他上任不久指派退休將軍奧斯丁（Lloyd Austin）執掌國防部兵符時的說帖，最能彰顯他的施政優先順序。他列舉四個必須任命美國史上第一位非裔部長的理由，依序為：一，奧斯丁當年主導十五萬美軍自伊拉克撤退的計畫，順利成功，顯見他足以擔當全軍防疫（新冠肺炎）的重責大任。二、他歷經沙場，深知征戰弟兄的血淚及眾多眷屬的辛酸，最能撫慰他（她）們的心情。三、他能反映國內種族多元現況，有助於軍中族裔關係的和諧。四，他是優秀的作戰將領，最能保衛國家安全。前三項都針對美軍的內部問題，即疫情失控、征戰倦怠與種族失和；相比之下，領導作戰能力反而吊車尾了。

「內重於外」的順序，也反映在拜登上任後向國會提出的第一個國防預算案上。扣除通貨膨脹後，美國國防預算的增幅不但是所有部會裡面最低的，甚至是唯一負成長的部會。後來一些議員聯合起來塞給五角大廈更多的經費，但仍遠不如外界「抗中鷹派」的期待。由於「預算就是政策」，顯然面對國內千瘡百孔，拜登的抗中重點並沒放在軍事鬥爭上。

同樣的順序也出現在國務卿布林肯千呼萬喚始出來的「對中政策」演說。這篇上任十七個月才敲定的聲明，指出美國對中政策的三支柱，依序為「國內建設」（invest）、「國際縱橫」（align）與「對中競爭」（compete）。換言之，國內問題的改善（即「投資」）仍是首要優先。

此外，拜登趕在滿二十周年前完成阿富汗撤軍，但作業竟然疏失到只管美軍自己撤出，卻未事先知會參戰盟邦並照顧好長期協助美軍的阿富汗友人，以致最後幾天幾乎重演當年西貢兵敗如山倒的淒涼景象。經此挫折，美國民眾對戰爭的態度變得更加慎重。二〇二二年二月俄國入侵烏克蘭後，在歐陸現成駐有幾萬大軍的美國，始終堅持只援助武器、彈藥、訓練及美元，卻不派兵入烏，就是美國不出兵方針最好的寫照。二〇二三年十月加薩衝突爆發後，華府依樣畫葫蘆。

以上均顯示，美國雖仍是世界第一超強，但它的嚴重內傷與長期外部干預帶來的沉重負擔，讓這位巨人雖仍手握大棒，已經不願像以前那樣隨意揮舞了。更何況，如多位美國友人私下質疑，如果台灣自己鬥志不足，美國為何要犧牲其子弟兵、援助台灣？

美國能「談」嗎？

表面看好像不難，畢竟美中之間已經「戰略對話」多年，而且各種跡象顯示，經過川普折騰的北京，是願意坐下來與拜登政府好好談的。可惜「氣球事件」畫下句點。美國難「談」的主因有四。由輕而重，或許是一，過去任職於國安會、國務院、國防部的中高階層官員，在川普任內大量離職他就，形成人才斷層，而取代他們的往往是較持鷹派思維的年輕人。離職的他們基於長期經驗，較認同尋求緩和的美中關係，也不喜歡川普對官僚體系的歧視。另外，近幾年美國政府內部一直比較排斥所謂的區域專家，如中國通、日本通或俄國通，認為他們易被該國立場汙染，即所謂的 go local；反而跨國的通才、缺乏外語能力、不深入外國國情，因為較能做全局思考而備受重用，並美其名為戰略家（strategist）。這個現象愈往上走，愈明顯，所以美國行政部門內部失掉了集思廣益的平衡機制，連過去資訊最豐富、思維最細膩的國務院都不能例外。一切跟著政治走，似乎成了美國官員生存之道。北京駐美大使秦剛在華府所受的待遇，最能反映這個新氛圍。他在任期間，包括國務院在內的美國政府各部門高層都一反往例，拒絕與他見面，誰也沒想到中共二十大後，他竟然搖身一變，成為兼任外交部長的國務委員，美國等於平白錯失了與他交往的機會。當然或許鷹派官員根本不認為這是值得遺憾的損失。

二，是美國許多菁英至今無法抹去「被中國騙了好多年」的感覺。他們覺得美國在蘇聯垮台後單極獨大的三十年間，刻意沒有打壓中國，反而伸手拉它好幾把，就是因為美國相信「經濟會改變政治」，也就是說，「如果中國經濟變好，中產階級就會起來，共產專制就會軟化，最終消失。最好的例子就是台灣從經濟奇蹟走到民主化。」不料他們發現大陸經濟變好了，不但沒有更民主，反而更專制；不僅如此，還利用美國的善意，吸取美國的資金及技術，甚至偷竊最尖端的科技，以達到富國強兵的目的。美中對話在這些年看似雙贏，實則只對中方有利，所以何必再上當呢？這幾年我與美國政界菁英多次談話，對這帶有濃濃情緒的「不信任感」感受特深。在這種情況下，美國根本不願反省自己當年是否過度天真，以致對大而驕傲的中國大陸懷抱過度期待。從這角度看，美國實不易自動回心轉意，只有自覺「別無選擇」時，才可能走上談判桌。

三，是當前三個「前所未見」的國會氛圍。一是立基於前述種族、貧富及兩極對立基礎上罕見激烈的兩黨惡鬥，二是這種惡鬥下奇特一致的反中思維，三是美國史上罕見的「弱總統，強國會」態勢。譬如，拜登總統居然不能說服同黨的眾院議長裴洛西取消或延遲訪台。在這種氛圍下，鴿派思維必須在國會隱身暗處，否則必死無疑。二〇二二年底的期中選舉後，三個「前所未見」更加突出，為了兩年後的大選，兩黨更加寸步不讓，在反中議題上，它們更加競相表現。

更糟的是，「弱總統，強國會」還墮落成「尾巴搖狗，小狗咬大狗」的格局。原來民主黨在眾議院尚擁有九席優勢，在參議院靠副總統兼議長的關鍵票，也勉強在五十比五十席的僵局中保有多數。但二〇二三年伊始，民主黨雖在參議院享有些微多數（即五一比四九），在眾院卻因十席之差落居劣勢。眾院議長與所有委員會主席均改由共和黨議員擔任，共和黨因此在預算、立法、調查政務（如拜登兒子杭特〔Hunter Biden〕的黑材料），甚至掌握外交議題主動權，足以多方牽制坐臥白宮的拜登總統。拜登無力說服同黨的裴洛西，如今他更難協調共和黨籍議長。更何況議長麥卡錫自己也受制於黨內大約二十名極右派議員，他們自稱「自由黨團」（Freedom Caucus），人數不到共和黨總數的十分之一，但凝聚力與決心讓麥卡錫刻骨銘心：自一八五九年起，沒有一個議長像麥卡錫那樣，是經過十五次投票才當選的。後來果然麥卡錫在位僅僅九個月就被罷免，由比他更保守、一再強調川普上次大選「勝利被偷」的共和黨參議員強森（Michael Johnson）繼任。所以今後「尾巴搖狗」及「小狗咬大狗」的戲碼如在美國政壇一再上演，我們實不必意外。反中鷹派聲浪高漲的國會如此強勢，實在很難期待老邁的拜登總統會乾綱獨斷，並說服國會以大局為重，重新與北京展開有意義的戰略對話。

第四、也是最不利美中談判的關鍵因素，就是美國絕大多數菁英迄今仍希望全力維持美國獨霸，不願輕易放棄享有幾十年的世界領導地位。其中可能有單純的自尊心，或有不便啟齒的種族優越感；政黨及行政立法部門尤其難接受在自己手上丟掉美國頂上的光環。孤傲的「孤立主義」者不允許此事發生，「理想主義」者不願見光環落入專制國家，「現實主義」者雖較有彈性，但目前他們似也認為，這場競爭大戲才剛展開，一些強硬手段才剛使出，效果有待評估，最好「讓子彈飛一會兒」，不必太早就改採溫和的談判手段。

將來美國的轉彎要取決於「現實主義」者是否心理上先認清美國起碼在東亞必須與中國平起平坐的現實，然後再說服「孤立主義」及「理想主義」者接受新常態——沒有務實的心理墊底，就不可能。幾世紀國際關係經驗顯示，務實心理的抬頭，除了美國菁英自己的靈魂探索及大量彼此說服外，更重要的是美中實力的展現。冷戰初期，美蘇對峙二十多年，歷經多少大小危機，甚至包括驚心動魄的古巴危機，直到蘇聯整體核子武器數量，尤其既精準又快速的陸基洲際飛彈，超越美國時，美國才藉核武談判開始與蘇聯平起平坐，討論世界大局。

將來如果北京緊迫感日增，對美中談判解決台灣問題失去耐心，就有可能藉「以戰逼談」，讓美國「現實主義」者抬頭，走回談判桌。或者，決定「長痛不如短痛」，用武力徹底解決台灣問題，完成國家統一。不管北京如何抉擇，台灣的命運都將走到新的關鍵節點。

十九世紀中葉中英鴉片戰爭時，鎮守廣州的兩廣總督葉明琛被譏為「不戰、不和、不守、不死、不降、不走」。他原有這六選項，但他一個也不做，最後被俘、客死印度。今天台灣的主事人及廣大民眾有哪些劇本可選，是下一章要探討的主題。

第十一章

台灣未來的九個劇本

讀這本書的人心情可能十分沉重，其實寫的人更沉重。倒退十年，我也沒料到台灣會走到今天必須面對生死存亡的地步。這座美麗島嶼歷來備受幸運之神眷顧，從不曾像周邊所有國家那樣經歷大規模流血戰爭。它還創造了舉世稱羨的經濟奇蹟，開啟了中華民族第一次的民主實驗。九〇年代台灣還集安全、繁榮、尊嚴於一身，達到歷史最高峰。那十年移民國外的國人，如果沒再回台灣又不注意老家的新聞，現在突聽全世界講「台灣是全球最危險的地方」，恐怕很難理解箇中緣由。

緣由必須結合六組因素來看，缺一不可。那就是「三個角」與「三個邊」。「三個角」指的是台灣內政、美國內政及大陸內政；「三個邊」則是美中、美台及兩岸關係。本章先試綜合前述各章分析，逐一檢視這六組因素，再從這六組因素激盪出九個未來的可能劇本，至於可能性的大小高低，恐怕言人人殊了。

台灣因素

■九〇年代中期是台灣的黃金時期，擁有經濟奇蹟、政治民主化、兩岸和解、務實外交等空前成就。但被譽為「民主先生」的李登輝竟連出兩記重拳，先於一九九七年修憲時突襲建立「民選國王制」，配合九四年修憲定下的「相對多數」選制，一舉把台灣推向無止境的爭權奪利，經濟停滯，社會分裂，一路沉淪至今。另一記重拳就是九九年的「兩國論」。它徹底動搖兩岸關係，一面分裂台灣，一面團結大陸。但因兩拳內勁雖大，速度卻緩，以致台灣表象一如既往，多數人不易警覺台灣各方面開始逐步空洞化。

■台灣民主的空洞化。「九七修憲」後台灣表面似已民主化，實際卻漸漸回到一人獨裁。總統任內四年幾乎可以為所欲為，像古代有權無責的「國王或女王」，只在四年一次的大選時才需要面對民意。一流人才愈來愈不願意進政府為民服務。公務員不做不錯，少做少錯。立法院假裝立法，實際該立的不立，該修的不修，更多精力放在黨爭與跑攤。媒體假裝民眾有「知的權利」，實際只滿足他們的感性需求，無助理性思維的提升。民眾表面上有言論自由，但爭論的問題永遠存在，沒有解決方案。

■台灣國防的空洞化。表面有十幾萬大軍，實際上人無鬥志、兵無訓練，武器、彈藥、燃料、運輸、醫療均不符未來實戰所需。蔡政府一再自稱能夠「維持現狀」，並灌輸民眾「中共不會打」、「美國會來救」，所以全民幾無危機意識，全軍亦無戰鬥準備。

■台灣經濟的空洞化。九〇年代台灣生產總值與南韓並駕齊驅，雙方同時民主化後二十幾年，台灣跌到只剩南韓的四成。台積電的耀眼光芒及資通業的榮景「一白遮三醜」，掩飾了其他製造業的虛弱，服務業缺投資、缺出口、缺創新的困境，與農業的老態。

■政黨長期惡鬥及蔡英文厲行不留情的內鬥及不間歇的外鬥，導致社會嚴重撕裂。沒有人相信台灣必要時會團結對外。

■上述的台灣沉淪本來頂多讓台灣變成另一個停滯的日本，大陸大可靜等台灣「瓜熟蒂落」，但蔡政府的「反中抗中」，加上一面倒向美國、處處配合美國抗衡北京，大幅提升了中共對「完全統一」的緊迫感。

美國因素

■美國內部「資本主義失衡」，導致貧富差距大幅擴大；「種族失和」，造成社會深層不安；而「民主政治失能」，兩黨對立極化，則使美國民主機制喪失搜尋良方以自我療癒、復健的能力。包括美國自己，各國普遍認為美國內政長期失修，加上長期對外作戰，導致其國力日益衰落。

■美國內心的「理想主義」、孤傲性格，及七十年獨霸的慣性思考，讓它很難接受一個長期落後、專制的中國大陸突然崛起的事實。這思維貫穿全國菁英，超越藍紅兩黨的內鬥。

■對中國崛起毫無心理準備的美國目前正陷入心理學「悲傷五階段」（否認、憤怒、討價還價、沮喪、接受）中的第一、二階段。兩黨因為無力解決內部矛盾，很自然地先否認此一困境，再憤怒地把責任完全怪罪於外國，首當其衝的就是中國，於焉開啟美中名為「競爭」，實為「對抗」的新階段。

■率先於二〇一八年改弦易轍的川普新政策雜亂無章，尤其是他同時挑釁多個傳統盟邦，更是搬石頭砸自己的腳。拜登上台後強調三管齊下，即「國內建設」（invest）、「國際縱橫」（alignment）、「對中競爭」（competition），迄今針對國內困境的建設成效不彰，以扭轉軍力對比為目標的「競爭」也不可能三五年見效，唯一能立竿見影的只有拉攏盟邦與友邦的「縱橫」。但一方面各國基於自身利益考量，或受限於先天條件（如歐洲的遙遠或日韓的內部因素），一方面美國新外交只訴諸安全，缺了經貿的一條腿（此恰是北京強項），各國對美國的抗中號召，多半口惠而實不至。

■美軍仍是全球唯一超強，但因備多力分，財力日益吃緊，國防預算必須與國內基礎建設及社福需要爭搶經費，已呈力不從心之勢，更糟的是，美國軍力結構長期以「反恐」為主要目標，航母習慣遠距打人，從不可能挨打。如今美中「高手對決」，航母處境危殆，美國尚來不及轉型以因應此新情勢，一般估計未來五至十年是美國軍力的空窗期，當然也是台灣的危險期；對中共則是機遇期。

■ 拜登如連任成功，從現在至習近平第三任截止時（二〇二七年），拜登年齡將是八一至八五歲。目前領先的挑戰者川普則是七七至八一歲。在兩黨繼續惡鬥，選民對兩老再度對決普遍厭煩的情緒下，美國大選將對投票前後的政局安定造成何等影響，值得關注。

大陸因素

■ 大陸獨特的「國有」、「黨治」、「民享」制度，加上全民脫離貧窮、落後、挨打的強烈意志，讓它「改革開放」僅三十年國力就超越日本，躍居全球第二，重演當年美國內戰後與日本明治維新後三十年脫胎換骨的歷史。

■ 北京內外的論述，卻嚴重不足以解釋其崛起的戰略意涵，以致美國猜忌難消。實際上，大陸獨特的政治制度很難在別國複製，所以不可能推到全球。中國深植內心的「內重於外」及「守重於攻」的傳統，讓它從來沒有占領別國土地人民的野心，僅以獲得廣大尊敬為滿足。被西方論述當成北京對外擴張最大罪證的「一帶一路」，其實習近平曾經主動提議美中共同推動，惜因美國拒絕而未果。凡此西方政學界均理解不足。

■崛起後中國大陸的對台動機，除了原本的民族感情外，因近年多了突破第一島鏈的戰略考量而變得更強。在蔡政府加緊靠攏美國，並在島內積極「兩岸脫鉤」後，北京官民敵視台灣的情緒與緊迫感更大幅上升。

■習近平執政十年間，權力、思想、意志日益集中，他第三任高層人事布局中的「知台」傾向至為明顯，且似已完成「能打也能談」的準備。

美中關係因素

■自古至今，中國最盛時美國不存在，美國崛起後中國最衰弱，因此美中兩國從來沒有像今天這樣，以強國身分彼此打交道的經驗，都在摸索相處之道。

■兩國制度差異甚大，意識形態、思維方式及生活習慣也大不相同。如果僅是權力之爭，或仍有妥協空間，一旦套上「民主 vs. 獨裁」外衣，就受限於各自內政考量而不易讓步。

■目前雙方對對方的戰略動機只有疑慮，沒有互信。美國視中國大陸為最大威脅：少數人認為中共目標只是與美國在西太平洋平起平坐；有人則認為它試圖趕走美國勢力以獨霸東亞；更多人直指中共想主導新的全球秩序，建立新的全球規範。

■中國大陸也視美國為最大威脅，認為美國因怕失去全球霸權，故刻意阻撓「中華民族偉大復興」，暗中支持台灣獨立，企圖顛覆中國的共產制度，並在中國周邊布建新的壓制網。

■自二〇一八年貿易戰起，美中對話即跌落谷底。北京原對拜登抱有希望，但川規拜隨後，尤其經歷「氣球事件」，北京轉趨消極被動。雙方機艦頻頻摩擦，突顯美中溝通不良的危險性。

■美國策士幾乎一致承認，除了美國軍力陷入轉型的空窗期外，「無情的地理」因素使中國解放軍在台海擁有絕對的主場優勢，極可能在極短時間內、美軍趕不及救援的情況下占領台灣，造成美國難以翻轉的「既成事實」。

美台關係因素

■在反中抗中的大政方針下，美台愈來愈心心相印，雙方都把對方看成眼裡的西施。譬如，美國看兩岸，只看到北京頻藉軍事及外交手段改變現狀，卻對台灣在兩岸上各種改變現狀的重大舉措完全視而不見。美國眼中的蔡英文是奉行民主政治卻飽受中共欺凌的「白雪公主」，卻不知道她在台灣的形象是有權無責並遠離人民監督的「女王」。

美國還以為台灣人像烏克蘭人一樣勇於保家衛國，卻不知真相是民無鬥志，兵無士氣。同樣地，台灣看美國也是充滿不切實際的幻想，以為美國一定會在台灣危難時緊急馳援；以為美軍仍然所向無敵，一定能擊敗進犯的解放軍；以為僅憑台灣「民主」與美國登高一呼，就能促使各國協助援台。

■ 美國對蔡英文的「寵愛」，一方面鼓勵蔡英文更大膽趨獨，一方面使部分台灣人覺得美國在台灣內政中選了邊，甚至認為美國「愛台灣，但不愛台灣人」，故意把台灣推向戰爭以重創大陸，就像烏克蘭被用來吸乾俄國一樣。兩者相加，台灣民眾長期的親美立場明顯下降。

■ 同時，蔡英文的「被寵愛」使她更無意願恢復兩岸對話，也使北京更認定美台勾結以阻礙中華復興大業。美國遲至二〇二三年才開始強調「避戰」並鼓勵台灣「與中共對話」，已然「太少，太晚了」（too little, too late）。

■ 美台關係的虛幻表象，讓台灣民眾活在虛幻的安全感中，根本沒有備戰的心理或實質準備。其淨結果是美國必須單獨承擔更大的保台責任，一旦攤牌，後果不難想像。

兩岸關係因素

■台灣民主化後，台灣民眾感性上愈來愈傾向認同自己是「台灣人」，而非「台灣人也是中國人」，更不是「中國人」。理性上則日益遠離「統一」，趨向「維持現狀」，甚至「獨立」。可以說，兩岸兩個民族主義的對決已經成形。

■相對於九〇年代迄今，國民黨主張的「一中各表」、「九二共識」等「戰略模糊」表述，蔡英文及民進黨堅決主張「戰略清晰」，拒斥所有國民黨的表述，二〇二一年起甚至再三強調兩岸「互不隸屬」。此說被對岸稱為「新兩國論」，刺激其對台緊迫感。感性上，蔡英文（不同於李扁）領導下的政府及民進黨，在國內宣傳「台灣人不是中國人」，打擊任何類似「兩岸一家親」的語言，此舉導致原本普遍友台的大陸民眾變成高度敵視台灣，等於撤除台灣安全的最後一道護欄。

■「九二共識」做為一個定義模糊的政治符號，其實是兩岸溝通的橋梁，有它不一定行，但沒有它絕對不行。換句話說，它是必要條件，而充分條件則是兩岸背後的基本互信。蔡任內「橋梁」與「互信」兩條件均不存在，故兩岸溝通中斷，將來新政府必須重建此兩條件，才可能恢復兩岸溝通。

■蔡政府把大陸政策從「交往」變為「對抗」以後，兩岸民間交流也大幅降低，除了貿易基本不變外，人與人往來直線下墜，新冠肺炎讓跌幅更加全面。

■北京雖仍以和平統一為對台大政方針，但武統的可能性已大幅提升，因為論能力，北京已能「圍點打援」，在美軍趕到前占領台灣；論動機，「台灣反中」及「美國抗中」的長期性，使得大陸必須考慮對調「中華復興」及「完全統一」的順序；論成本，雖然有短痛，但比起長痛以及台灣對大陸的情感與戰略價值，或許仍然值得。

澳洲前總理陸克文（Kevin Rudd）於二〇二二年出版的新書《可避免的戰爭》（*The Avoidable War*，天下文化）中，對未來十年的美中關係相當悲觀。在他列出的十個可能劇本中，有八個美中將爆發軍事衝突，其中五個為了爭奪台灣，三個爭的是南海、東海及北韓。另外不打仗的有兩個，即習近平「不戰而勝」（即達成區域及全球目標），或「不戰而敗」（即未達成各種目標）。他評估習有「合理的」（reasonable）「不戰而勝」的勝算，而「不戰而敗」則僅是 possibility，而不是 probability。這兩個英文字的中譯通常都是「可能」，但了解其深意的都知道：possibility 通常僅隱含「起碼的可能」，而 probability 則是「較大的可能」。

筆者在此也不揣淺陋，綜合以上「三個角」及「三個邊」等變數，設想台灣未來可能的九個劇本，所下標題僅為譬喻，將來何者最可能出線，主要仍看美中台三邊及其內部各方勢力角力的結果。

一、「現狀」常態化

這是目前台灣多數人希望的劇本，一般投射的劇終年份是二〇二七、二〇三二、二〇三五，或二〇四九。他們的基本假定是一，基於種種內外原因「中共不會打」；二，由於極重視台灣，所以「美國會來救」。他們也相信，台灣既然平安度過七十餘年兩岸隔海分治的歲月，也撐過了最近十六年民進黨執政、兩岸緊張的日子，所以未來也能「關關難過關關過」。

二〇二四年一月的台灣大選就是面對將來的第一關。這些樂觀派相信，北京重視「中華復興」更超過「統一」，只要中華民族偉大復興，兩岸統一自然水到渠成，不必為「統一」挑起戰爭，打亂「中華復興」進程。所以只要勝選的政黨適度說明其政策善意，台灣政府與人民表達保家衛國決心，而美國繼續支持台灣，中共就不會肆意犯台，台灣就會繼續安全。就算北京動用經濟及外交制裁手段，咬咬牙也可以撐過。換句話說，

「拖」仍然可能，且是上策。

筆者比他們悲觀。二〇二四年不會只是「另一場大選」，或台灣要過的另一關；過了，就可馬照跑、舞照跳。我相信，如本書所述，世界秩序已然大幅改變，前述台灣大環境的六組元素全部大幅改變，無一例外。台灣作為這些元素的下游，它的「現狀」絕不可能常態化。目前尚不能預測的只是這巨變何時發生、如何發生，及發生後的「新現狀」將呈現什麼狀態。所以「鬥」是下策，「和」是上策，「拖」頂多是中策。「拖」得愈久反愈不利，且能「拖」的時日相當有限。

最初步的判斷是，台灣未來將「硬著陸」或「軟著陸」。如果台灣選民選擇自稱「務實的台獨工作者」賴清德擔任下屆總統，兩岸在短時間內爆發軍事衝突的可能性極高。賴的台獨旗幟比蔡英文鮮明，明獨（而非暗獨）時間比她更長更久，台獨言語及動作比蔡更直接明朗，而個性的堅定固執一點也不輸給蔡。這樣的候選人當選，等於擁抱台獨黨綱的民進黨連續三次得到台灣人民的肯定，如這趨勢不予制止，台灣勢將永遠脫離中國，屆時以習近平為首的整個領導層就成為中國的歷史「罪人」。蔡英文當然就成為新台灣的「偉人」，不管是否正式宣告。

更嚴重的是，如果民進黨再執政四年，繼續協助美國掐住中國大陸的戰略咽喉，阻止「中華復興」，結果北京不僅「統一」無望，「中華復興」也泡湯。屆時北京極可能重估「中華復興」與「統一」的順序，覺得不能靜等「統一」水到渠成，反而要先「統一」，再求「中華復興」；寧可忍受「統一」可確定的短痛，也不要讓「中華復興」承受長痛帶來的無盡折磨，及「統一」的不確定性。

換言之，本書「中國大陸」章所述的「傳統中國」、「共產中國」、「戰略中國」、「習近平」、「蔡英文」等因素綜合而出的決策，極不可能使北京對賴清德採取過去對陳蔡初期的所謂「聽其言、觀其行」的模糊立場，繼續和平共處四年，「硬著陸」便成唯一可能，而具體劇本則是下列八個裡面的六個，其中五個動武，一個不動武。動武的是「南海擅機化」、「克里米亞化」、「烏克蘭化」、「美利堅化」及「廣島化」；不動武的是「美中談判」。

如果民進黨候選人落選，「硬著陸」將變成「軟著陸」，但方向還是「著陸」，只是沒有「硬」的軍事衝突。具體劇本則是「兩岸政治對話」及「蘇格蘭化」。勝選者只有很短的喜悅時光，因為大陸、國際，及台灣內部的強大壓力立將迎面撲來。北京將密集釋放各種壓力與誘因以「促談」，希望在新當選人四年任期內最起碼走出「促統」的一大步，甚至完成統一。

二、南海撞機化

「南海撞機化」指的是兩岸或美中將像二〇〇一年四月美國偵察機與解放軍戰鬥機在南海上空發生的意外撞機事件，台海情勢立時緊繃，最後透過談判才緩和。

台海中線被打破後，大陸機艦頻頻接近台灣本島，兩岸海空軍或美中海空軍近身接觸引發「意外」的可能性自然大增。為了降低緊張，如是兩岸意外，兩岸就要設法對話；如是美中摩擦，美中就要坐下來談。

南海撞機後，大陸群情激憤，江澤民還摟起殉職飛行員的幼兒親親面頰，以安撫情緒。如兩岸發生意外，以目前大陸「厭台」氣氛之濃重，解放軍很可能大批且迅速動員。此時的談判與其說「危機處理」，更像是「以戰逼談」。因為意外事出突然，美國遠水救不了近火，各方也看清美軍確實來不及第一時間趕到援台，此時兩岸必須進入對話，開啟「兩岸政治對話」的劇本。如果台灣舉棋不定或社會陷入動亂，危機弄假成真，轉成全面入侵，啟動「克里米亞化」或其他動武劇本，也不無可能。

如果美國積極介入兩岸「意外」，以防止武力衝突，或美中自己因意外摩擦而進行危機處理，都會進入「美中談判」的劇本。因美中皆為大國，所以美中一旦在台海危機後開展談判，以台灣始，絕不可能以台灣終，必然是一場牽涉廣泛的大交易（grand bargain）。台灣當然是其中的核心部分。

「南海撞機化」引發大規模衝突的可能性不大，卻會改變兩岸長期「拖」的局面，轉而向「和」或「鬥」的方向前進，其中「和」的機率應遠高於「鬥」，因為美中台三方均不樂見流血。

三、美中談判

「美中談判」不須動武，但台灣的命運脫離自己的掌握，改由美中兩強決定，像一九八四年鄧小平與柴契爾夫人決定香港前途那樣。對台灣的好處是可以避免大量流血，壞處是李登輝哀嘆的「台灣人的悲哀」再度出現。即使台灣兩千三百萬人當家做主了七十多年，拚出經濟奇蹟、民主化及一定的國際地位，命運最終還是由大國決定。弔詭的是，由於台灣多數人對美國在心理上高度依賴，又不願流血，因此接受此劇本的可能性很高。

障礙反而在美中。只有美中均認「避戰」實屬必要時，才會走上這條路，不然對北京而言，「台灣問題是中國內政」，何必與美國商量？但「和平統一」原有兩條路，即兩岸和談與美中對話；如果兩岸和談的路一直走不通，美中對話就成「和統」僅剩的唯一途徑，否則就是「武統」。對美國而言，心理障礙也很大。台灣受它保護，又已民主化，道德上華府很難接受這劇本。一九八二年雷根給過台灣「六項保證」，其中之一是「美國不會扮演兩岸斡旋（mediation）角色」。如啟動「美中談判」，美國即逾越此一保證。另外，美國做為世界最大超強，在所有地區都是最大的主導力量，一定很不情願坐下來與中共討論如何重新分配東亞的主導權，尤其是北京目前似乎正在上升的勢頭上。所以「美中談判」的展開，只有美中均擔心它們真的可能因為台灣而爆發武力衝突；為了「避戰」，只好放下別的顧慮，坐下來談。於是「南海撞機化」就延伸出「美中談判」劇本的上演。

任何關於台灣的安排，除了台灣自己必須面對翻天覆地的轉變之外，美國在西太平洋的地位與勢力、日本及韓國未來的安全、經貿與對外關係也都會受到衝擊，影響實重大而深遠。在台灣部分，一方面由於大陸集體思考「統一後」的安排已有相當時日，且已濃縮成「新時代黨解決台灣問題的總體方略」，其中包括制度、經濟、財政、社會、教育及涉外事務等；一方面因為大陸已經做了「能打也能談」的準備，而美國對台灣前途尚未進行深度思考；另一方面因為在此地區的美中軍力對比有利於中共，所以關於台灣政治地位的安排，北京的腹案最終可能占據上風。台灣人關心點之一是，從「現狀」到「新現狀」的緩衝時期有多長（香港是十三年，一九八四到九七年）。

「美中談判」另一個爭執焦點，可能是台灣將來要「軍事化」到什麼程度，因為解放軍駐台不僅意味著北京突破第一島鏈，而且也大幅強化了大陸對南海及東海的控制，對美國影響巨大。具體而言，美中要折衝：台灣軍隊是否全部或局部解除武裝？解放軍陸軍及武警是否進駐？空軍是否進駐？海軍是否進駐？其中美國最關注的應是中共的潛艦及監偵設備，因為這兩者將大幅削弱美軍在西太平洋的活動能量。

超越台灣的部分，美中分量對比就不一樣。美國必須考慮日本、韓國、東南亞等國的需要，大陸也不可能一舉把美國完全趕出東亞，畢竟美國在東亞仍有近十萬駐軍，所以北京必須針對美國關心的東亞安全、經貿、海空交通等問題提出若干保證。

「美中談判」對北京的好處是：美中在東亞從此平起平坐，而它對台灣及東亞鄰國作出的保證，因為有美國背書，也更容易被接受；壞處當然是北京不能隨心所欲，仍然必須忍受美國的牽制。對美國而言，「美中談判」讓它不僅維持傳統大國的尊嚴，也享有一定的影響力；壞處是從此不能獨霸西太平洋，而第一島鏈也從此失守。

四、兩岸政治對話

「兩岸政治對話」是兩岸「軟著陸」的另一選擇。二〇一九年元月，習近平在「告台灣同胞書」四十週年紀念會上曾提出「探索兩制台灣方案」的新構想；具體方式是「兩岸各政黨各界別推舉代表性人士，就兩岸關係和民族未來，開展廣泛深入的民主協商，就推動兩岸關係和平發展達成制度性安排」。但蔡英文在第二天就以強硬口吻回絕習近平的構想。二〇二二年八月二日美國眾議院議長裴洛西訪台，四日解放軍圍島軍演，十日軍演結束當天，國台辦發布「台灣白皮書」，再度提議「平等協商，共議統一」及「探索兩制台灣方案，豐富和平統一實踐」。顯然它是北京的既定方針。

如由非民進黨候選人贏得二〇二四年大選，估計北京會暫緩對台啟動「武統」的硬手段，轉而提出類似呼籲，屆時台灣各黨及美國將面臨生平第一次的新局面。勝選人必須先整合黨內對此重大議題的意見，並協調民進黨及美國的看法，落敗的賴清德與卸任的蔡英文也無可逃避地要收拾心情、面對此事。美國「推」或「拉」的抉擇也是「軟著陸」的成敗關鍵。目前沒人能預測屆時三者及其他次要的角色將採取什麼立場。我唯一感到遺憾的是，這劇本是十年前我已呼籲正視的可能狀況，始終孤掌難鳴，如今終於擺在眼前。

我在從政期間曾兩次參與選戰（二〇〇四及〇八）並在府院部會擔任過政務官，看到藍綠無止境地鬥爭對台灣的安定團結進步造成巨大傷害，深感憂慮。在馬政府國安會擔任祕書長的兩年，一方面努力「災後重建」，恢復兩岸基本互信、兩會對話（甚至官員直接上場）及民間交流，一方面開創「和陸友日親美」新局，並協調參與多個國際組織活動（如WHA及連蕭兩位前副總統參加APEC）。當時大環境不允許，我個人也不認為兩岸可在經濟議題沒有處理到一定程度前，就進行政治對話；二〇一一年底，也就是我離開政府工作的第二年，我試著重組財團法人台北論壇基金會，希望藉此平台試探淺藍及淺綠合作的可能性，如這第一步跨得出去，就有可能進一步取得跨黨派的台灣共識，然後透過兩岸協商，找到不必流血的兩岸政治安排。二〇一四年起，有鑑於大陸的快速崛起及習近平對台的基本善意，我更多次公開呼籲，台灣宜清楚打出兩岸「和」的品牌，避免「鬥」，也不要「拖」；可惜二〇一六年前，絕大多數意見仍主張「拖」，因為「藍綠不可能有共識」。二〇一六年蔡英文上台後，政策轉「鬥」，外鬥中共，內鬥在野黨，任何兩岸對話或藍綠合作立時成為禁忌，我也心灰意冷。

倘如二〇二四年大選後，兩岸啟動政治談判，就真的應了一句古話，「十年河東，十年河西」。屆時台灣的內外環境與十年前我鼓吹「和」的大環境相比已全然不同，不論台灣實力、美中力量對比，或北京的統一決心，都對台灣更加不利。但為了避戰，台灣在選後或許仍願意「大姑娘上轎」，走它一回。畢竟「避戰」是絕大數民眾的最基本意願，親綠民眾也不例外。

但任何人都不宜低估協商的難度，畢竟相關各方都嚴重缺乏互信，都「成事不足，敗事有餘」，而且都沒有經驗。其中最關鍵的還是美中兩強的態度。表面上兩岸在談，實際要害是看不見的兩強角力。如果美國態度正面或中立，兩岸對話有成的機率就非常高；如負面，台灣內部共識的形成必將一波三折。所以中共很可能透過實力（尤其是軍事）與決心的展現，讓進入大選熱季的美國兩黨也對「避戰」產生共識，從而態度由阻撓轉為中立或鼓勵。由於日本與台灣社會的連結十分深厚，東京對台灣的隱形影響力，不論正反，也不能忽視。

另外還有台灣內部情勢。選後各方一定心情複雜，二〇一九年才拒絕習近平的「敬酒」，現在竟要嚥下他的「罰酒」，且要跨出所有人平生的第一步，當然極不容易。或許預期此一情緒，北京二〇二三年早早就藉著馬英九的掃墓之旅、國民黨及多個民間團體的赴陸訪問，經由政協主席王滬寧、國台辦主任宋濤的口中，清楚釋出對台灣民眾友善的訊息。它就是北京長遠思考下的「超前部署」。

不過縱使美國態度與台灣情緒都平穩，「兩岸政治對話」的實際過程仍將一波三折。台灣「拖」「鬥」了十年，現在被形勢迫「和」，必須把我早在一九九八年就在民進黨第一次中國政策研討會上向他們建議的「三步走」，一次走到位，同時進行「黨內」、「黨際」及「兩岸」磋商，難度自然超高。

對話的最後結果目前無法預測。估計北京最高綱領是在習第三任內完成統一，最低則是取得台灣放棄台獨、步向統一的具體承諾。某種「中程協議」也是可能的選項。鑑於美中實力對比日益向中方傾斜，大陸對台意志及力量的集中，台灣內部更趨四分五裂，以及美國老邁領導人可能的厭戰傾向，對話結果脫「獨」趨「統」的可能極高。不論如何，相信只要能避戰，並維持台灣經濟成長及社會安定，多數台灣民眾應將會給予支持。

五、克里米亞化

「克里米亞化」的意思是，台灣像二〇一四年克里米亞半島被俄國迅速占領那樣，很快被北京全面掌控；即使台灣抵抗，程度也極輕微。這就是美國朝野策士一致擔心的「既成事實」劇本，即華府縱有出兵意願，美軍也將因鞭長莫及與軍備不足，無法「及時」趕到救援，只有眼睜睜看著中共占領全台的「既成事實」。

但華府除了譴責，真的別無他法了嗎？美國公開資料細述報復手段的不多。淺析的約有四項。一，發動軍事反攻奪回台灣。這等於重演解放軍攻台，要跨越比海峽更大的海洋，現實上極不可能，台灣且將遭二度重傷害。二，直接對大陸出海的海空軍甚至本土的軍事設施進行報復性攻擊。這等於美中開戰，雙方拳打腳踢，兩敗俱傷，可能性也極低。三是針對北京經貿命脈的海上咽喉，如荷姆茲海峽與馬六甲海峽，進行封鎖，以重創大陸經濟。美國對荷姆茲海峽的控制，殆無疑問；但能否成功封鎖馬六甲海峽，仍有三個疑問：中共在南海擴軍後，美國在該地區的海空軍軍力是否仍有優勢？封鎖需把商船押送到附近港口檢查，東南亞有幾個港口肯讓美軍執行這項行動？再次，美軍的封鎖與中共的反封鎖必將嚴重傷害整個東亞的經貿運輸，美國如何確保日本與南韓不受牽累？此外，印尼也有好幾個寬窄不一的海峽可供船隻通行，所以馬六甲封鎖看似可行，實則難辦。更重要的，這三個軍事報復選項對台灣而言都意義不大，因為它們的執行都需要長時間且龐大的動員，而台灣的變天已經篤定；執行任何一項，對台灣的傷害反而更深更大。

這三項「事後」的軍事報復手段如具實效，當然也會有「事前」嚇阻中共犯台的功能。但目前看來，前兩項美國自己必受重創，且無必勝把握，所以只有兵棋推演的意義，不可能成真。第三項遠距封鎖似較可行，但仍極度困難，還將傷及無辜的日韓。所以真正能讓北京停下來三思的只有第四項，那就是經濟全面報復。俄烏戰爭逼美國亮出它的經濟制裁選項，等於給中國大陸一個預習空檔來準備各式因應方案。屆時美中必定兩敗俱傷。由於台灣對大陸的政治與戰略價值遠高於台灣對美國的價值，所以北京雖然經濟整體實力不如美國，但決心與耐震力一定高於華府。華府事後報復可能有部分效果，但僅憑事後經濟制裁來事前嚇阻攻台，並不容易。

既然北京全面掌控台灣，中共就可片面實施它的對台「總體方略」。因事出突然，而台灣內部複雜度遠高於香港，所以島內可能出現一定程度的混亂。將來情勢如何演變，恐怕沒人能夠預測。既占領台灣，北京當然能自行定奪「軍事化」部分，是否及如何駐軍，是否全面解散中華民國國軍，都由它片面決定。因缺少美國的背書，北京如想穩定東亞局勢，讓日、韓、東南亞、澳洲等鄰近國家不至於過度反應，它就必須片面釋出更具說服力的保證，尤其涉及釣魚台、南海，及東亞海空通道。

「克里米亞化」如果實現，將是冷戰結束以來全球最大的地緣政治變化，比俄烏戰爭重大太多，它的餘波必將在國際盪漾很多年。但對台灣而言，這些都不再重要，因為大部分人都在搥胸頓足：「怎麼會這樣？」

六、烏克蘭化

「烏克蘭化」指的是台灣像二〇二二年二月奮起抗俄的烏克蘭一樣，傾全軍全民之力抗中保台，不惜犧牲自己的性命及財產。由於俄烏口風緊閉，雙方人員傷亡數字始終不詳，但戰火所及之地斷垣殘壁，皆成焦土。據深入研究並曾探訪中東歐三十幾次的中國文化大學教授周陽山說，俄烏系出同族，史上固然分分合合，但脣齒相依，二戰以後俄羅斯人與烏克蘭人通婚後的下一代已占烏克蘭總人口的三成，但因治理不彰，貪腐嚴重，戰前人口已從過去的五千萬減為四千萬；戰爭爆發後又一千餘萬（多為婦孺）逃到鄰國成為難民。徵兵年齡擴大到十八至六十歲公民，包括女性。俄國戰績最盛時，曾經占領烏克蘭五分之一的土地，約四個台灣大，且多是該國重工業所在地，將來災後重建經費一定是天文數字。

台灣如果以目前的軍人人數（即使加上後備動員）、士氣、訓練、海陸空武器、彈藥，與進犯的解放軍進行俄烏這樣的殊死鬥，相信傷亡只會更高，不會更低。另外，台灣先天條件遠不如烏克蘭：它人口比烏克蘭密集（每平方公里一八六〇比七六人），土地四面環海，人出不去，物資及軍事援助進不來，台灣的困境不知比烏克蘭大多少倍。

從目前情勢看來，只要美國地面部隊不直接介入，烏克蘭最可能的結局就是類似當年韓戰，雙方停火但不簽和平協議。如此下場的烏克蘭不是「大輸」就是「小輸」。「大輸」不會輸到喪失主權國家地位，但土地必將大幅損失。「小輸」折損土地較少，但應不可能收復大部分失土，尤其是克里米亞。基礎建設損失只有依賴國際救援。要想重返以前的日子恐怕難上加難。

台灣如仿效烏克蘭，而美軍仍不直接參戰，只做情報、武器、彈藥及後勤支援，尤其無法克服地理距離而及時趕到，台灣的結局就不是「大輸」或「小輸」，而是「全輸」，輸到失去整個台灣。如果美國甘願承受大量傷亡而發動反攻，台灣將第二度成為激戰戰場。台灣幾十年胼手胝足創建的美麗家園必將化為烏有，情何以堪。

歷史上不自量力的例子所在多有，最悲慘的大概是我們現存少數邦交國之一的巴拉圭。十九世紀中葉，一位該國總統決定與人口幾十倍的三個鄰國阿根廷、巴西、烏拉圭同時開戰，結果他自己丟了性命，還害全國三分之二（！）成年男子戰死疆場。事隔一百多年，我去該國訪問，還聽主人回憶起這段痛苦史實。

七、蘇格蘭化

「蘇格蘭化」指的是台海兩岸像蘇格蘭與英格蘭於一七〇七年雙雙同意合併成一個國家一樣，自願統一成一個中國。理論上，「兩岸政治對話」只是暫時性的安排，而「蘇格蘭化」較長期性。蘇格蘭與英格蘭自九、十世紀起就一直相互爭戰不斷，蘇格蘭由於人口劣勢（至今仍約一比十）及經濟落差，長年處於下風，武力衝突也勝少敗多；但它的特殊性，如宗教（以長老教會為主）、地理（山地居多）、國際聯繫（尤其與英格蘭世仇的法國）卻讓它一直維持獨立身分。一七〇七年雙方議會通過法案合併成一國，蘇格蘭議會併入新的「大不列顛國會」，大批蘇格蘭議員、貴族、政治人物遷居倫敦，後來許多還被選為英國首相，遠者如麥當勞（James MacDonald），近者如布萊爾（Tony Blair）、布朗（Gordon Brown）；雙方軍隊合而為一。由於蘇格蘭人驍勇善戰，他們占軍官比例經常高於人口比例。蘇格蘭仍然維持自己的宗教信仰與司法體系，所說的語言也極特殊，我曾單獨深入蘇格蘭西北遊歷，還僱條小機船出海一遊，幾天與基層民眾講話，我大半用猜的。

最特殊的是，蘇格蘭停止與英格蘭爭鬥後，蘇格蘭內部的爭權奪利降到最低，所有人集中精力發展經濟，蓬勃思想與教育。人口當時僅一百萬的蘇格蘭在統一後居然爆發了「啟蒙運動」，共有五所大學，而人口多好幾倍的英格蘭卻只有兩所。蘇格蘭對非蘇格蘭人及對平民開放高等教育的程度不只高於英格蘭，還優於當時歐陸的法國及普魯士，首府愛丁堡被歐洲譽為「北方雅典」（Athens of the North），愛丁堡大學聲望比劍橋、牛津還高。蘇格蘭在十八世紀先後產出了名滿歐洲甚至全球的大師級人物，如經濟學之父亞當斯密（Adam Smith），哲學家歷史學家休謨（David Hume），土木工程之父泰爾福德(Thomas Telford)，改良蒸汽機的瓦特(James Watt)，發現盤尼西林的佛萊明(Alexander Fleming)，以及哲學家里德（Thomas Reid），建築師亞當（Robert Adam），傳記作家鮑斯威爾（James Boswell），醫學先驅孟洛（Alexander Monro）、格里高利（John Gregory）、庫倫（William Cullen）及亨特（John Hunter），數學家萊斯利爵士（Sir John Leslie），化學家布拉克（Joseph Black），與詩人比蒂（James Beattie）、伯恩斯（Robert Burns）、司各特爵士（Sir Walter Scott）等等，不勝枚舉。另外它還首創「大英百科全書」，成為大不列顛的驕傲。

在經濟上，蘇格蘭豐富的煤鐵產儲量讓它的經濟加速成長；它的製造業，尤其是重工業特別發達。造船與造火車使格拉斯哥市一躍為全英第二大城。它還促成並參與了英國的工業革命（如蒸汽機）。蘇格蘭銀行是全國及全歐金融重鎮之一。

爭鬥八百年後的和平安定，為蘇格蘭帶來前所未見的繁榮與光榮。它提高了自己的國際影響力與地位，也助長了英國後來的全球霸權。英國霸權沒落後，蘇格蘭出現爭取脫離英國獨立的聲音：一九九九年蘇格蘭恢復一院制的議會；二〇一四年第一次獨立公投以五五比四五比例失敗；二〇一六年英國公投脫歐後，蘇格蘭醞釀第二次獨立公投，迄今仍未實現。只有歷史能證明這個劇本如何落幕。

八、美利堅化

「美利堅化」指的是台灣與美國聯軍打敗解放軍，並成功建立一個新而獨立的國家，像兩百五十年前的美利堅合眾國脫離英國而獨立一樣。這可能性在今天，不是幾乎，而是根本沒有。這點陳水扁很早就對一群台獨領袖講白了，「我不能騙自己，也不能騙別人。我做不到，就是做不到……李登輝前總統在他十二年任期內，也沒做到。縱使今天總統給他做，他也做不到。」

台灣多數人不知的是，美利堅建國美夢成真後還有後續的故事。一八一二至一五年間，也就是美國獨立後的三十幾年，英美爆發「第二次獨立戰爭」：英國一面在歐陸對抗拿破崙，一面派遣加拿大駐軍南下，一路打進美國首都華盛頓，一把火燒了白宮、國會大廈及幾個部會大樓（如財政部），後因拿破崙戰爭吃緊才撤退。同理，縱使台灣今天戰勝，試想大不列顛與美利堅遠隔重洋，三十年後尚且再試牛刀，而台灣近在咫尺，大陸領導人不會念茲在茲、再度進犯，讓台灣再遭戰火洗禮？這會是台灣人喜歡的劇本？

九、廣島化

顧名思義，「廣島化」就是美中兩者，或之一，動用了核子武器。核子武器是現今世上殺傷力最直接也最巨大的武器，美俄各自擁有的六千餘枚核武彈頭不只能消滅對方，還能把地球炸毀好幾遍，如只用一部分，也足以造成所謂的「核子冬天」（nuclear winter），滅絕地球上所有的動植物，包括人類。二戰以後美蘇，或現在的美俄，都不曾使用核武，但都曾拿核武作威脅，尤其美國在冷戰時期為了抵消蘇聯的傳統武力優勢，好幾次公開威脅使用核武。解密的美國機密文件也顯示，一九五八年台海危機時，美國曾考慮動用核武襲擊大陸，被老蔣總統否定。我去華府留學第一年的第二個月（一九七三年九月）就碰到尼克森總統宣布全國進入「核子警戒」狀態，害我一時懷疑自己是否來錯了地方。俄烏戰爭爆發後，普丁也曾暗示動用核武。

北京對此問題一直極為謹慎。相對於美俄的巨量核武庫存，中國大陸自六〇年代核試成功迄今，始終只維持兩、三百枚；最近兩年才開始擴增至五百枚，約為美俄的十分之一。它也是第一個宣布並多次重申「不首先使用核武」（no first use）的擁核國家。在台灣問題上更是絕口不提核武。一般咸信核武絕對不在北京對付「台灣同胞」的工具箱內。

跡象顯示，目前核武似已悄悄爬上美國的台海議程。由於美中軍力對比失利，美國部分策士開始看上核武的殺傷力，以抵消解放軍的傳統武力優勢，像當年對付蘇聯一樣。長年研究中共軍事並常在《自由時報》撰寫長文的費學禮（Richard Fisher），就在二〇二三年三月呼籲「決定性嚇阻需要美國的戰術核武器」。他先引用美國現任空軍機動司令部司令的話說，美中將於二〇二五年開戰。他指出「未來二至四年的權力平衡將有利於中國」；為了嚇阻中共犯台，「發射約一百枚低當量戰術核砲彈，將可破壞或擊沉搭乘數千艘渡輪和駁船來襲的大部分解放軍入侵部隊。」最後他呼籲「美國應該啟動一個應急計畫，重建其戰術核武力……美國現有的戰區核力量根本不足以達成嚇阻效果。」二〇二三年四月，美國與南韓協議將在南韓部署美國核子潛艦，這是四十年來第一次；五月吳釗燮在立法院表示，台美雙方曾經溝通是否要將台灣納入美國的核武保護傘。另有美國專家在民進黨的華府智庫「全球台灣研究中心」（Global Taiwan Institute）刊物上撰文，提議美國協助台灣研發精準中程攻陸飛彈，專門打擊大陸的陸基洲際飛彈發射孔，壓制它們對美威脅，以便美國專心對付解放軍的其他攻勢。以上點點滴滴顯示，核武不再只是茶餘飯後的閒談話題；可能性雖低，但已不是零。

如果核子武器不幸被啟用，潘朵拉的盒子就被打開。這是一齣只有劇名，沒有劇情的歷史大戲，美中台的每位策士都可設想一套自以為是的劇情。曾任北約盟軍最高司令的史塔萊迪（James Stavridis）上將與小說家阿克曼（Elliot Ackerman）就曾合寫了一本小說《二〇三四全面開戰》（*2034: A Novel of the Next World War*，野人），描繪美中如何一步步走到核戰的地步，包括解放軍占領台灣。但真動手以後的情勢如何演變，沒人能預料，因為沒人有類似經驗。何況俄國與北韓也有足夠資格登台演出。唯一可確定的就是，台灣作為美中兩條大狗爭奪的那根骨頭，絕不可能全身而退。台灣如此地狹人稠，怎經得起核武災難？執政者真的要玩這種危險邊緣的遊戲，把台灣人民推入此險境？

結語

這九個劇本中，最終哪個會端上舞台，沒人能預知。目前看來，二〇二四年一月的大選是關鍵。過去三十年的台灣大選，絕大多數都由台灣選民自行決定結果，只偶爾可以看到美中兩強介入的痕跡，雖然它們每次都矢口否認。但這次大選，因為其結果對兩強太過重要，它們恐怕都會情不自禁，甚至不太掩飾地，把手伸進來。不論如何，希望美中台三方的集體智慧，能夠讓台灣這塊福地不會遭到戰火洗禮。

結論

面對兩岸政治對話

台灣沒人希望看到這個寶島沉淪，尤其不喜歡看到它應了海明威小說裡「突然破產」的名句，畢竟這是大家身家之所在。但這一切似乎正在發生中，不能假裝看不見，難道沒有止跌的辦法？難道台灣的命運只有交給大國來決定？難道台灣人只能悲哀，沒有自救的選擇？

有的！台灣當然可以自救，也可以形塑自己的前途，但台灣人自己要首先覺醒，要更務實地檢討為什麼台灣在九〇年代中期達到歷來政治、經濟、對外關係的最高峰後，就逐步沉淪二十幾年不止歇；要看清楚現在的自己究竟是什麼、有什麼，眼前周遭大環境又如何；然後才能重新探討台灣應有的自處及處世之道。

台灣沉淪的故事，完全可以套用國際關係學的三個分析層次。首先就是最貼近觀察者的「人」的層次，尤其是國家領導人。本書以三章篇幅分析李陳馬蔡四位總統的作為，每位都有意或無意地揮霍他們上任前大家打拚幾十年累積的資產，讓台灣的菁英人才日益凋零，民眾漸漸離心離德，經濟、國防、教育實力逐步萎縮。李登輝攀登權力高峰後的「傲慢與偏見」，開啟了台灣二十幾年的喧囂政治；陳水扁八年的無所不為，驗證了李設計的「民選國王」權力可以有多大，對台灣政治、經濟、社會、道德的創傷可以多深。馬英九八年的謹小慎微、遇挫則縮，讓台灣失去了可以止跌反彈的大好機會；蔡英文八年成功推進「一黨獨大」與「反中脫鉤」，卻也把台灣帶到懸崖邊緣，離突然下墜僅一步之遙。

但台灣人民在這些年的沉淪過程中也不曾缺席。我們責備這些領導人，也要深自反省。「民選國王」制的音樂響起後，跳上政治新舞臺的素人愈來愈多，攜家帶眷、呼朋喚友，個個興奮莫名，樂此不疲。在台下看戲的人，不論遠近深淺，也多數精神抖擻，入戲程度遠超過其他民主國家。這是台灣幾十年來第一次，甚至是中華民族幾千年來第一次，情有可原也確有值得驕傲之處。但在各國熱烈掌聲中，台灣人不知不覺從自傲滑向自戀，持續迷戀於選舉遊戲，有意或無意忽視、原諒，甚或忘記惡性爭權奪利的負面效應（如經濟停滯、社會分裂、選舉弊案等）。

「人」的層次每天放送如此大量的聲光熱，吸引絕大多數人的注意力，以致大家渾然不知背後其實都是「制度」層次看不見的力量在推動。台上賣力表演的菁英，台下搖旗吶喊的群眾，都是「民選國王制」下的木偶。制度如此，所有菁英與群眾全都身不由己。正因這制度「贏者全拿」，勝選者可以「由你玩四年」，「四年以後不是我的事」，再加上「少贏也是贏」，所以參選各方都勢在必得，力求割斷對方的喉嚨，不管台灣整體利益受到什麼傷害。這些年我們看到多少正人君子步入政壇後突變成小人，一再做出「教壞囝仔大小」的醜事，多少淑女做出她們以前不會做的難看的肢體動作。連絕對正人君子的馬英九都逃不了它的邏輯，常不自覺被民調引導他的政策與用人。身居高位、享用國家名器的人愈來愈不把心思精力花在國計民生大事，只專注自己的權力與利益。簡言之，台灣二十幾年的沉淪來自政治菁英的墮落與群眾的放縱，而他們的集體墮落則源於李登輝「民選國王制」的設計。

但在「制度」層次之上還有一個比它力量更大的層次，那就是由「國家實力對比」形成的「體系」層次。換句話說，「溫室」裡台灣領導人權力再大、再會操弄「制度」於股掌間，也抵不過「溫室」外由大國互動形成的隱形氣場。講得更白些，過去三十年我們玩選舉玩得那麼熱鬧，那麼開心，不是我們天生就有這權利，而是美中兩強放手讓我們玩。這段期間美國樂見台灣走出戒嚴，改行民主選舉，而中共則無力干預，所以台灣才有迂迴空間。但美中真的完全壁上觀嗎？不盡然。中共就經常被認為利用台商網絡影響台灣選舉。美國也從來不是白璧無瑕。二〇一二年它的態度不利蔡英文，偏好馬英九，而二〇二〇年則不利韓國瑜，偏好蔡英文，最後全都如華府所願。近年大陸實力提升，美國下降，而美中從「交往」轉向「競爭」，我們如何能天真地期待，攸關美中重大利益的台灣二〇二四大選，將任由台灣選民關起門來玩？筆者相信，不管美中嘴巴如何強調「中立」，如何指責對方干預，事實上兩者都不會袖手旁觀，甚至可能毫不遮掩地介入。選前如此，選後會繼續如此。

這是活在「溫室」裡太久，只關注內鬥的台灣人今天必須看清的國際現實。這個世界不是繞著台灣轉，也不是繞著任何小國轉，而從來都是小國繞著大國轉。這是國際政治的鐵律，過去如此，將來也必然如此。修昔底德（Thucydides）描述古雅典與斯巴達戰爭的《伯羅奔尼撒戰爭史》（*History of the Peloponnesian War*）巨著裡有段精采對話，史稱「米利恩對話」（Melian Dialogue）。海上霸權的雅典用軍艦包圍愛琴海小島米洛斯（Melos）並遣使勸降。米洛斯統治者反覆用各種政治與道德理由，企圖說服雅典來使接受該島在雅典與斯巴達之間的中立地位。同樣雄辯滔滔的雅典使者最後用一句名言總結：在國際政治中，「強者可以任性，弱者只有受苦」（The strong do what they can and the weak suffer what they must.）。雅典最後不但滅了米洛斯，還盡屠城中男性，擄走所有婦孺。他們的宮中對話後來成為國際關係學的經典。

今天我們必須認清，台灣三十年的民主化是在極罕見的國際環境下出現的。蘇聯垮台後，國際政治的美蘇兩極體系突變為美國單極體系，霎時美國價值被稱為「普世價值」。華府也振振有詞要求各國遵守它主導的所謂「依規則建立的秩序」（rule-based order）。台灣既接受美國的保護，自然就像當時的南韓、墨西哥、希臘等幾十個國家一樣隨之民主化，美其名曰「第三波民主化」。

但中國大陸崛起後，世界變了，潮流變了，台灣周圍的氣場也變了。張忠謀董事長說，「全球化需要重新定義。」他說得一點沒錯，但他一定理解卻不便挑明的是「為什麼」全球化需要重新定義。答案藏在美國單極地位的衰落。過去三十年全球化能夠實現，靠的是美軍、美元、美國科技、美國價值觀與軟實力的聯合支撐。如今美國不再獨大，全球體系正從「單極」向「多極」過渡。長年強調全球「規則」的美國立即臉不紅、氣不喘地片面改變許多「規則」。精明的讀者一定發現，短短幾年美國改變的範圍已經遍及人流、物流、金流、資訊流。它表面理由是「國家安全」，為了「對俄制裁」及「對中競爭」，但骨子裡卻是要維持美國獨霸地位。走到這地步，「全球化」當然難以為繼，這不是「強者的任性」，是什麼？

已經變成「兩隻狗搶的骨頭」的台灣要想想，難道小「骨頭」的實力比「全球化」還大，能夠讓正快速變遷的「台海現狀」靜止不動，常態化到永遠？如果全球化需要重新定義，難道台灣的自我定位不需要重新思考？所以現在的台灣如想繼續過好日子，不只領導人要換腦筋，台灣菁英與一般民眾都要擦亮眼睛、看看這個全新的大變局，不能像過去三十年那樣一直沉迷於權力鬥爭與選舉遊戲，而要思考我們應如何調整自己，以為因應。這就是為什麼過去幾年筆者一再撰文呼籲，要少看浮光掠影的「消息面」，多看潛藏水下的「基本面」，因為「基本面」是本，而「消息面」是末，消息面再怎麼變化，都是一時的，只有抓住基本面才能找出真正的活路。

活路在哪裡？起點是先把我們的基本思維務實化，不能只想我們喜歡什麼、應該得到什麼，而要想在當前內外條件下能夠達到什麼。更早的經驗早已證明國民黨的「反攻大陸」及「三民主義統一中國」都是夢想。最近三十年的實踐也已充分證明民進黨的「台灣獨立」與「非核家園」同樣是空中樓閣。台灣人如果繼續務虛，而不務實，只會讓台灣更加虛耗，更沒有實力承擔自己的命運。

其次，作為「骨頭」，我們要認真研究「兩隻狗」究竟要什麼，畢竟它們的爭食會直接衝擊到台灣。如上章所述，筆者自二〇一四年起就曾多次提出，台海問題的解決只有「鬥」「拖」「和」三條路。同樣三個字可以用在美中關係上。從本書「美國因素」及「中國大陸因素」兩章看，美國的高度「理想主義」、「孤立主義」，及低度「現實主義」的性格，使它短期內很難接受與中國大陸平起平坐的現實。而「傳統中國」、「共產中國」、「戰略中國」及「習近平」、「蔡英文」因素，都促使北京提升台灣問題的緊迫性。所以未來很長一段時間內，美中「鬥」的可能性遠高於「和」與「拖」。既如此，台海局勢就不可能安定，兩條狗隨時可能摩擦或衝突，而它們覬覦的「骨頭」一定會遭到重創；換句話說，台灣「溫室」外的風雨交加，將使過去長時間的安逸生活不再可能。台灣必須居安思危，超前部署以待變。

為了自救，也避免台灣命運完全由大國決定，台灣人必須務實地認識到，在兩岸關係中，台灣未來只剩兩條路，一是「鬥」到底，一是「和」，即政治對話。如果「鬥」到底，台灣人自己必須先要有犧牲身家財產的心理準備，別幻想美國人會在台灣人自己不願打仗的情況下，千里迢迢跑來代替台灣灑熱血。又據「台海軍事現實」章分析，「鬥」這條路多半以武統收場。

如果不願武統，台灣人民就必須認真考慮舉行兩岸政治對話，藉由對話尋求雙方可以接受的安排。筆者提的「三步走」（黨內共識、黨際共識、兩岸共識）就成為台灣內部必做的功課。這條路當然不可能很快走完，定然需要一個過程。這個「和」的過程不但可以讓台灣從美中「鬥」的過程中脫鉤，甚至可能對美中的「鬥」起到一定緩和的作用。

所以台灣如想安然度過這個百年未有的變局，不能把責任都推給美國，自己必須承擔應有的責任，勇敢面對兩岸的政治對話，藉由我們自己的理性與集體智慧，謀求更好的未來。台灣未來的領導人固然必須挑起這份歷史重擔，台灣民眾也一定要做足心理建設，展現民主社會公民的素養。

如果能這樣，我們就證明台灣的民主不是只有吵吵鬧鬧、你爭我奪，還能解決問題，甚至是生死存亡的問題。若然，台灣就在未來的世界史上寫下閃亮的一頁。

國家圖書館出版品預行編目 (CIP) 資料

美中對抗下的台灣選擇 / 蘇起著 . -- 第一版 . -- 臺北市 : 遠見天下文化出版股份有限公司 , 2024.01
面； 公分 . -- 社會人文 ; BGB574
ISBN 978-626-355-616-4(平裝)

1.CST: 臺灣政治 2.CST: 地緣政治 3.CST: 兩岸關係 4.CST: 美中臺關係

573.09 112022422

社會人文 BGB 574

美中對抗下的台灣選擇

作者 — 蘇起

總編輯 — 吳佩穎
責任編輯 — 張立雯
封面設計 — 李健邦
內頁排版 — 芯澤有限公司

出版者 — 遠見天下文化出版股份有限公司
創辦人 — 高希均、王力行
遠見・天下文化 事業群榮譽董事長 — 高希均
遠見・天下文化 事業群董事長— 王力行
天下文化社長 — 王力行
天下文化總經理 — 鄧瑋羚
國際事務開發部兼版權中心總監 — 潘欣
法律顧問 — 理律法律事務所陳長文律師
著作權顧問 — 魏啟翔律師
社址 — 台北市 104 松江路 93 巷 1 號 2 樓
讀者服務專線 —（02）2662-0012 ｜傳真 —（02）2662-0007；2662-0009
電子郵件信箱 — cwpc@cwgv.com.tw
直接郵撥帳號 — 1326703-6 號 遠見天下文化出版股份有限公司

製版廠 — 東豪印刷事業有限公司
印刷廠 — 中原造像股份有限公司
裝訂廠 — 中原造像股份有限公司
登記證 — 局版台業字第 2517 號
總經銷 — 大和書報圖書股份有限公司｜電話 — (02)8990-2588
出版日期 — 2024 年 1 月 19 日第一版第 1 次印行
2024 年 2 月 7 日第一版第 3 次印行

定價 — NT500 元
ISBN— 978-626-355-616-4
EISBN — 9786263556140（EPUB）；9786263556133（PDF）
書號 —BGB 574
天下文化官網 — bookzone.cwgv.com.tw

天下文化
BELIEVE IN READING